JN154138

日本史籍協會編

中山忠能日記 一

東京大學出版會發行

中山忠能自筆日記（元治元年七月廿日條）

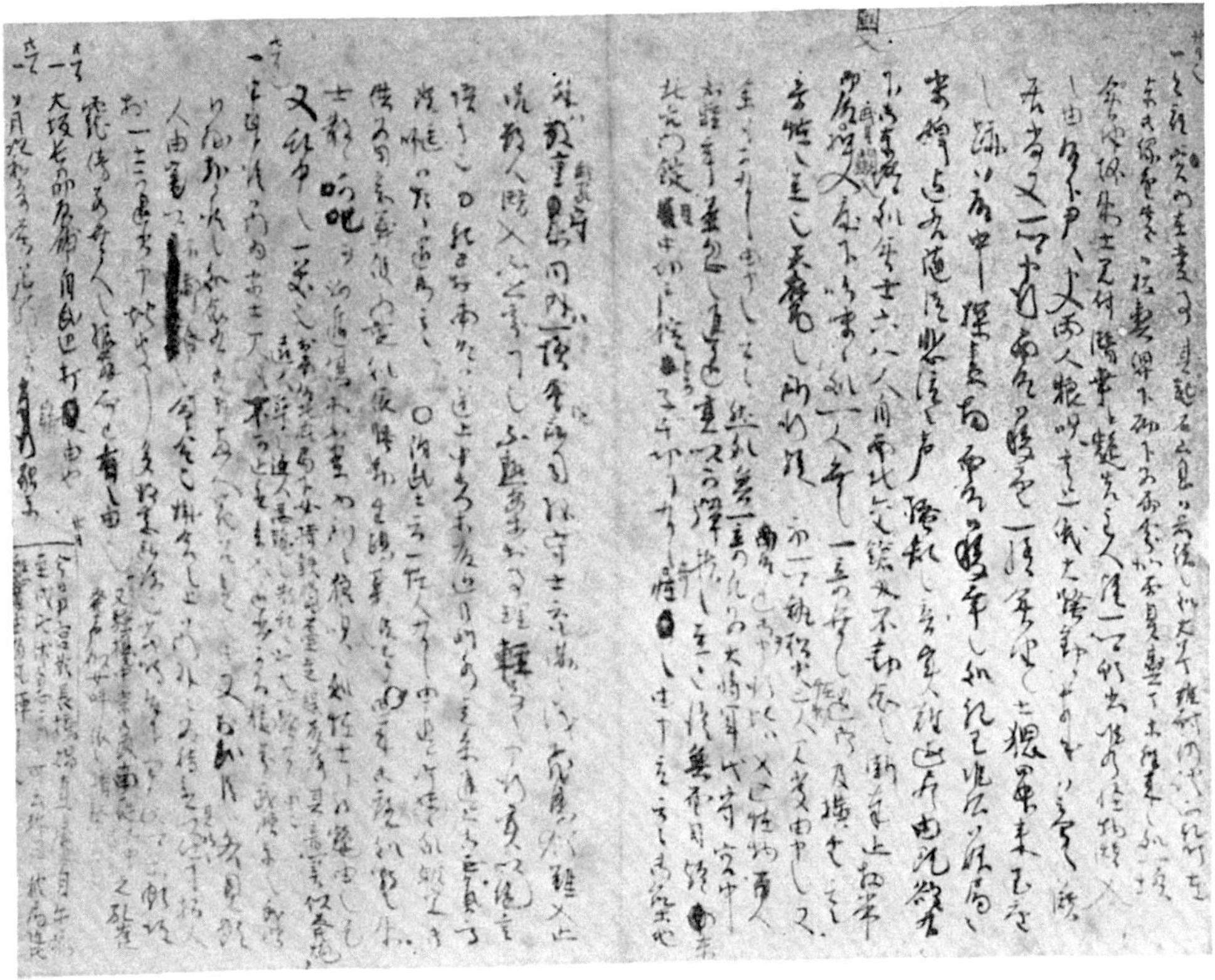

侯爵中山家藏

中山忠能日記

緒　言

一 本書ハ故大勳位侯爵中山忠能ノ日記ニシテ文久三年六月朔日ヨリ慶應三年七月二日ニ至ル題シテ正心誠意ト云フ蓋シ赤心耿々自ラ欺カザルノ意ニ取レルカ別ニ無題ノ日記安政六年八月十九日ヨリ同年十月廿九日ニ至ルモノ一冊文久三年四月朔日ヨリ同年五月晦日ニ至ルモノ一冊慶應三年七月朔日ヨリ同年十月晦日ニ至ル（九月ヲ缺ク）モノ二冊明治元年閏四月十日ヨリ同年十二月七日ニ至ルモノ一冊アリ今悉ク之ヲ蒐輯シ副本三卷ヲ

刊行シテ會員ニ頒ツ

一上卷ハ文久三年六月一日ヨリ元治元年十二月廿九日ニ至リ中卷ハ應應元年正月朔日ヨリ同二年十二月晦日ニ至リ下卷ハ慶應三年正月朔日ヨリ同年十月晦日ニ至リ猶安政六年文久三年四月五月明治元年ノ諸册ヲ補遺トス

一本書ヲ蒐輯スルニ際シ尠カラザル苦心ヲ要シタルハ完本ヲ獲ラレザルニ在リキ侯爵中山家原本ハ文久三年六月朔日ヨリ慶應二年十二月晦日ニ至ル六册ヲ存スルノミニシテ他ハ早ク散佚シ又其副本モ元治元年正月朔日ヨリ同年六月廿九日ニ至ルモノ慶應元年七月朔日ヨリ

同年十二月廿九日ニ至ルモノ及慶應二年六月十六日ヨリ同年十二月晦日ニ至ルモノヲ缺キ圖書寮本ハ元治元年七月朔日ヨリ十二月廿九日ニ至ルモノ及慶應三年ノ七八兩月ヲ缺キ其他公爵島津家本公爵毛利家本早稻田大學本等概皆缺本ナリ今中山家原本及副本ヲ基礎トシ以上諸家本中ヨリ其足ラザルモノヲ補ヒ漸ク完本ニ近キモノヲ作レリ

一原本ヲ閲覽スルニ諸家ヨリ往復ノ書翰備忘箋ノ如キモノヲ往々紙帙ノ中ニ插入セルアリ是等ハ繙讀ノ度每ニ原所ニ插入スルヲ忘レテ他所ニ移ス等ノ事アルヲ以テ謄寫ノ際記入ノ箇所諸家本一定セズ或ハ全然之ヲ逸ス

ルモノアリ今勉メテ之ヲ採錄シ日附ニヨリ或ハ文意ニ攷ヘテ原所ト思ハル、所ニ記入セリ

一忠能英邁ノ資ヲ以テ夙ニ要職ヲ歷侃諤ノ議ヲ廟堂ニ振ヒ蹉跌毫モ屈セズ終ニ維新復古ノ大業ヲ獻替ス其子忠光ハ大和ニ首難ノ義ヲ唱ヘテ終ニ命ヲ鋒鏑ニ委シ忠愛公董等亦父兄昆弟ト共ニ國事ニ盡瘁シ其女從一位慶子ガ掖庭ニ大功アリシガ如キ獨義方ノ見ルベキモノアルノミナラズ其　先帝並ニ　今上傳育ノ大任ヲ全ウセシガ如キ亦其功ヲ特筆セズンバアラズ忠能性筆硯ヲ嗜ミ如何ナル匇忙裏ニ在ルモ手筆ヲ措カズ其遭遇スル所ト其所感トヲ記載ス直情直筆一モ忌避スル所ナシ安政以

降ノ大事變ヲ背景トシテ上ハ宮廷ノ祕事ヨリ朝廷幕府諸侯諸藩士浪士等ノ離合消長ヲ記ス此書ハ洵ニ天下ノ壯觀ニシテ史料トシテ貴重ナル所以モ亦是ニ存ス

一校訂ハ原書ニ從ヒマタ原書ナキ所ハ比較的優良ト認メラル、副本ニ從ヘリ誤脫亦タ尠カラズト雖モ先例ニ準ジテ改メズ間〻傍註ヲ施セリ

一終ニ滋ミ侯爵中山孝麿氏ガ此書ノ刊行頒本ヲ許サレタル好意ヲ深謝ス

大正五年五月

日本史籍協會

中山家家譜

忠能 權大納言忠頼二男

文化六年己巳一歳

　十一月十一日誕生

同七年庚午二歳

　正月十日從五位下ニ敍ス

同九年壬申四歳

　正月二十日從五位上ニ敍ス

同十年癸酉五歳

　二月七日侍從ニ任ス

同十一年甲戌六歳

　正月二十七日正五位下ニ敍シ阿波權介ヲ兼ヌ

同十三年丙子八歳

三月七日元服昇殿ヲ聽サル卽日拜賀○同月十九日從四位下ニ敍ス

文政元年戊寅十歳

正月五日從四位上ニ敍ス

同三年庚辰十二歳

正月四日正四位下ニ敍ス

同四年辛巳十三歳

五月十日左近衞權少將ニ任ス○同月二十八日拜賀

同五年壬午十四歳

四月三日伊豫權介ヲ兼ヌ

同六年癸未十五歳

正月五日近臣ニ加ヘラル

同七年甲申十六歳

六月十九日右近衞權中將ニ轉ス伊豫權介故ノ如シ○同日皇太后宮權亮

ヲ兼ヌ

同八年乙酉十七歳

五月二十一日父忠頼薨ス

同十年丁亥十九歳

三月十九日石清水臨時祭使ヲ勤仕ス

天保元年庚寅二十二歳

四月二十二日賀茂祭近衞使ヲ勤仕ス

同二年辛卯二十三歳

十二月十五日正二位園基茂養女實從五位下松浦清女愛子ヲ娶リ結婚ノ式ヲ擧グ○同十九日内敎坊別當ト爲ル

同五年甲午二十六歳

六月二十八日右近府年預ト爲ル○七月八日藏人頭ニ補ス皇太后權亮故ノ如シ○八月四日禁色ヲ聽サル○同月二十八日正四位上ニ敍ス

同六年乙未二十七歳

八月五日神宮奉行ト爲ル○十一月二十八日二女慶子生ル

同十一年庚子三十二歳

二月二十五日神宮奉行ヲ辭ス○三月二十七日參議ニ任ス右近衛權中將
皇太后宮權亮故ノ如シ

同十二年辛丑三十三歳

閏正月二十二日皇太后宮權亮ヲ罷メ新清和院別當ニ補ス○二月四日從
三位ニ敍ス

同十四年癸卯三十五歳

正月十四日正三位ニ敍ス

弘化元年甲辰三十六歳

十二月二十二日權中納言ニ任ス

同二年乙巳三十七歳

二月十八日從二位ニ敍ス○同月二十五日　勅授帶劒○十二月十七日穢
ヲ免サル

同三年丙午三十八歳
七月二十三日新清和院崩御ニ付凶事傳奏ト爲ル
同四年丁未三十九歳
三月十四日皇太后宮權大夫ヲ兼ヌ○十一月十二日新朔平門院崩御ニ付凶事傳奏ト爲ル○十二月二十七日權大納言ニ任ス
嘉永元年戊申四十歳
正月二十七日正二位ニ敍ス○二月七日大嘗會傳奏ト爲ル
同三年庚戌四十二歳
二月九日神宮上卿ト爲ル
同四年辛亥四十三歳
九月二十八日男忠愛右近衞權中將ニ任ス
同五年壬子四十四歳
八月二十四日神宮上卿ヲ免ス○九月二十二日皇子降誕祐(サチ)宮ト稱ス○十二月三日孫孝麿生ル

安政元年甲寅四十六歲

二月二十五日御冠掛ヲ賜フ〇十一月二十七日改元傳奏ト爲ル

同三年丙辰四十八歲

九月二十九日祐宮中山邸ヨリ御歸參

同四年四十九歲

五月十四日三條實萬等ト中將島津齊彬ニ近衛氏ノ邸ニ會シ國事ヲ謀ル

同五年戊午五十歲

正月十一日七男忠光侍從ニ任シ尋テ從四位下ニ敍ス〇二月十三日書ヲ大納言德大寺公純ニ贈リ意見ヲ陳ス〇同月二十日書ヲ武家傳奏兩卿ニ出シ時事ヲ論陳ス〇三月七日忠能等七人上書シテ米國條約ヲ許スノ不可ヲ言フ〇同月十二日忠能等八十八人急ニ參朝シ幕府ニ　勅スル文案ヲ改メラレンコトヲ請フ〇五月十日議奏列ニ加ヘラル〇九月九日母綱子卒ス

同六年己未五十一歲

七月書ヲ正親町公董ニ贈リ家事ヲ託シ妻兒ヲ戒ム

文久元年辛酉五十三歳

四月十九日親子内親王勅別當ト爲ル○十月二十日和宮御下向供奉御世話幷御用掛ノ命ヲ受ケ關東ニ向フ○十二月二十六日歸洛

同二年壬戌五十四歳

正月五日議奏ヲ辭ス允サレス○四月七日加藤ノ事ニ就キ書ヲ關白ニ致ス○六月十一日内旨ヲ承ケ書ヲ三條實美ニ致シ山内豐範東行ノ期ヲ問フ○八月二十一日差控ヲ命セラル○閏八月三日差控ヲ免ス○同月四日議奏ヲ辭ス允サレス○九月四日毛利氏ノ老臣益田彈正ヲ召シ　叡旨ヲ傳フ○同月十日武家傳奏轉役ヲ辭ス○同月二十一日議奏ヲ辭ス允サレス○同日國事御用掛ト爲ル○十月十七日山陵修理御用掛ト爲ル

同三年癸亥五十五歳

正月二十五日議奏ヲ辭ス允サル○二月十四日權大納言ヲ辭ス○同月二十八日書ヲ議傳兩職ニ出シ進止ヲ候ス○三月十九日忠光竊ニ家ヲ出テ

大阪ニ下ル○同月二十五日書ヲ三條實美ニ贈リ時事ヲ論陳ス○同月晦日忠光ノ辭官位記返上ヲ請フ允サル○六月九日忠光密ニ三條實美ヲ京師ニ訪フ○同月十六日　敕シテ少將正親町公董ヲ監察使ト爲シ長州ニ遣シ攘夷ノ功ヲ賞ス○八月十七日忠光等兵ヲ大和ニ擧ク○八月十八日召ニ應シ出仕ス議奏再役ノ命アリ之ヲ辭ス○同月二十一日　敕シテ正親町公董ヲ京師ニ召鎖ス

元治元年甲子五十六歲

二月二十五日書ヲ上リ時事ヲ論陳ス○六月二十五日忠能等三十八人連署上書シ鎖港ヲ幕府ニ促サンコトヲ請フ○十一月十五日忠光長門ニ卒ス

慶應元年乙丑五十七歲

六月二十九日書ヲ關白ニ上リ寃枉ヲ陳疏ス

同二年丙寅五十八歲

十二月二十八日書ヲ今城宰相中將ニ致シ進止ヲ候ス

同三年丁卯五十九歲

正月九日　皇太子踐祚○同月二十五日忠能ノ參朝ヲ允ス○三月十三日慶子從五位上ニ敍ス○四月十九日議奏再役ノ命アリ之ヲ辭ス○十二月九日議定ニ任ス○同日忠愛出仕ヲ命セラル

明治元年戊辰六十歲

二月三日輔弼ニ任ス○同月十七日外交事件意見書ヲ上ル○四月十九日書ヲ岩倉具視ニ贈リ意見ヲ陳ス○閏四月二十日輔弼ヲ免シ御前日參ヲ命セラル○同月二十一日議定ニ任ス○同月二十六日從一位ニ敍ス○八月四日慶子從三位ニ敍ス○同月八日大臣ニ準セラル○同月二十七日天皇位ニ卽ク

同二年己巳六十一歲

五月十五日議定ヲ免シ神祇官知事ニ任ス○七月八日神祇伯ニ任ス○九月二十六日　敕シテ王政復古ノ功ヲ賞ス○十月三日宣敎長官ヲ兼ヌ

同三年庚午六十二歲

九月七日慶子從二位ニ敍ス〇十月四日故忠光ノ官位ヲ復ス

同四年辛未六十三歲

四月七日謹愼ヲ命セラル〇同月十日謹愼ヲ免セラル〇六月二十五日神祇伯兼宣敎長官ヲ免シ麝香間祇候列ニ加ヘラル〇同日終身米五百石ヲ賜フ〇十二月八日金ヲ賜フ

同五年壬申六十四歲

二月二十四日邸宅ヲ賜フ〇四月二十四日暇ヲ請ヒ西京ニ歸展ス〇八月晦日改テ邸宅ヲ賜フ

同九年六十八歲

一月二十日馬車ヲ賜フ〇同月二十四日參　內乘車ヲ許サル〇八月二十八日金ヲ賜フ〇九月十日終身金ヲ賜フ〇十月十三日　天皇中山邸ニ臨幸ス

同十一年七十歲

十二月五日歌御會取調中文學御用掛ヲ命セラル〇同月二十六日維新以

前諸儀式取調ヲ命セラル

同十二年七十一歳

五月三日權典侍柳原愛子妊娠御用掛ヲ命セラル○八月三十一日　皇子降誕御名嘉仁明宮ト稱ス○十二月七日明宮御用掛ヲ命セラル

同十三年七十二歳

十一月二日勳一等ニ敍シ旭日大綬章ヲ賜フ

同十五年七十四歳

七月二十五日忠愛卒ス

同十六年七十五歳

二月二十四日褒書ヲ賜フ○四月七日賞盃幷褒書ヲ賜フ○同月九日　明宮御養育中年金ヲ賜フ

同十七年七十六歳

七月七日侯爵ヲ授ケラル

同十八年七十七歳

三月二十三日　明宮中山邸ヨリ御歸參○同日金及物ヲ賜フ○同日內廷ニ於テ御宴ニ陪ス○十二月降誕御用掛ヲ命セラル

同十九年七十八歲

六月　皇女久宮御用掛ヲ命セラル

同二十年七十九歲

五月十一日降誕御用掛ヲ命セラル○八月　皇子昭宮御養育ヲ命セラル

同二十一年八十歲

一月二十六日金及御盃ヲ賜フ○五月十四日大勳位ニ敍シ菊花大綬章ヲ賜フ○同月十七日　皇后中山邸ニ行啓ス○六月十二日薨去○同月十三日金ヲ賜フ○同月十六日　敕使富小路敬直ヲ遣シ幣物ヲ賜フ○同日府下豐島郡豐島岡ニ葬ル

中山忠能日記目次

文久三癸亥年自六月至十二月

正心誠意

雑記

軍書欲必則莫令ト問軍吉凶

戌八月壬

三年一壬五年再壬

亥子丑寅卯辰巳午未申

、、(壬)、(壬)、、(壬)、(壬)

一實徳卿へ大忌留一新嘗議奏備忘一帖借進アリ(了カ)

一經之朝臣へ御祖社遷宮奉幣使陣儀天保七年申沙汰留一冊借アリ(了カ)大(イ九)晦歸ル

正二位藤原[illegible]

文久三癸亥年六月小

一日丙子晴時□以使賀示又一兩日中入來可面會　遣□

○慶子□又公知朝臣斬殺人□被止由之（凡一行虫喰）□後□浦

使昨日申入入來之義今□依不覺悟在京相良承合之義□被示口

之今日參　內備前御暇松浦相良口二藩云々

二日丁丑　晴辰半後陰雨

□以使一昨日悅使相拶井答謝□品返之昨日□

一悅使挨拶等被示（口口者大桑字平太一昨年東行之節予染筆／詠歌頼之禮猪口二蕨粉等進上扇盃遣ス）

一□父子へ送狀

一薩㔟新屋敷相國寺邊昨年以來造營明日明後日之內□詰込由風

聞又過日公知朝臣斬殺士薩藩ニ付今出川門警衞被止薩人六門內猥往返

被止此儀參政（東久世少將）殊申行之旨薩藩大憤怒過夜彼亭邊浪士体之者徘徊

其形勢不凡㕝云々磈磥之世可歎々々

一明日巳刻大樹參　內之旨武傳有觸示

一左府違例不輕由（一昨年大病再發氣）以一封訪申安否進水仙粽十把亞相有返狀一兩
日少減但醫高階大村等深（按カ）安等由申云々五月廿七日改丸藥實芰荅里私一
分二厘海葱七厘大黃二分爲糊丸藥老利兒結爾斯水五十滴甘硝石精百滴
水一合以上一ヶ日之量執匙所進□

一公董朝臣入來大樹明日參　內彌歸國御暇之由也又去月廿三日廿六日等
於長州領蠻船江大炮打掛候由有言上云々
□小笠原圖書頭へ□（老中償金ヲ渡了人物之）英人へ　旗本數人引率自大坂上京之風聞昨
夜已來□（昨夜カ）（年）伏見へ爲□
□知行向之處一切不見ニ付平方へ行向（イ尚）當不見ハ浪花へ下坂之由自途中
申越由□
□申刻會津參　內言上右一件事實之節ハ何成反逆難計不待　朝命□
□命押出京不當千萬ニ付山城□唯今防禦之打手ヲ繰出由言□

□也可奇之至之

一右奇變ニ付野宮へ口遣狀愚存之分申入了

一松浦明後口刻口可有入來候ハヽ、凡午後欤云々

三日戊寅陰

一公述朝臣今朝□㕝實梁朝臣替口

一松浦へ見舞丹酒（男山鰍菱）二樽入一計（升カ）夫人ヨリ水仙粽十五把送之又先日已來到來相拶縮緬二卷陶器盃大五重一筥送之自夫懷中物一包□一箱等送之□兩種前羽林已下ヨり送之

一同處來便（山鹿李之允）（篠崎）彌明日□入來ニ候□可津志也ノ義長橋局□觸□

一今□國□可然口供奉參　內云々表向□拜領畫口御□□受之由供奉大名へモ

四日己卯晴

一家信卿入來忠愛出仕之事本人並此卿等以書付過日桃花へ被差出之處一族並予ゟも書取可出今日被命由被示仍注四折差出先年以來忠愛所勞引籠深恐入存候近頃不容易時勢ニも候得共不勤之段何共歎敷出仕仕度由申立候心得方之義段々承糺候處以來者急度改心萬事可謹愼旨申願候尚又精々可令諷諫候間出勤も仕候ハヽ畏入存候此段宜相願上存候事

六月四日　忠能

一松浦肥前守入來（初度）之　午半頃羞酒饌（吸物五硯蓋二鉢五重物一菓子二斗五菜）戌半計被歸家來（供頭安見勝右衛門　惣供頭森宇大夫　奥納戸志自岐楚右衛門）於表□熨斗昆布又召酒宴席賜盃了羽二重二疋晒布一疋予へ縮緬一疋平戸燒壺夫人へ晒布一疋同燒慶子へ千疋忠愛始へ（供士分以上一汁三菜飯蛤吸物三種　肴以下赤飯煎〆祝酒代三百疋等）

一公董朝臣入來長州言上二通被見　去月廿三日曉六ッ時□蒸氣船一艘上筋ゟ諷（颿カ）來長門國豐浦郡赤馬關港內令通船候處同所に差出□相警衛人數並末家毛利左京亮警衛人數共一同大炮數發打掛彼方ゟも致手向

大炮兩三發打放終ニ玄海灘ゟ乘出迯去申候段同國同郡赤間關出張之家
來ゟ遂注進□御屆申上候樣宰相ゟ申付越候ニ付申上候以上

六月二日　　　　□相內□次郎三郎

去月廿六日朝五ツ時異國蒸氣船軍艦□何國口不相知□長門國豊□
□同港內令口候處同處□宰相警衛人數幷ニ末家毛□
□亮警衛人數共一同大炮數十發打□異船ヨリモ被口大砲數□發打放
候得共怪我人等モ一向無之終ニ上筋ゟ乘通逃去申候段同國同郡赤間關出
張家來ゟ遂注進候段不取敢御屆申上候樣宰相ヨリ申付越候付申上候以上

六月二日　　　　長門宰相內口田次郎三郎

一老中小笠原圖書頭潛上京一件浪花邊吟味候處淀ニ潜居之由子細自大樹
尋問中之旨之尤不可被入京都警衛手當等尾張前大會津ゟ言上之旨之於
事實ハ違勅背口命之□寔ニ以不審千萬之元來申合虛妄之奸謀ヲ以
朝廷ヲ僞候□ハ公□大變不遠實累卵之□長歎□

一公知朝臣斬殺人薩州家來島津內記無□田中雄平於奉行□同藩□丞下部一人等會津召捕候糺問之義□藝□被願由也

一又神宮末祠官山田大政陸奥先日已來學院へ建白之處其趣意抱不良ニ付長州へ御預可有吟味由之

五日庚辰晴

一松浦ゟ□「入來之挨拶御」示又例之通行音物予へ五百疋夫人へ千疋前羽林三百疋慶子同上且暫可有在京處昨夜深更自傳奏御暇被申渡歸國之趣意一□（イ作日吹聽）之通故私ニ滯在難致今夕下坂一定之旨被示之同旅宿へ遣使昨夕來音物且先時來使相拶俄歸國見舞等申遣唐木蒔繪短冊掛一筥遣之夫人ゟ經子張文匣二品前中將ゟ二品送之自慶子ハ追而可及答禮申遣

一昨日直約近頃國產瑪瑙緒〆之類十餘丸被送之凡如津輕產

一申上剋同家老松浦內膳來予夫人共面會羞菓子進肴料三百疋送包物

瑪瑙五六日以慶子獻儲君親王了

一申下剋松浦肥州入來昨日相拶並俄歸國暇乞等之被申置了

一家信卿入來忠愛一件花山院へ被申入處本人歎願書花山へ可差出以使一族中へ可被示合由之明日可差出忠愛申答了

六日辛巳晴　有白雨氣又晴

一大炊御門吹聽當家先代被致着用候袴地紋菱花浮線再興之義願之通被聞食口被存候——事經宗□代著用之□有之由過日被迂口尋記文之處無明文□答但既ニ殿下へ□由仍不□尋□閉口了○補略已下地下祉家僧侶例年送□冊類細川源藏——人賴之處所勞理仍差次へ賴

重胤卿へ遣狀

正少へ長州言上打拂二紙返却又返狀云大樹□之事何も不承知候□昨□小笠原圖書頭淀潛居之事一昨日昨日等老中行向上京子細尋居候由□

一□次第口樹ら之所置言上候由武傳へ昨日老中申越候扨同人義ニ付一

橋中納言ゟ水藩梅澤孫太郎ヲ以殿下へ申越候ハ此度小笠原上京之趣意
不相分段々探索候處償金ヲ渡候も　皇國之爲攘夷不致も同樣故右之邊
同人見込之處言上之上臣下之內彼是申立候者□ハ、　朝廷ゟ火ヲ掛混
雜ニ紛レ彼ニ不同心之人々ハ切捨其上彦城江　玉座ヲ移シ其上ニも何
欤ト被　仰出候ハ、公家一同面縛致候積ニテ上京之由凡惣勢二千人餘
其外手ノ者も有之由巨細ニ申越候ニ付早々昨日大樹ゟ御沙汰ニ相成□
□早々嚴科ニ可行被　仰下候尤諸藩へも爲心得被　仰出候由ニ候一橋
も大心配之由梅澤を以申越十(イ申)方もなき□逆早々召捕不成候テハ國
家之大害恐入候事ニ候極內々言上必々御莫言々々々　公　董

七日壬午晴　午後夕立雷

一基祥朝臣入來小笠原圖書頭切腹之由(虛說也)有風聞云々

一公知朝臣殺害人薩藩田中雄平於奉行所自害候ハ、(イ之由)右士ニ粗決之處右士
所持之刀ニ違無之間無云譯及自殺實者不知之於風呂屋入湯中刀紛失爲

士所帯之刀被盗取且藩士として被召捕受糺問之條對自國無云譯候儘（イ之間）自
害實ハ非公知之敵義相分仍藝州上杉へ被預士一人下部一人如元會津江
返渡由之

一松浦へ遣使一昨夕入來入念之段謝遣ス自慶子手提重菓子等送之

一庭中ゟ昨答來昨日ハ御書畏入拜見候彌——抑御内問之義何も承候實ハ
御時節柄甚心配且議奏加勢中ニテ國事御用難勤去月國事御用掛御理申
上被　聞食候付此頃御様子不相分候得共大樹御暇參　内濟引繼東行存
候處何之沙汰も無之九日出立トカ又償金一條ニ付圖書頭上京付其談不
附候テハ發足難成由ニも承如何相成候哉存候

一圖書頭淀ニ潛居（旗本ハ五六人ト承候）數十人上京之由ニ候へ共圖書同心ハ五六人
トノ由何ニも京へハ不入様殿下被命于會津候由右ニ付稻葉も両三日前
退歸ト承候

一薩藩數千人上ノ新屋敷ヘ入込候由小子も承候事情一向不分候

一公知斬殺人一向不分候薩御疑警衞も被止是者内々乍御疎忽カト存候何分ニも正義ト存候大ニ憤怒之由ニ小生〔イ子〕承候

一圖書頭償金申分ニ上京候由投身命上京之旨且五六人旗本も同心上京トノ義去晦朔頃水戸ゟ殿下へ申上夫ゟ大騷動幕ニも防禦會津へも被　仰付不入京樣守衞ト承候

長州ニハ如御命打拂始此頃大騷之由先長計之樣承候關東ニてハ日々交易此頃尙更甚歟由扨々歎敷義苦心已ニ候國事御理申上候義不忠と可被思召候乍愚昧不能勘考閉口仕候事ニ候——

六月七日　　重胤受

中山殿

一切迫事情實ニ大變頓發目前ニ付何分早々外口御沙汰可然旨内々告野宮返狀云

拜見候御安泰恐賀候抑圖書上京ニ付御細示深畏入候無理ニ淀ニ押留ニ

相成候得共事情未慥候過日水野罷向候テ談判候得共事情不口外候由ニ
付又々昨朝ゟ板倉行向候其工合ハ未承及候水藩梅澤孫太郎ト申者一昨
夕上京並一橋ゟ内々使ニ候圖書義誠不容易大逆心ニ而歩兵騎兵二（イ一）千隊
引率上京之由誠心配之趣委細申越候間圖書頭情態顯然候間早々可處嚴
科昨夕尾州會津等江召申渡相成候御請ハ未申出□于今催促中ニ候實
以不容易暴虐之由可惡且甚心配之事ニ候因州並淡路守等早々上京候樣
申達相成候實ニ頓發御命之通何時難計心配々々仕候態々御細示畏入候

六七　定功受

一長州士久坂玄瑞來去三日依主用俄上京今夕又歸國ニ付面談入來之旨忠
光赤間關ニ潛居長州藩ハ志氣引立ニ相成□且去月差入ゟ久留米へ罷
越水天宮神主眞木和泉守舊冬御沙汰□一端領主ゟ免許之處又候（イヤ）籠居
中付有之有志中不服之間右免許之義申立行向候而十四日赤間へ歸來右

和泉ハ連來居由右ニ付十日夷打拂ニハ不居合廿三日廿六日ハ全周旋之旨廿六日ハ庚申丸ト云軍艦ニテ出戰大炮數發之處自彼も數發右庚申丸忠光乘候□ヲ打拔騷動候得共一向不弱專戰爭烈然衆人威服之旨述之所下之□來未面會由之身体之處内々相談頼置了

一小笠原一件ニ付主人父子之内俄被　召ニ付歸國之旨然處昨日自江戸留主居於横濱アメリカフランス兩國ゟ長州へ軍艦差向候由奉行へ申立候由留主居江達有之以早便國元へ申達之處（イ候）ニテ甚混雜心配之旨申居候

一親王御方ゟ予忠愛へ鯉二口賜之鶴女書狀内々之

一左府公ゟ暑中御尋賜鯉一口

一禪閤江進鯉一口尋申暑中安靜依歌道弟子之

八日癸未　晴時々催白雨休止

一親王御方へ獻年魚五尾依御好物之

一公董朝臣江遣狀問昨今形勢

一定功卿來狀被尋養子名字定允コト無差支哉之由無差問旨返答

九日甲申　晴

一中川宮攘夷先鋒被願由之許否未分由

一公董朝臣入來小笠原圖書頭淀滯居五日水野六日板倉行向尋事情之處何分大樹直々可申由ヲ述不申子細由又尾州會津へ嚴科ニ可行被　仰出處於京都及混亂候テ者恐入候間大樹並役々浪花へ下坂之上償金ヲ渡シ違命一ヶ條愼可待台命之左右處押上京不恐主命一ヶ條等之罪科ヲ中間城代へ預禁錮歸府之上糺罪可罸由各言上之旨既今日大樹已下下坂之旨尾前大ハ滯京

一野宮岩丸從五位下　宣下吹聽

一有馬中務大輔古賀龍吉暑中被見舞且舊冬所契約鐵炮櫻象眼三挺內流一西洋被送使へ二百疋爲引遣之

一勸修寺侍從右少辨　宣下之旨吹聽

一回文云方今不容易御時節於諸臣一同も其心得可有之候就而者建言之義

有之候者各其門流ゟ可申出候此節違制度背規則候輩有之不容易事ニ候
決而心得違無之樣屹度可被相守候事

六月

右之通自關白殿御順達ニ付猶又御傳達被仰入候事

六月　　　　一條殿
　　　　　　　御使

別紙之通從一條殿被命候仍申入候御回覽可返給候也

言路閉塞如何々々

六月六日　　　　　實德——

一松浦肥前守家來市山恒八篠崎杢之允志自岐楚右衛門安田左膳等招寄遣
一盞了（市山申學院下役之肥後月田鐵太郎藝州金子德藏平戸楠本確藏抔人才尙大藩被召仰候ハヽ追々可出頭由也急務尤ニ承了）
一入夜（仕使）丁今朝者參上畏入候——抑御聞ニ相成候哉ニ候得共先申上候忠
光殿事森俊齊ト申候由昨日上京昨夜東久世へ被行向種々議論も有之候
由差當姉小路並小笠原之義被聞及上京候（イ之）由ニ候處東久世ゟ當地之樣子

段々咄被致候ニ付左様之義なれハ先長州屋敷ニ扣居非常之節朝廷之御守衛可申上被申居候由惣勢二百人ニテ上京候（イ之）旨當地へハ同志之中十八人同道餘者大坂ニ止メ有之由内々ニ而三條へ今曉東久世同伴被致候由ニ候是迄トハ違惣て地下同様ニ被致居候由議論なとも中々是迄トハ大違之由ニテ一同傳聞大感心ニ候先々安心致候併先何レゟも沙汰無之内ハ御存無之分ニ願候三條被申居候事も有之候間先御手出ハ無之様ニ存候尚拜上委細申上候也

六九　　　　　　　　　　　　公董

十日乙酉晴度々催夕立又晴

一公董朝臣へ遣狀忠光一件不存分之事承知候但定而世上可有沙汰ニ付一應野宮へ被内話候様頼遣後剋返書來朝臣一分ニテ被内話處朝臣乍聞及不被申も不實故眞實朝臣ト一分心得ニテ内々可被告示自他筋聞込ニ相成候節勘考ニテ可宜口被示由内々ニテ被示了

一學院下役人選事申遣

一實方入來昨夜三條へ薩士卅人計白刄鑓抔隨身公知朝臣殺害人吟味ニ付薩人止置之一件早々取調有之樣申込細川鹽梅ニテ先昨夜相濟由之眞僞如何

十一日丙戌晴午〔イ未〕剋白雨　予風邪

一七月獻上燈籠於今年不及獻上旨傳奏雜掌觸有之

一去九日公董朝臣內々被見一閉大急用以密書奉呈上候今般於御國近海異船御打拂ニ相成候段御屆出相成候由然處右異船ハ亞米利加國商船之由ニテ其儘遁去候由ニテ怪我ハ少も無之帆柱網損候由佛國船海中ニテ行逢困難船と見請候而聞候得者長州海ニテ打候由政府へ屆出候樣子就夫早速同國軍艦英國軍艦昨朝出帆仕候昨日亞國人開港以來居候異人三十三番同居ウユンリツト、申異人ハ日本語能分り私共所勤所ゟ〔イへハ〕異國改處ニテ候間毎〔イ度〕事色々物語申候昨日上役之者右異人ニ樣子承候得共長州毛

利ニテ被打候テ誠ニ長州ハ相ひらふは早速ニ私（イ佛）國軍艦差向候テ先達テ
買入之軍艦奪取候テ乗組之人々柱（イへ）引上ヶ横濱へ連來りさらし候テ其上
談判仕候由手ニ取候様噓ニ咄し申候若左様之事も有之候而ハ殘念奉存
候假令間ニ合不申とも此趣御國元ゟ御知仕度色々愚案仕私罷越候テハ
尙又延引相成何卒先達而申上置候ハヽ御不覺有之間敷と奉存候虚實難
計候得共いらにも難打捨置御國恩之少志迄申上度既（イニ）存立候丈ヶ兎も角
も申上候間不惡思召候ハヽ御聞取他國外夷御面目相立候様乍恐奉祈候
ニ付是式よても申上置候ハヽ御武威彌增被遊何卒御國へ異船御奪取よ
も相成候様奉祈候政府役人共中々異人強く候而長州公軍艦被取候様口
々申候間私志丈ヶ申上度態々飛脚仕立差上候前後不文御汲取被遊候テ
少成共御用ひ相成候事も御座候ハヽ偏ニ宜奉願上候此段柱（イ公）へも申上候
而幾重ニも奉恐入候得共難捨置如此御座候後日御咎之段ヲ不顧恐惶敬
白九拜々々

正心誠意上

五月二十九日　遠太一
尊君密用御火中

二艘横濱出帆之軍艦ハ一應地理為心得参り候与申説も有之候

一筆致敬達候別紙両通並風説書其外一綴差越候間御披見可被成候此度
之飛脚着別紙両通之趣御國江申越し候間其御心得を以御取計可被下候
兵庫表江着別ニ不申遣候ニ付乍御面倒御地ゟ御通達可被下且又小國融
藏其外昨日到着今日ゟ横濱江罷越候間委細之義ハ彼者帰次第可及御注
進候右為可得御意如此御座候恐惶謹言

五月廿九日　　　彼留（波多カ）野藤兵衛
　　　　　　　　神田源八
　　　　　　　　揚井小左衛門

村田次郎三郎様
桂小五郎様

一佐々木男也来面之極内云一昨々日忠光上京有長州藩中木屋町邊大膳大夫時々行向所之
隨従（イ身）有志士十七人附属大膳大夫父子申立之子細有之候ニ付暫此儘潜居

之方宜内密三條黄門へ申立示談申之〔イ候〕旨也予云達聞上ハ當家引取其筋屆申進止可任下知然上ハ唯可有朝議事之男也云尤然ニ付暫之間不知分可然唯男也一分極密示告之由之

一朔日〔イ赤間〕蠻へ夷船押參長州船不意敗北之事申居此時も忠光出頭哉ト之由之

一小笠原圖書頭推參一件逆心ニ付早可有嚴科自　朝廷被　仰出處京都騷亂ニテハ恐入候間大坂へ召下り官職ヲ止メ城代へ預置歸府之上事情相糺罪科可取計大樹言上之處尙於大坂早可所〔處カ〕嚴科被　仰下右一條昨日御受ニ相成此上ハ眞實小笠原一箇之逆心ニ候者宜候得とも萬一衆示合之〔イ候〕義或大樹公ハ正義候とも老中始同腹中之事ニテハ實ニ天下之大事膝下ニ可發甚々難澁之由且水野ハ元小笠原と一腹中ノ者ノ由板倉ハ少可有所存哉何分騎兵歩兵各率千餘人此頃上京（表向ハ大樹甚々燒眉之急變難計旨申之迎之由）

十二日丁亥晴時々夕立　風氣平臥腹藥鼻汁殊甚

秉燭頃出火之旨街路騷擾暫止（吉田岡崎邊云々不慥）

一正三ゟ來狀卽加墨返却
御安全奉賀候抑大樹過日下坂舟ニテ歸府或東海道とも承候如何哉○不
慥承候
一小笠原上京途ニ而薩並會津等ニ喰留ラレ淀ヘ入候處切腹ト申事如何哉
○淀ヘ入候自害ナトハ一切不仕候大逆一件別紙ニ內々入覽候
一全体攘夷ノ事如何相成候哉大樹御受歸東恐クハ違背可有之其時ハ如何
相成候哉兼貴意之通ニ候ハヽ宜候得共甚無覺束御案申上候其邊策略も
無之東歸ハ無謀之至と存候何トカ可有之內々伺候○別閉長州大炮打掛
一條書通並小笠原逆心ニテ事明白ニ候此上如何成行可申哉長歎々々
一武田耕雲齊(齋カ)上京一橋水戸ゟ內奏有之由何事ニ候哉○梅澤ノ事ト存候別
紙御內覽
一中川宮攘夷先鉾(鋒カ)御願之由勅許如何○願之由ニ候許否未承候
一姉小路畝吟味六ゟしき由如何哉○一向不分由薩ゟハ嚴敷三條ヘ催促之

由ニ承候

一薩人九門内徘徊被禁候事甚憤懣可生混亂哉ト申事如何○甚以危ク内々夫々へ申込候得共未被用候

一春嶽父子三郎等近々上京之由越前領ハ専父（交カ）易之支度有之旨如何○一向不承候

一重胤卿光愛卿資生朝臣國事掛御理代聽卿德朝臣ト申候左候哉○重胤光愛御理之事計承候外不存候

一此頃大名誰々滯京候哉不安心千萬存候○大身一向無之様子ニ付毎々内々夫々申立候因州長門内ニ人ノ阿波息過日被召候由外不存申候

一有志慷慨之徒如何傍觀候哉不審千萬ニ候○追々分散可然徒一向無之由ニ候扨々長歎息之至ニ候

一尾前亞ハ歸國候哉○在京ト承候

一長州度々下關邊打拂候由虚實如何○別冊四度注進入御覽

一宗對嶋守昨日近々歸國爲餞別銀十枚到來候所々へ參候由申難波家へも參候由武傳聞合候處不分明ニ候御同樣候ハヽ安心仕候〇一向無沙汰ニ候

一關東ゟ上京人承候得者交易益盛迚も拒絶抔難（イ相成）出來勢と承候何共不安心（イニ）存候〇小笠原逆心並長州注進狀之趣抔ニテ形勢相分候到此塲何故正義不被行哉と余ニも不審存候事ニ候

右等相伺度候御加筆御示教希候也

六十二

一間部再出ト承候如何候哉〇未承候實事ニ候ハヽ反逆既一決と存候

固（下）大ゝ公　　叟（上）公

任御命加筆御免可給候差當小笠原嚴科之事於京師取計候得共騷亂ニ及候間大樹大坂江連下り止職閉居爲致城代ニ預置大樹歸府之上罪科ヲ評定夫々可取計言上候處何分陰謀反逆之上ハ於大坂早々可行嚴科再三被

仰出漸昨日トヤラ御請申上候哉ニ承候得共何分甚以アヤシキ事共ニ候騎兵歩兵海兵各千餘人ヲ從今明日頃追々上京之旨ニ候（表面ハ大樹迎との事實ハ難計候）何分何時大變難計深々苦心候也

一正少へ遣狀

御安全令賀候抑　小笠原一件如何相成候哉騎兵歩兵も追々上京ト承大ニ〳〵御按シ申上候△此義圖書頭ハ先大坂城代へ預ケニ相成候趣大樹ゟ今日言上有之猶追々之所置言上之事ト存候騎兵歩兵上京之義も長州内々言上（男也申出）有之長土肥ゟ追々探索可言上由ニ候得共其後何も言上無之候承候ハヽ（イ合）可申上候　一間部下總守再出ト申沙汰有之候實事ニ候ハヽ小笠原申合大逆ヲ發シ可申是ハ早々御吟味無之而ハ不叶候△一切未承候尚早々可探索候　一此間御内示孫事不存分ニ致居候昨日長州男也一分ニテ内々申來候得共是も先不知分ニ致居候樣ト申居候間萬一右ニ

正心誠意上

而不都合も候ハヽ、早々御內示希入候△此義少々承候事も有之尙治定之
上可申上候事

六十二
下
正親町少將殿ニ內用　上
忠能

公董

十三日戊子陰　予風邪同樣平臥於鼻汁減昨精神鬱結

一滋野井侍從西四辻大夫去五月犯制他國出行之事不容易儀可被及嚴重御
沙汰之處於志ㇾ爲神妙之間以格別　御愍憐差扣被　仰下候御一列へも
可被示傳候也
六月十一日

西四辻三位滋野井中將右子息差扣ニ付遠慮伺之通被　仰出候御一列ニ
も可被示傳候也
六月十一日

右両通被觸候仍申入候御回覽可被返給候也

同日　　　　　　　　　　　　　　　　　有長

一正三ゟ御述（マヽ）拜借三紙返上畏入存候尤他見口外仕間敷と盟約仕候御安心可給候實ニ恐入候時勢ニ相成此上如何可成哉根本攘夷ゟハ枝葉重ニ相成如小笠原逆臣出來何共恐入候事ニ候右所置も甚以疑敷兎角此上ハ大藩被召置候外無之御命之通と存候既割據ニ相成幕ハ一向被遊方無之相成只苦心按痛之外無之候　一大樹ハ彌大坂ゟ伏水通行歸府候哉　一牧野備前退役代り稻葉長門被申付候由正邪如何候哉　一御親兵ハ何人計出來候哉　一先達來之時勢追々切迫ツマリ漸〻此頃ニ而ハ何之事ヤラト勢ニ相成掛實以難堪事ニ候有志之人ハ以死報國時と存候只々日夜悒々と仕候今日ハ天正山崎一戰之日更ニ慷慨仕候尊考色々御申立之由一々御尤存候通り秉歎息之事ニ候當月中成敗安危之境と存候屹度御策略被立置候様所庶幾候也

六十三

固大公 極内　　野叟

進返狀了

一慶子辭典侍之後依武傳差圖親類書ノ表書禁裏御所元女中ト書付來於當
年も同樣差出處可除元之字申來勿論之事之○野宮へ遣狀彌御安全恐賀
候抑御用多御中御面例（倒カ）實ニ恐入殊ニ籠居ノ義越樽何共恐入候へ共世上
形勢何モ切迫實以テ御案申上候不堪蟄居又々申入候一小笠原逆心ニ付
可行嚴科被　仰出候義御請ニ而彌於大坂嚴科申付取計ニ相成候哉水野
ハ專ラ同心之事ト風聞候　〔朱書〕免役城代へ九日預之旨言上有之候水野同意
カ何とも不分候得共先左樣ニても無之哉ト存候

十四日朱計返狀來朱ノ如シ

一牧野備前退役稻葉長門跡役之由實事候哉長門正邪何レニ候哉　〔朱書〕御示之
通ニ候
一間部下總守再出ト風聞候實事ニ候ハヽ大變ニ候全く小笠原申合京都押

倒候義相違無之候御深考希入候　〔朱書〕左様之様子ハ無之候

一因州淡州（阿カ）上京御請ニ候哉長州被召候様承候右三藩ニ候哉何分此場ニハ大藩被召置候外急要無之様存候御深考可給候　〔朱書〕因淡御受ニ候不日京着之筈ニ候長父子之內召候得共未御請無之候

一尾前大ハ滯京候哉世上色々申候得共先被止置候方御爲ト存候　〔朱書〕御暇濟有之候不日御暇參　內引繼歸國ニ相成候御尤ニハ候得共矢張御暇之方可宜候

一御親兵ハ誰々差出候哉何人計惣勢出來有之哉　〔朱書〕大分献上三四百人可有之御用掛三條ニ候間差當不覺候

一大樹何日頃歸府候哉船路候哉東海道候哉此時節一ノセツハト被存候
〔朱書〕東海道之筈ニ候處昨日軍艦ニテ遁歸候由ニ候屆捨不埒千萬ニ候

一自東騎兵歩兵從數人追々上京ト風聞候表ハ迎トノ義ニ候得共深意難計大變膝下ニ起候テハ御取戻不相成實以晝夜恐入御按申上候　〔朱書〕晲ト不分

候

一中川宮攘夷先鋒御願是ハ　勅許候哉全体可被許事ニ候哉　〔朱書〕勅許無之候

一長州赤間關ニテ夷船打拂候由五月三ヶ日ハ勝利候へ共六月朔大敗ト風聞候眞ニ候哉此義等ハ大樹始ハ何ト被申候哉且於傍國も捨置候事ニ候哉勿論　皇國御一体之義一ヶ國以死報國候段ハ有之間敷歎入候次第ニ候　朝廷御捨置ニテハ彌以諸國因循偸安可増長と恐入候義ニ候御賢考願入候　〔朱書〕應援之義夫々江御沙汰有之候去五日ハ餘程亂暴致候由不容易趣候へとも實事ハ未相分候

〔朱書〕昨日御書拜見候不克即答失敬可被免候乍失禮張紙返上候大樹昨日届捨軍艦遁歸不埒千萬右付何欤混雑候此上之處彌苦心仕候也

六月十三日　〔朱書〕上　忠能公〔朱書〕

〔朱書〕下　野宮殿ゝ

一徳田隼人來忠光義有申旨大口挾私意欤可考事ゝ

一正少ゟ來狀酉半過　彌御揃御安全奉賀候然者過日內々申上候一條昨夜
別紙之通長州ゟ御沙汰ニ相成候間彌何方ゟ申上候共御存知無之分ニ而
御宜存候猶巨細ハ不日參上萬々可申上候一紙內々入御覽候仍如此候也
六月十三日　　　　中山殿 内用　　公董
森秀齊
赤心報國厚志之段　叡感不斜候彌忠誠相勵猶以萬端精々可有盡力
御沙汰候事
右御感之程ハ畏存者也但當家義絕之儀未注進之間長州ゟ被　仰出之條
當否如何々々行末之御所置可考莫言々々
一慶子來狀忠光之事ニ依之先文並九日十二日等公董朝臣來狀內々入一見
了
十四日己丑　晴微雨
一公董朝臣來談中

光德參政（理）泰總卿國事御用掛（理）俊政同上　朝臣午前被歸學院伺候云々忠光森秀齊として一昨夕御沙汰之處有志輩尙不服還家之事殿下へ强訴長州殊懇願之由也　一小笠原圖書頭ハ被止官位由大樹へ被　仰下由　一大樹昨朝船ニテ歸府屆申由（但小笠原所置言上之上可有歸府兼被仰下處屆捨出船不屆千万之反心現然歟云々）　一水野ハ阿房宮云々　一五日ヨリ六日江長州ニ於又々蠻夷亂暴依之忠光同伴數百人滯坂之分直ニ長州へ歸國云々於忠光長門父子親友懇切之間直可下向申望傍輩抑留之旨之　一慶子來文姉小路敵人之事文久三五月皇國大忠士鳥山九郎秋龍關東張紙寫ノ事　一前中將出仕願事　一小笠原ノ事等申來

一野宮へ遣狀返書如左

過剋御書拜見候參　內中不克即答失敬可被免候彌御安全恐悅存候抑賢孫御義內々御聞及ニ付委細御示承候格別御誠忠之儀故何卒本官位ニ御復之樣達而長州父子ゟ申立候趣ニ候得共制度御犯之儀故今度左樣相成

候テハ規則ニ抱り後來之誠ニも不相成候ニ付不無理候得共長州之申立
ハ御採用無之候併御誠忠之段御感ニ付森秀齊ト申長州ノ人ニ致し御褒
詞書取一昨夜於學院參政ゟ長藩へ達ニ相成候右之次第ニ及候間尤　叡
聞ニ達有之候此義正親町少將殿ゟ御聞及と存候付別ニ不申入候事ニ候
右之通長州ノ人ニ御成之事故御義絶御届有之候方御都合哉存候併其邊
不心付殿下へも未申伺候故如何可有之哉御尋問ニ付存付候次第ニ候明
日ハ憚日不參候明後日密々伺定否可申入候萬々拜上可申述仍早々乍延
引如之候也

六月十四日　　定功受

一酉剋前公董朝臣再入來申剋前學院へ有召參　內之處長門宰相父子遵奉
攘夷之　勅諚去月十日以來頻打拂夷船今月一日不勝利之上六日七日連
戰頗失利由相聞抑於　大日本國顯然攘蠻夷者此父子計ニ付深有　叡感
又勝敗之安否爲被訪　聞召用意出來次第速下向長州可述　叡旨奉仰不

宵之身殊一身蒙重任之條恐縮之旨再三雖辭申旣御決定自是歸家明日明後日之內可發足存定由之戰爭之場下向之條頗心痛但　勅諚之上者以死可奉公之不及是非者之心中苦痛不可盡紙上候右ニ付旅具水干以下數品借用被賴尤可借送領掌了一昨冬予東行旅具自然應急速之公用可云奇焉

一嘉祥米申出如例年

一實美卿へ遣狀

一右少辨來廿日巳剋拜賀之旨吹聽

十五日庚寅　晴陰不定未過より剋雨

一忠愛云去月十七日薩州（欠マヽ）郡（欠マヽ）夷船二艘寄之處一艘直打破一艘乍損乘返廿一日四五艘來同所碇居不出手云々又國主修理大夫ハ旣出國上京之旨之眞僞如何

一少將殿長門國爲鑒（監カ）察使下向被　仰出明十六日被致出立候此段御吹聽被申入候事

御音物御見立使等省略中堅御斷被申入候事

正親町殿使

六月十五日

一正親町家へ餞別品ニ送之又遣細井並大口

一申半計公董朝臣入來爲暇乞表向名目爲鑒〔監カ〕察使實被慰賞長州之但西國大名不振與輩可引立蒙　仰奉　勅下向之上者抛身命　叡念可張行決心再會不可量由被述之感涙難止了雖被急抑留一盞獻酬夫人又盃了今日御暇參　內　天氣殊　御厚情賜　天盃又賜眞御太刀〈備前長船政光菊桐造　文化御即位大樹進獻〉眞御馬〈阿州所獻之中之被　置移鞍龜井所獻之〉被盡　叡慮之條深以忝畏之旨彌以可盡力由被示共感泣了即被歸與過日新調鐵扇倭錦袋〈輿中　ノ料〉便宜燧具早見道中記船路細見其餘品々〇家來士四人醫師一人中間下部且懇意藩士六七人召具又親兵士ノ內五十人引率依大急明午刻發輿之旨被示了公用之上者不及是非但爭戰之場出頭恩愛之情心中難堪莫言

十六日辛卯晴　大暑　夕景夕立暫止遠雷

正心誠意上

一正親町へ細井遣賀（大口同上）夫人被參北野宮公董朝臣奉　勅一件深懇祈了（獻金）（百疋七ヶ日祈禱依頼于乘成坊）○康子松丸出立見立行向○申剋前發輿云々芥川泊之處及遲剋且親兵之員數未具ニ付山崎宿云々四塚迄見立使遣了○實方入來正親町ゟ歸掛云々及遲引子細ハ親兵五十七士可附添處申故障不具其故ハ一ヶ日前ニ觸差出可有發足申立之處於　朝議ハ頓發可然兼決定依之出門一時計前先觸差出治定之處親兵之輩此一件不得意仍申故障不具云々卅餘輩出頭殘於山崎見合可皆具決着發馬云々公董朝臣着薄青水干殿下被送白葛袴予送之帶　恩賜之寶劔乘　恩受之龍馬引馬一疋（寮御馬借云々）拜　無異無事勤仕早歸洛偏　神佛之冥助奉祈願者也朝臣實予三男至孝篤實無双美質之

御泊付

㊀京都　攝津芥川（四里）　㊁郡山（二里）　昆揚（四里半十二丁）

㊂西之宮（二里八丁）　兵庫（五里）　㊃播磨大藏谷（四里半）　加古川（五里半）

廿日 ㊄四里 姫路　四里十二丁 片嶋　㊅備前六里 三ッ石　三里 片上

㊆六里廿丁 岡山　備中五里 河邊　㊇三里 矢還　備後六里七丁 神邊

㊈六里 尾之道　安藝五里半 本郷　㊉六里 西條　五里半 海田

廿六日 ⑪二里 廣嶋　三里 廿日市　⑫周防六里半 關之戸　四里十一丁 高森

⑬廿三 四里廿四丁 花岡　三里半十五丁 福山　廿九日 ⑭五里半六丁 宮市　四里 山口

萩迄四里 次長門國

一嘉祥依所勞不參告長橋局屆議奏　承知

一明巳剋武家參　內之由武傳觸示

一入夜正親町ゟ山崎へ便有之由被示ニ付遣狀　今日ハ御發馬珍重存候萬事無異無事御用御勤仕無御滯御歸洛之義と千萬奉賀候無御助才候得共御隨從之人々と憂苦ヲ共ニ被成候樣存候尙吉左右後便承度候且申落候間內々申入候此度夷人爭戰之處へ御出ハ實ニ皇國萬人之目的心意ニ抱リ候譯故萬一御不覺有之候而者不相叶義ニ候

正心誠意上

間日夜御持守ハ勿論其上　春日大明神トカ北野宮トカ御信心之御守ヲ毎日髪ノ元取ニ御結付置希入候此紙ニ包其上ヲ白紙ニ包候而御結付希入候何卒萬事無御滯御勤一日も早く御歸京　奏上之様祈入々々候也

六月十六日　　　忠能

正親町羽林公内用

おふけなき君ら勅命汝うあし身ハ神の助れ疑もあし

ともあく早も歸りてまミへあん一日汝まつも一年よして

一三浦備後守用達之手扣作州眞嶋郡第部村茅カ　天磐座大神宮被致信仰候ニ付當家祈願候義社務神田木工へ御依賴被成候其御方御領地之由ニ付爲念被申入置候事

亥六月十七日

中山前大納言殿使

青山齊宮

一長門宰相ゟ以使被尋暑中安否

一勅使用途金二千両親兵中へ千両自省中賜之尤途中人足等不難澁様各買
上人足之
十七日壬辰晴有夕立之氣止　嚴暑　遠雷
北野代參細井
一三條黄門去十四日遣狀返書來
小笠原圖書ハ浪花ニ禁錮相違無之候以下水野癡雲之輩も夫々取締有之
由ニ候元來小笠原罪科嚴重所置大樹東下之筈（ママ）段々御沙汰も有之候處速
上船歸城之段實以幕府之心意不分併全小笠原之奸計ニ隨候譯ニも無之
欤一圓合點難附候段々入込之譯も有之拜面之便密々可申上候御親兵當
時在京有之候藩尙取調可申上候凡六百人計上京仕居候實如命方今幕吏
情態更以難辨被背　叡念之義臣下之輩心得無之候而ハ難濟候斯切迫危
急之場ニ至り大藩被召寄候急務ニ有之、、、ー
六月十七日
正心誠意上

正心誠意上　　　　　　　　　　三十八

中山殿　　　　　　　　　　實美

一正三來狀遣返狀

一未刻計昨夜送公董朝臣返狀到來今朝於山崎相認狀也無程出立之旨也

一長州へ下向式部彈正昨夜歸來忠光上京掛違不面會所遣品々持歸依之今
朝以両士心得木屋町潜居へ其儘持来之處不面會由但送二紙云

段々委細之御書取謹奉拜見候大暑之砌彌御機嫌能被爲成奉恐悅候然者
此度之義萬事段々恐入候義ニ付御理申上方も無之然ル上ハ乍恐　皇國
御爲ニ忠光一命ハ差出候事ニ候故其儀御安心願上存候此間下之關ニて
攘夷手始致誠面白事ニ有之候也

六月十七日　　　　　　　　忠光

祖父公へ言上

御廻之品々先ニ令返上候也

忠光先々無事ニ致居候御安心願入候昨日ハ宇治川ニて同志之者五十八

計水馬致候今日ハ大井川ヘ參候何分此上之御奉公ハ段々可致次第も有
之　皇國　主上ヘ之御奉公致候上ハ御對面願上候也

十八日癸巳晴暑

北野代參田村式部

一正三來狀昨日借遣寫類被返

一大炊御門亞相妾來友姬君石井三位ヘ緣組之事之

一慶子ヘ送菓子過日以來度々美菓西瓜之類到來之故之

一正親町亞相ヘ遣狀返狀云

令拜見候如仰大暑難凌候彌御揃御安全恐悅存候抑一昨日者公董俄遠方
御使蒙仰恐入候其上此度之義何とも不容易義本人ハ申迄も無之心痛之
事と存候於小子も忘寢食心配仕居候事ニ候其上火急之用意何とも當惑
不少候事ニ候日々祈願仕候事外無之此上ハ何卒無異無事勤仕早々歸洛
祈々入候事ニ候且御示之事承候當時國事之義ハ小子も御理申上候得共

承り候義も有之候ハヽ可令言上候實此頃之御様子唯　朝廷御事御案申
上候一向分らぬ事計歎息仕候扨一昨出立之砌ハ色々拜領物且拜借物御
家來苦勞重々不一通御配慮深畏入候先無異無別條御安心可給候御一同
ゟも拜領物扨々畏入候宜御申傳願入候仍早々

六月十一日　實德受

追申出立之節親兵人々不具御聞之旨其節ハ不具候得共同夜相揃山崎
ニ而皆具致候御安心可給候也

一故光宙卿一周ニ付廿八日爲志被贈小餅
一正親町へ昨日悦並両親以下見舞以使申入
一明巳剋武家參　內之旨傳奏觸示

十九日甲午　晴　晴暑　時々風

北野宮代參式部

一實德卿入來息朝臣　勅使之事ニ付被謝厚志之條　一爲祈禱於鎮守　春

日社樂大曲可奉納條殿下ニ申入處可伺定被答伺之處可任所存被仰下不
日奉納之旨傳授後拍子合未催前日如形可催哉尙可執道氣色　一吉田春日社梶井天滿宮日々代參
一自明日於下御靈七ケ日祈禱垂加流神道傳授出雲路大和守從來有由緒ニ付依
賴之由之　一過日出立ニ付自長州長柄鑓三間餘自姬路弓箭到來即加列隨
身下向云々　一於攝海フランス船へ自因州固(ママ)大炮打掛去十四日眞說云
々羞菓子西瓜等過日親兵遲參ハ却テ土州徒即夜山﨑へ追付由之
一去日賜大樹御劒則長安永元十二云々十三女御入內從大樹進獻
一來廿三日辰剋　御祖社假殿立柱上棟遷(宮カ)日等日時定當日陣儀濟迄服者僧
尼可憚參　內武傳觸示之
一大炊御門傳示被　皃儲君親王非常附被加非常御前旨右衞門督被申渡由
之承旨申答了此事先日飛鳥井へ文通候處如例无返答而直有此沙汰不審
之至之追而可尋問之
一野宮へ遣狀條々內問了

一南都正觀院義申來入夜上京之旨申來

廿日乙未晴早且風小雨　時々有風夕立

北野代參細井

一一條亞相來使父公先日以來同樣先快方之處昨夜痰氣有之大村高階診察之處昇上之氣ノ由申之此段被知由之相應申答了

一野宮昨答到來予狀ニ加注

大樹乘船頓發之儘ニテ御双方ゟ御無沙汰御捨置ニ候哉夫もつまらぬ事ト存候有志輩ハ捨置歸府之樣子ヲ見定擾亂ニ及候とも大擧と見込候樣子も承候何卒夫迄ニ早改正之良策無之事ニ候哉實ニ按痛仕候何ト可被仰出候御事ニ候哉○丸切捨置ト申ニ而も無之大樹廿五六日頃ニハ歸着可有之左候ハヽ當月一もれ歟來月早々ニハ關東樣子も可相知先夫迄ハ見合ニ候筑後之眞木和泉守ハ有志輩大歸服堂上ニも追々人々感服よて日々內問評議有之候

一尾前大昨日トカ御暇ト承候何故御暇濟ニ候哉最早德家ハ眞實御捨ニ候
哉實ニ御捨之事ニ候ハヽ尙更御依賴之大名ヲ急度被定候ハネハ成不申
事と存候○本人段々願迚も被留候而も不留候且衆人甚人望無之無據願
通御暇候御依賴候大名ト申而も頓ト人体無之両三日ニハ淡路守上京候
因州廿六七日頃京着候先其邊御依賴候

一長州一日戰言上迄ハ粗承及候五日後之處不苦候ハヽ御細示奉希上候○
五日之義漸昨夕屆有之甚雜ト致候書取ニ候尙跡ゟ可入御覽候

一小笠原圖書大坂禁錮之儘ニ候哉如何相成候義ニ候哉○是ハ堅固城代へ
預り嚴敷禁錮之旨ニ候

一因州夷船打候由實事ニ候哉○實事ニ候別紙入御覽候不及御返候
昨夜御書拜見候不克即答失敬候彌御揃御安全奉賀候抑御示之條々又々
乍失敬加筆返上候御尤之事（イ義）ニ候何分甚以六ヶしき（イカシキ）物日夜苦心計ニ候万
々期拜上候、、――

六月廿日

中山殿　定功受

御城代江御届書　口上覺今日九ッ時頃明石鼻ゟ天保山三十町程沖合へ蒸氣船一艘乘込碇泊之体ニ相見候帆印等も不相分ニ付實否取糺候處英吉利國人与相聞直樣致手配打拂仕候處紀州へ向ケ迯去申候不取敢此段申上候以上

六月十四日　松平相摸守内　赤座爲藏

御城代ゟ御達書寫　攘夷之儀未タ於横濱表談判中ニ付承伏之有無難決内此方ゟ手向儀ハ見合彌手切ニ相成候節ハ猶相達候品も可有之間彼ゟ襲來不申内者奄忽之所行不致樣可被成御申付尤攘夷之儀被　仰出候ニ付而者片時も警衛向由斷ハ難相成乍然通航之外國船無謂打拂候儀ハ可被成御見合候右之趣御達可被置候

六月十四日

去十四日天保山沖合へ異船渡來候ニ付打拂候處紀州之方へ迯去候段別紙之通御屆書差出申候然處御城代ゟ別紙之通御達御座候得共右者背勅意候儀ニ付御書附致返却以後異國船見掛次第打拂可申段相屆置候旨彼地詰合ゟ申越候ニ付此段申上候

六月十七日

松平相摸守内
安達清一郎

一實方入來依世上形勢　親王　准后家司祇候非常附堂上自今夜三人宛侍宿被　仰出由之○公董朝臣束帶雜色之具被用意若ハ宇佐八幡宮へ　叡願之御趣意被爲在事欤是遠察之由內話△（此事虛說之由之）公知朝臣殺害人彌過日召捕有之候者ょテ昨年横死九條家宇卿玄蕃頭實弟藝州之者之由召捕有之供之士太刀持も矢張同服中自或方受金子及殺害候由白狀依之薩藩御疑念相散九門之內警衛如元可被　仰出由風聞有之云々（からし費にて不堪苦痛白狀之由）事眞實者愉快之至之

一下御靈社へ自今日七ヶ日自正親町家羽林無滯勤仕無異無事歸京候樣祈
（イ此一條自正觀院云々ノ次ニアリ）

禱被依賴于出雲路大和守由昨日亞相内話依之献神膳（金五十疋）

一忠光一條有内話事能子有傳言

一右少辨慶賀送太刀馬以使賀申了

一自正観院先達調筆物禮名酒一陶圓扇二握來

廿一日丙申晴風

北野代參式部

一實德卿來狀息公董朝臣十九日書狀被傳有返事ハ今日中可送注文之品申
來明日可被差下由也安全珍重々々其狀　御所御始御機嫌能恐悦予家一
同並父卿以下一同安全ト珍重差掛入用物有之俄任幸便一書無事之義被
示由今日大藏谷止宿ニ付人丸社自是參詣之處ト有之（イ候）○後剋送返書慶子
へも有加筆申遣處一封來加封同送了

一南都正観院入來面談了「學以致其道　「一犬吠虚千猱唯實」止宿

一慶子來狀之序長州へ助勢仙臺奥平行向候トヤラ申説有之夫故奥平ハ御

門固被　免候由眞事ニ候哉定虛說ニ候哉存候トアリ[イニ]
一野宮へ遣狀
一广[廬カ]山寺家公御廟へ代參
一宮內卿被免非常御前由公績卿觸出昨日々付
　廿二日丁酉　晴暑　有雷雨氣休止蒸暑難耐
一夫人詣北野天滿宮公董朝臣　勅使無事歸洛一件去十六日以來祈禱至今
日一七ヶ日之間殊祈請了重奉納金百疋
一回文　坊城大納言依所勞願武家傳奏辭退被　聞食候被加近習小番御免
列候御一列へも可被示傳候也
　六月廿一日
　　西四辻三位　　　　滋野井中將
右被免差扣遠慮候旨被　仰出候御一列へも可被示傳候也
　六月廿一日

右両通被觸候仍申入候御回覽可返給候也

同日　有長

右正三へ傳達之序遣狀返書之内去六日江戸便有之中々拒絶存外之事段々堅固相成益交和之由ニ候大樹十六日（廿カ）着府之由且會津當時借用ニ相成有之候鞍馬口彥根屋敷御用所ニ相成薩人吟味所と相成參政以下出役と申事承候如何候哉、、――鄰卿兎角謙遜何事も一向不承申候也

六廿二　叟受

如去年光成卿薨後所々御世話迄入手之卿遁隱（さくマヽ）トハ能々六ヶ敷世形ト一笑且加歎息候

一自飛鳥井武傳御役被　仰出旨吹聽以使悅申遣

一坊城被加非常御前飛鳥井被免非常御前旨回章公績卿觸示

一細川越州先頃歸國之節有爲知ニ付遣使之處右挨拶使來

廿三日戊戌晴　未剋白雨

北野代參式部

一正觀院巳剋歸南　光尙入來　龍松院上京之旨式部面談云々依之正觀院暫止欲同僧義ニ付龍松院有申旨

一下御靈御供神札出雲路大和守差出

廿四日己亥晴　大暑

北野代參齊宮

一正親町被賴染筆短册一色紙四即書付返了

一井澤長養來忠愛談話

一星夕公宴御題七夕絲可詠進奉行爲理卿以回文觸示

一左府公違例以出雲守守善訪申

一正觀院來有存旨不面忠愛面談

一今朝三條通ヲ大形網乘物ニテ警衞百餘人附添東行之者有之云々守衞姫路之由一說有之可尋決事之（後日一說藤堂受取之欠ヽヽトモ又一說／靑門諸大夫二人召捕關東へ差下トモ）

廿五日庚子晴　暑　北野代參式部

昨夜五條松原之間河原男二人後手ニ縛首ヲ打落有之由也

一實方入來

一野宮ゟ過日返狀來　一長州屆書寫外一紙等上候不及御返候　一尾州前大自途中引返候風聞虛說ト存候　一省中夜回何も奇怪有之候義ニハ無之御手當之爲御守衞人數內ゟ夜回り可有之近日ゟ始り候　一九門外二階町ハ閑靜往來も稀ニ付固有之候得共（イヘトモ）其外ハ際限も無之故警衞無之候

一姉小路一件未分候間薩士過日來之儘ニ候、、――

六月廿五日　御答　定功

當月五日朝佛蘭西國蒸氣軍艦二艘長門國豐浦郡赤馬關に襲來同所前田与申所ニ有之候臺場へ大炮烈敷打掛候付宰相ゟ差出置候警衞人數打合無間賊兵上陸セしめ小銃ヲ以テ及鬪爭候折柄程近之民家其外燒失ニ及ビ右臺場ハ本陣ゟ路程隔り居絕應援候場柄ニテ警衞之者頗及苦戰賊兵

數人切倒手疵等爲負味方ニも銃丸ニ中り遂討死候者一人手負少々有之
候處夕七時頃及退帆候趣同所出張之家來ゟ遂注進候此段不取敢御屆申
上候樣宰相ゟ申付越候ニ付申上候以上

六月十九日

長門宰相内
村田次郎三郎

本月六日夕景蒸氣船一艘下筋ゟ來領内長濱海岸炮臺二十町程沖ヱ碇泊
仕候ニ付即刻應接之者差出候處佛蘭西船ニテ加奈川御運上所ゟ之御書
付も持參仕居殊ニ船中水切候ニ付致所望度申出候得共右者一切相與候
義不相成趣申聞置同所詰合之者海岸爲相堅置猶又城下ゟ一番手戰士途
中迄操出候處夜中船東へ向出帆仕候旨國許ゟ申越候間御屆奉申上候以
上

六月十九日

加藤出羽守内
山本加兵衛

以上

一昨日慶子ゟ來狀之内自或方借寫之由如左

正心誠意上

今朝五ツ時分西方ゟ上方ニ向阿蘭陀船小倉沖へ通船仕凡六十間計之大船軍艦ト見候船ニ御座候此舟下ノ關沖へ繋船仕此船ゟ大炮打立凡貳拾餘發ニ及候長州様御臺場ゟ打立ニ相成双方大混亂荒増左之通尤阿蘭陀ゟ打放候大炮下之關ニ當り候場所　一龜山宮拜殿打拔　一同所御番所石垣打崩　一南部之町綿屋何某打拔　一同所近邊濱藏二ヶ所土藏打拔一入口之町山手高キ寺有之其寺打拔　一米千石程積候北國船中程打拔一（マヽ）本通申候　一長州様御用船異國形二船下之關へ相廻り居申候由　一船打拔通候右何レも六〆目玉程之由長州様御臺場ゟ打立ニ相成候大炮數發右之船ニ當り候得共格別之損所も不見御臺場ゟ又々打放是ハ餘程大炮之由右之船ニ當り候得共船少々廻り候而其儘瀬戸ヲ越本山邊江繋船仕候由承候

右之通下之關大騒動商（マヽ）家過半迯去申候（本ノマヽ）去ル廿三日曉阿蘭陀船江戸ゟ下り掛ケ下ノ關ゟ大炮數發打放そんしノ（本）様も有之候哉其儘長崎之方へ下

り申候其船之取（本）船ニ無之風說仕候何分恐敷時節ニ御座候此段爲御知申
上候

五月六日

右細川家大坂屋敷へ國元ゟ申越候來狀之寫之由右者駒井帯刀ゟ借受寫
置右實之程不相分候得共長州家ゟ發炮致候由多分相違有間敷候

一公董朝臣へ有幸便由父卿被知一封相送了
一正三へ送狀三寫借遣
一龍松院來正觀院一件也
一又云昨夜旅宿近邊切首（先文二人）長州藩中之者ニテ三ツ井へ金子押借致（三百兩落手）
候三人之内（一人遁去）ハ二人ハ同藩中ゟ爲懲惡加刑罰由慥說云々
一又青門諸大夫當時三人之處二人——召捕關東差下由風聞有之云々
一勘ヶ由小路へ故三位一周ニ付備物以（イノ）下送了
一領分上山田村以下西川筋清瀧川嵯峨ゟ堀割一條鷹司家受合ニ付右願立

由庄屋年寄申出

廿六日辛丑　晴　剪爪

北野代參齊宮

口論殺害有之町人一人被誅戮

一大炊御門來狀忠愛出仕內願一件一族中へ予ゟも以書付可申立疑念之方も有之由花山被示由之此事元爲引籠候節一族等ニ不抱義入道准后ゟ東坊城前大納言へ內話心易邊ヲ以小子へ被示以忠能心得爲引候事ニ付一族中へ申立も少々筋違候欤但今度自桃花命よて一族中ゟも被申立候事ニ候故何らあしニ花山家へ可進一紙由答了

先年以來忠愛所勞引籠恐入存候處此頃出仕仕度願立候ニ付自御一族も被仰立候樣桃花被命候旨御面例（マヽ）之御義深恐入候先年入道准后殿御內命之義有之以忠能心得爲引置候得共以來心得違之義等ハ急度可改愼方今不容易御時節ニ付何卒出勤御奉公仕度段（イナシ）々申立候間自忠能も相願候事

ニ候宜ク御取計希入存候事

六月廿六日　　　　　　　　忠能

右添書中花山院へ進入落手云々

一正三ニ（ゟカ）昨答來三紙被返○大樹着京ハ去十六日無違候○公知敵未分候西
四風早等奸計九條家之臣も關係之由長州邊入込居候者申居候如何哉○
酒井雅樂頭老中上席申付候由ニ候○松原首粟大夫共九家々臣共島田黨
共申慥不分士分と相見候由○網乘物之事昨日戸田家來上京大津ニ而見
掛候由中山道筋ニて今一人見掛候由道路風聞ハ武家へ預ケニ成候者ト
申候由ニ候○青ノ伊丹藏人山田勘ケ由今一人（何川申人トカ）三人中川宮家臣
召捕候由（武田相摸守ハ逃亡之由）罪狀ハ姉小路ノ事ト昨夕承候○小倉不義ニ付長州
ゟ押掛戰爭候處久留米岡等應援小倉直落城之由風聞頗不慥候○一橋水
戸等籠居不登城候由何分攘夷ハ不致ニ決し候哉ト戸和ゟ申越大歎息就
而者山陵之事抔ハ却而夷國之事同樣之見込歟事々埒明不申苦心之事共

申來候○東武슈静謐芝居見セ物等大流行繁花之由申來候○大樹下向東海道歸府と申心組之處頓ニ歸着ノ由大ニ一同心得違事申來候右御答申入候本末共色々困入候事共實ニ攘夷如何可成何共心外歎息之限候此頃世上ニハ又候戊午ノ一轍ニ歸し可申說有之由何分早有志大名上京有之度物ニ候實ニ世上之形勢追々六ヶ敷相成候定而　朝議御決策有之事と存候如何御様子甚御案申上候御考慮所仰候也

六月廿六日

固大公　叟

昨日極內答

一正親町へ送菓子銘酒尋羽林留主中安否

一明巳剋武家參　內武傳觸示

廿七日壬寅　晴

北野代參田村

昨夜二條新地遊客町人一人逢殺害云々世上人氣如此可歎々々

一藤波二品先達已來在宮之處廿八日山田發輿七月一日一先歸京之旨有吹聽

一執奏座摩宮祭禮後御札獻上上京如例

一龍松院旅宿へ見舞水仙粽五把井澤長養へ金五十疋遣之

廿八日癸卯　晴

北野參詣夫人細井弟三七ヶ日之

一長州大塚正藏來過日長州下行相拶羽二重一反金二百疋遣禮之且忠光可復本位樣長州ゟ强訴ニ可及由述之違法之罪有之ニ付自予ハ一切難申立由述之何レ可申立由申登候間其取計可致旨述之引取了〇勅使下行於山口之陣屋對面可有之荻(マヽ)ト下關ノ中央ニ付掛引爲便宜父子分家なと山口ニ引越假居之由之〇五日戰爭後（九日發足）國元于今異端不申來由之△小倉ハ關東下知見合居不打大炮由夫共長州及敗北候ハヽ可援由長州へ答之由長壯士ハ其義ナレハ小倉之臺場等長州へ可預由掛合中云々自久留米二

此事間違久留米ハ豐前内裡ト云處ヘ臺場ヲ新ニ築立之事奉　勅精勤云々
千騎差出右臺場可預哉之由も掛合有之由之

一實麗卿入來桃花諸大夫入江若松先達罪科免許ニ付館入之處昨日官位還故之事被　仰出ニ付御示合ノ事有之之○同難波家相繼人之義同有示合之旨○和宮御上京延引之一件內話○三日西丸燒失不悉九日本丸表方燒失實事但九日之事未表向不申來由之○十六日大樹歸府後未無音之處一說召諸大名云々既不攘夷義一定打出歟ト云々

一龍松院稻垣藤左衛門來面談了

一實麗卿咶內粟田家來伊丹山田等自會津召捕ハ實事之由且會津近々歸府一定之由之不知可否昨年來改正君臣之禮幕府改革無類之功ハ多會津周旋之故之然處上京後浮浪有志等不服於堂上も雷同數人　朝議被同之歟可云暴烈之政累卿之世尙增危急者之可歎之至也○又可被召嶋津三郎朝議粗決云々依公知朝臣殺害一件薩藩之疑被止九門警衛之內之表裏自由之政道恐不可承服歟○又有馬領水天宮神司眞木和泉守正論有志拔群

ヱ付學院□□[マヽ]ト稱ス名目ニ被　仰付頗出頭衆人歸服云々

廿九日甲辰　晴

北野代參田村

入夜茅輪拔以下如例（夫人依正忌以衣代之）

一正三ヘ遣狀返狀云拜承候御揃御安全恐悅存候　一會津東下被　仰出候
由昨日承及候彌御受歸府候哉世上ニハ守護職代り備前と申唱候如御命
昨年來公武君臣禮分ヲ正し候邊ハ會津功も可有之候併先文被　仰出候
上ハ是非不被返候テハ不濟義与存候世間亂妨邊ハ如何可有之强テ會ノ
力ニテ靜候義ニも無之哉唯會藩不服ニ可成故屹度御策有之度存候　一
嶋津三郎被召候哉事ハ不承候嶋臣大島三衞門（元西鄕吉兵衞ト呼候者）筑前平野二郎
等被召候由昨日承候是者實事三郎ハ間違哉ニ存候　一幕召集諸大名候
由ノ事　一粟田臣伊丹藏人山田勘ヶ由會ゟ召捕之事姉小一條連及ト承候
一三日西丸九日本丸表燒失ノ事未承候　一小倉之事過日伺候處長士

御聞之邊御示畏入候何樣御示之邊〻間違增補と存候久留振興之由珍重ニ存候　一牧和泉建白ヲ三公以下所存御尋之由如何實事ニ候哉　一同人學院出頭ノ事未承候論も何樣之義未承候　一勅使明日明後日頃山口ニテ可被　仰渡哉之旨是者必一振良計と存候追々列國ゝ不可振興存候、、

、――

六月廿九日　　　實愛受

一稻垣來又正親院來井澤來

七月大

一日乙巳晴　蒸暑

北野宮代參田村

一祭主二位先達以來在宮之處一先今日歸洛以使賀之

一或云忠光將五六十士東下一昨日發足之由不知虛實

一長州虛有志去廿五日惡徒三人之内遁去一人　昨日於木屋町三條邊同藩三人出逢即加誅戮

了云々

一豐州岡中川藩振興肥州佐賀鍋嶋同上云々

一公董朝臣道中無異先今日或明日於山口可被傳御沙汰歟

一稻垣井澤來正觀院來

一入夜長州ゟ有應接之義忠光一件之

二日丙午風晴　未剋後雨　可云甘澤

北野代粂田村

一正觀院來暫逗留

一以大口忠光へ内々有示遣之義處不面自村田有示越之旨

一去廿（欠マヽ）　英夷船四五艘發帆薩摩(生麥一件爲妻子養育三万金所望行向由)
長門両國へ戰爭可向由横濱出立之旨長州屋敷沙汰有之恐此頃闘爭中カ
云々勅使到着之頃也如何苦心之至之

一長州留主居村田次郎三郎來談忠光一件之又長州一ノ宮ハ（欠マヽ）　二ノ宮ハ

神功皇后之下關御鎭座三韓征罰御由緒も有之中古蒙古襲來之時も下關邊專合戰終ニ得勝利今度叉夷族打拂始下關之自然之嘉蹤行々賴敷由述之於勅使も右邊一見定而可有參詣由述之叉父子之內被　召之處自國戰爭ニ付名代家老益田彈正具千人斗不日上京人撰各决死之兵之吉岡（川カ）監物兼在京是叉加兵惣体長門勢凡二千人可在京旨述之實可賞國忠第一者之

一野宮來狀講之事申來明日返狀一圓金送了

一明三日巳剋武家參　內之由武傳觸示

一祭主二位依所勞二ヶ日引籠之由被示

一广（廬カ）山寺自六日八月五日迄穢之旨屆出

一勘ヶ由小路十日之間依所勞引籠之由被示

　三日丁未　陰晴不定風

北野代參青山

一中務卿宮へ星夕詠草入覽入道准后依違例之端歌可宜有答書

一長州中村九郎久坂玄瑞佐々木男也來談

一親王御方賜御内使鶴女引中御尋佳肴調豊〔鰒カ〕鮑五予夫人等へ賜之別以　思召生川魚一桶深恩畏入了又高松局始以下々被送菓子等忠愛へ鯛蛤拜受云々

正三來狀

六月九日以後之世界

一攬攘夷之權事

。宜以深遠不可測之言怖。彼。遣。勅使于赤馬關。以攘斥之。命布告未及藩國

一標親征部署事

。下命算在京之兵卒。造錦旗革車。　假更服色用戎衣

一置攘夷使諫官事

。選公卿三人候伯三人以。正司馬之名各進爵位。選天下聞人三四人以爲貳。一新天下耳目

一收土地人民之權事

。投機遠下。詔々辭最用意。假減税則二等。重戸部之選。

一移蹕浪華事

。嚴両灘兵備。置關于扼塞十所。造無數舟舶無數炮礮

右牧和泉寺建白之由有異字歟

一俊齊へ送内狀有返書

俊齋ハ忠光ナリ

下ノ手紙ハ正親町三條實愛ヨリ忠能ニ贈レルモノニシテ忠光ノ返答ニハアラズ

日々風立聊凌能候御揃御安泰奉賀候然者　一關東ゟ何共未申來候哉伺度候　一會津東下辭申し代り附武小栗長門守一昨日出立と承候重大之御用彼等小輩下向ト申且ハ　綸命ヲ固辭候會も不濟義ニ候半哉何故强而辭申候哉何分此所ニ而ハ別段勅使ニ而も被下度左も無之而者迚も判然タル事ニ不成心外遺憾千萬ニ候御賢考伺度候併小栗被下候上ハ先其分候歟小栗之事も虚實難分候　一水野板倉両人共引籠候由彼二人ハ尊攘之趣意故關東ニて不被用由ニ承候　一今日因州參　内ハ上京ニ付參

内ニ候哉　一伊丹山田両人ハ中川宮ゟ下邊ニ有之候　南帝御祠之灯熡（マヽ）
獻備之事とも承候何事ニ候哉　一此三閉古めらしき物ニ候得共入御覧
候幕浪之記ハ此通無相違由東武人申居候　一西國大藩今日伏水ゟ大津
へ出東下之人有之駄馬百疋昨夕ゟ下へ行候由何人ニ候哉姫路東向とも
唱候又一説ニ姫路ハ家老不承知辭申候由も唱候　一此切紙ハ牧建白ト
申事ニ候内々入御覧候自下官入御覧候事ハ必御莫言願上候
右等相伺候也

幕浪之記ハ下巻ニ見ヘタリ

七三

固公　極内　　　　　　　　野叟

一來十一日先てたれ御さかつき參り候まゝみれ／＼ゑこう候へのよしあり（本ノマヽ）

四日戊申　雨陰

北野宮代水田村

一筑後水天宮神主牧和泉守來入面談忠光儀從來國事有志聞世之者也○長

正心誠意上

六十五

州父子之中被召處自國戰爭ニ付御用捨願爲名代家老益田彈正今日上京（途中有障延着十日着云々）決死之兵千人計召具又自去夏殘留長岡監物隨兵加増二百人計自過日追々上京長州勢所々滯在合二千人計云々自國爭鬪中分兵守衛於　帝都之條實　皇國忠臣無双者之○正三へ迭昨答風聞書等三閉返却了　○忠愛密々向二條忠光一件之尤乘輿和泉守玄瑞同席云々○大口稱所勞不從追可沙汰者之

一日野大納言依所勞議奏加勢御理之旨有回文七月二日

五日己酉　雨又晴

北野宮代条細井

去十六日發馬後第三七日之

一朔日頃公董朝臣可有到着處家來所勞追々有之（水替ニ付）道中遲引昨四日頃欤之由於長藩有風聞由之

○去月廿口日於下關又々戰爭有之長州得勝利由同風聞（久留米方豐州大裡へ炮臺築立最中之）

處此日戰争大炮打掛由之
○肥前大村振興長州可加力　本多主膳正振興云々申出由之
○入夜忠光自長州送届牧和泉守桂小五郎久坂玄瑞來面謝遣一盞又大田
市之進以下十餘人送來遣一盞
五月十日リアカメ　廿三日スフラン　廿六日ンチタラ
六月一日リイスキ　五日ンフスラ　廿日
一宮内卿六月廿日被免非常御前由有回文
一今年不及燈炉(爐カ)獻上由有雜掌觸
六日庚戌　晴
北野宮代参齊宮
一星夕公宴詠懷紙附獻于冷泉中納言七夕糸
ゐあもゝに今日かす糸ハむらしより千世抜らけゐる手向あるらし
一長州屋敷へ忠光義不取敢挨拶申遣牧桂久坂同上長藩ゟ忠光道具類送届

一橋本ゟ伊勢へ　勅使被　仰出旨吹聽

去三月以（イ已）來内々相願候忠光義長州ニ潛居之由實ハ昨夜自彼藩送屆候何分達法之進退深恐入候此上如何仕可宜候哉御内敎希入候毎々恐入候得共打明相願候事

七月六日　忠能

野宮殿

拜見――抑過日來賢孫御歸京長州ニ御潛居之處昨夜自彼藩送屆候由承候右ニ付過日來殿下以下一同心配之處ニ候送屆候上ハ無是非候間御預り此上御出行無之様嚴固御制止之方無致方哉其邊精々御心付之様存候仍早々如此候也

乃時　定功

中山殿

追申不取敢御答申入候急亂書可被免候也

七日辛亥　晴

北野宮代參 脱アルベシ　星祀如例秋

一所々當賀申遣入來使等有之

一和泉守來面忠光

一両家鞠依世上形勢今年不行之云々

一就來十日鴨社假殿廷宮從九日晩到十一日朝御神事之由武傳觸示

八日壬子　陰霽不定時々小雨

北野宮代參彈正

一正觀院在旅宿由無沙汰退去如何々々

一玄瑞來面忠光

一如例秋爲中元御祝義予夫人等ゟキフ提灯二張獻親王御方

一柳原故大納言十三回過日被送志小餅仍送湯葉又備葩於寺門

一中務少輔引籠中見舞送湯葉

九日癸丑　陰小雨風後甚雨

北野宮代參齊宮

一母君御忌日广（廬カ）山寺江令代參

一正親町へ遣狀留主見舞且羽林ゟ未便無之哉尋之處未來頗苦心之由ゝ

十日甲寅　朝陰小雨後屬晴

北野宮代參彈正　庭前細流先達以來水絕今日流夕止

一牧和泉守長士清水某來忠光習孝經於清水

一中元所々祝義物分配使遣之

一遣細井於正親町家訪羽林留主中

一長州家老益田彈正今日伏見着云々

一凝花洞御空地或相國寺之内長州拜借申立由ゝ

十一日乙卯陰辰半後晴暑

北野宮早天夫人參詣

一盆墓參代參細井田村式部等如例秋

一忠光讀書淸水正遠來

口啓

一今度朝敵爲亡攝河兩國ㇾ。發向仕候定而最期思定候我等一族並宗従（徒カ）兵百
四拾三人。其外八百五拾七人銘々名字過去帳ニ御記我等愚詠ヲ茂乍御世
話過去帳ニ御記被下度存候

かへらしとかねておもへはあつさ弓なきかすにいる名をそとゝむる

吉野山
　如意輪堂御坊　楠帯刀正行（花押）

原本大和式下郡吐田村毛利喜右衛門藏

起請文其文ニ曰

一凡捨身報恩者人倫之法也爲朝亡命。者良臣之節也此故我等先主故判官。正成輕一命於戰場之時致遺言於子孫。曰可扶亡朝之危使君奉即九五之位云々。依之今正行且欲顯爲臣之道且成爲。子之術擧義旗於中華之西南類身於。

○點ハ擢本毎行ノ終ヲ知ラシメタルナラン、即チ此一文仍如件マデ十一行ナルベシ　校訂者識

一毛比義於金石郎從何不善之哉然則。一家一族並郎從等數人感志以爲臣之。義與正行共榮共亡事今於神前堅。約期契於將來若所申定有僞則違。變之士也起請文仍如件

貞和四年

十二月　日

野田四郎○
紀　六左衛門○
和田玄秀○
舍弟新兵衛○
關池良圓○
楠　將監○
和田和泉守○
同新三郎高家○
神宮寺正師○

矢尾新介正春○
惠美太郎正遠○
楠帶刀左衛門尉正行ロ（花押）

四條大納言隆資卿奉
右二紙忠光持歸石摺之
一南都へ遣別使正觀院一件之同人今明日之内歸南之故之
一芽出（脱アルカ）御盃歡樂不參申入
一四條侍從播州明石へ鑒（監カ）察使下向被　仰出由吹聽　屆議奏（加勢庭田承知）
一明十二日河合社假殿迂（迁カ）宮當日服者可憚參内由武傳兩卿觸示
　十二日丙辰晴　庭前細流々來添納涼
北野代參齊宮
一正三ケ狀（執要）一關東滿府皆開國一決水一兩黄門素同上只小笠原一人正論償金も不可遣申張居候處土屋某井上信濃守水野癡雲等奸吏議論ヲ詰漸

渡候由其罪小笠原一人かぶり上京同人計大坂禁錮水野始奸物ハ歸國恣ニ奸謀ヲ逞致候由此頃有志中ニも追々分り益長歎息之由虚實伺度候○水野和泉守板倉周防守澤勘七郎等正義士ハ追々退隱之由○加州當十八日出立出府之由其餘召幕事實之由○山田勘ケ由ハ向西國義兵ヲ可擧不容易隱謀露顯被召捕由（元來長沼流兵學者之由）○中川宮連夜酒宴歡娯之由（糸竹唄彈無之迄之由）○因州上京議論如何候哉○越前家老上京之由依体主人上京候ハヽ六條學寮借用申談居候由○四條海岸召上御用トヤラ鍋閑叟ヲ召ノ勅使トヤラ承候如何候哉○牧和泉守　朝廷へ御抱之由一昨日トヤラ初て口向へ參兩役面會之由如何候哉○昨日大坂ゟ早打登候由如何候哉○益田彈正上京ハ御守衛計ニ候哉建言も有之候哉既長ハ開戰全國一致確乎　勅使も被下候間彌盡力報國可有之當時ハ彼國ゟ賴候方不見候何卒外大藩も加り候ハヽ重疊閑叟被召候義ニ候ハヽ可然事と存候

一長藩太田市之進來忠光面會

〇此頃官女モヤツキ御座候哉

叟

七十二

十三日丁巳　陰雨時々晴

北野代參彈正

一一條殿賜中元祝義金百疋

一中務少輔今日出仕過日見舞送物使等忝由有使

一本鄉二郎來忠光讀書

一四條使來十七日明石へ發足之由吹聽

十四戊午　晴

北野宮代參彈正

忠愛以下双親之子孫賀祝一盞

一實方入來當賀又內話云明石へ四條侍從紀州へ東園中將等鑑察使被　仰出近々發足兩朝臣御馬拜領之義以公董朝臣例申請　御劔も同申請群議

不可云々又加祿以淺草俵夫々可給近々被　仰出義內決云々〇公董朝臣音信無之ニ付親兵之內可被追下內定云々且自藝州邊有志之徒隨從加增之由有風聞云々〇夕方自公董朝臣封中自父卿被傳七月三日八日兩度之書中一緒ニ着之由乁種々子細有之道中遲滯六日氷上村眞光院旅館へ着長門宰相所勞ニ付八日巳刻面會　御沙汰之趣傳命兩三日滯在十一日頃ヨリ赤馬關邊巡見其上九州へ渡海鍋嶋黑田へも御使（去廿六日藝州本鄕へ議奏傳宣之狀眞木外記荒卷半三郞持向之由）被　仰出ニ付九州へ下向之旨被示越又三日防州福川大風之由也日記之大略一冊被添登〇明日中返書可遣被示夫人忠愛慶子等へ有文各明日返書附正親家

日次大略　六月十六日　出馬未半刻

小休四塚（大夕立）

小休向明神　泊山崎（蚊澤山ニテ一同大困）

十七日晴卯半刻出馬　小休柏原　晝休芥田川（是ヨリ攝州）　小休野立森

泊郡山（午剋過無事大暑一同大困）
十八日晴寅半剋出輿　小休瀬川　晝休昆楊　小休於市村　泊西宮（本陣庭有）
（大蘇鯛脱カ）　蛭子宮參詣
十九日晴寅剋　出馬　小休住吉村　小休地内　晝休兵庫（本陣ゟ大鯛一躰五車海老一七鱸）
（藻魚五ツヾ一到來各生魚如金魚）
小休一ノ谷　小休　舞子濱此邊誠絶景驚目一ノ谷ノ前ニ薩州蒸氣難船之
儘半分計波上ニ現在其汀ニ臺場取掛居舞子濱同上少風起波浪似金鱗
兵庫ニテ浪花エ蒸氣船渡來之咄有之因州打拂之義ト察ラル
泊大藏谷（是ゟ播州也）　人丸社エ參詣（京都エ急飛脚差立）作州津山藩士無禮之事理狀差
出猶主人ゟ可及理由之
廿日晴雨不定　寅半剋出輿　小休大久保　小休長池　小休西谷　晝休
加古川（舟渡雅樂頭舟役出仕）　小休魚橋　小休御着　一ノ川（舟渡同上）　雅樂頭城下通
行乘馬數萬之見物人各拜禮家老以下數百人出役甚赤面千萬也　泊姫

路本陣
廿一日晴雨不定　卯剋出輿　小休年野　小休山田山越歩行　小休イカルカ
正條川舟渡　脇坂領分馳走役火役醫師等迄出役甚叮嚀也　晝休正條
小休鶴龜　泊有年森信濃守領分
廿二日晴雨不定寅剋　出輿　小休梨ヶ原山越計也歩行　小休三ツ石是ゟ備前
備前守ゟ先乘諸役出仕　小休入中村　晝休片山本陣庭前入海絶景也　小休長船
吉井川舟渡　小休舟橋　小休朔日市　泊藤井　備前守使江見湯陽カ之進
來面會之處旅中見舞且　天氣伺度京都御樣子伺旁旅亭ェ可有入來處
自今晩自國巡見來月一日頃ニハ出京之心得ニ付不沙汰被致由ニ何分
京都當時甚御手薄之事故自國之都合も可有之候得共少ニテモ早上京
ニ相成候ハヽ於小子モ安心忝存趣呉々脱カも申置候事
水藩御親兵之内不都合之進退有之段々内濟之義願出ニ付先聞濟置候
事

廿三日晴　寅半剋　出輿　小休二本松　小休岡山（當所町奉行始諸役人出仕先乘城下之行見物人如山各）
（拍手拜禮）　小休御門（此邊同上）　吉備津宮參詣（神主多人數嚴重之事之）　備中國（板倉攝津守領分役人多人數出仕）
吉備津宮參詣神主祈念之間社邊之大釜有鳴音不叶神慮之時不鳴由神
祕之旨之實以不思議之叓也（神主祈念之内ヨリ大ニウナル奇異之事之）此邊繁花之地兩國
共至而大社之　晝休板倉　小休山手川邊川（舟渡伊藤播磨守領分馳走役數人出仕）　泊川邊
廿四日晴寅半剋　出馬　小休尾崎　野立關ヶ鼻　晝休矢掛（板倉攝津守本領分）
陣ゟ掛物差出一見之處　後鳥羽院　伏見院　後伏見院等震翰之由不
敬千萬之取扱也　小休堀越　小休今市　泊七日市（此邊別テ嚴重之一橋領）土藩
吉村虎太郎ゟ肥藩川上彥齊ヲ以傳言云京都御手薄之事故甚苦心内々
長州エ下向示談之處於彼地も當時人數入用之事ニ候得共差當五六百
人差出ニ相成候室津ニテ　勅使下向之義聞及船ヲ寄虎太郎一人早駕
ニテ晝休之所エ來候得共最早出立後故又々跡ゟ追付途中ニ付川上エ
申置直樣上京之由ニ候事（玄瑞も同船之由於長州ハ當時自國戰爭も有之處實ニ勤王ト申藩ハ此藩と甘心少ハ苦心ヲ慰申候）

廿五日晴寅半剋　出輿　小休備後國高屋　晝休神邊阿部主計頭領分諸役人出役嚴重之先乘始出仕二百人計之　小休鄉部村　小休箕ボシ　小休今津藝州ゟ警衛人數嚴重也泊尾道長門宰相使楢崎彌八郎來此度下向ニ付宰相父子ゟ安否尋度由且種々尋合之事有之尾道邊ハ實ニ繁花之地也京都之四條通ゟも賑ヤカ之家も大構之

廿六日晴辰剋　安藝國出馬　小休福知　小休糸崎八幡宮參詣淺野右近領分守禦之人數出仕　海邊通行之間船ニテも警衛ス此邊內海ナレ共異船通行之由景色甚美東ノ森臺場アリ三門大一小二俄打方手續而已爲致試候處甚ニブシ小休新倉　小休沖ノ村此邊野田川ト云川アリ景善　泊本鄕　戌剋京都ゟ眞木和泉守弟荒卷半三郎右久留女米カ之徒　兩人下着狀箱一封持來面會開封之處議奏連名之書狀到來鍋嶋前中將松平美濃守兩人へ之御沙汰書二通被差下兩國へも廻候樣被示越巨細之義使之兩人演舌了右兩人一宿後レニテ隨來由之　備前守家中之士三人自今日隨從此義理度處段々子細有之無據召連

廿七日晴卯刻　出輿　小休南方村　小休新庄村　晝休由万里市　小休
石立　小休松ケ崎峠　泊四日市
長門宰相家來小田村文助出頭面談何カ不都合之段理且安否尋問何レ
領國堺江家老宍戸備前始諸役人出張之由屆出
一昨日到來議奏中へ返書差登荒巻半三郎上京申付
廿八日晴寅半刻　出馬　小休飯田村　小休一貫田　小休中ノ村　晝休
海田市（此邊惣テ大山越難澁）　小休岩鼻　泊廣嶋數萬之人也町奉行用人諸役人追
々出役之事家老長門宰相使杉梅太郎出頭安否尋問伺書等持參之事
藝州藩士六人隨從出願諸藩へ示談之上四人召連候事　供之者（小頭以下）
四人不正聞有之一昨日來面縛連行候得共調方付兼候ニ付藝州江預置
候事
廿九日晴卯半刻　出輿　小休松原御茶屋　小休草津村（庭前海ニテ極絶景）　晝
休廿日市　出船午刻過宮嶋へ參詣御親兵以下各隨從着嶋未半刻參拜

畢乘船申刻　泊玖波村酉刻過着　廿日市ゟ宮嶋へ二里同嶋ゟ玖波村へ四里
惣海上七里也向風ニテ舟遅宮嶋凡軒數二千計甚繁花也藝州ゟ出仕海嶋共警固
七月一日晴卯刻　出輿　小休小方村苫ノ坂　小休木ノ村小瀨川　舟橋周
防家老宍戸備前始出迎前後三頭警固切火縄尤陣中之体具足下也下着上下　晝休關戸　小休
桂野市吉川領　小休金明寺中ノ峠　泊高森　宰相並末家吉川等ゟ家老
始出頭面會候
二日晴雨不定　卯刻　出馬　小休中山峠　晝休呼坂　小休大河内ノ角
山　小休汐見峠　泊花岡毛利淡路守爲出迎本陣江入來同家老以下出頭各面會了退去
三日雨丑半刻　出輿　小休遠石　晝休福川寅半刻頃ゟ風起追々暴烈海
上逆浪如山巳刻頃ゟ彌以烈大木打折歩行難成甚難澁之至之此邊山路
多分地士云十三ヶ年前有如此風其後如今日無之由午半刻頃ゟ益甚近
邊内海掛居船荷物抔悉皆海中へ打込体之併何レも難助由所之者共申
述本陣屋瓦抔廿枚計も一時ニ吹散ス實未曾有之大風之今日迄無滯旅

行未遂御使以前如此之天災如何之（脫アルベシ）哉實以苦心候最早今日ヲ限ト
決心致居候程之變ニ候任運於天出立之心得觸出候處諸藩ゟ段々見合
候樣申出候付當所ニ滯留候事
右今日迄之大略拔萃入御覽候道中領主等ゟ見舞物も有之候得共金銀等
者一軒も無之先安心候隨從之諸有志並家來過半所勞扨々苦心仕候併昨
今追々出勤候各暑當り候先異義無之候種々御咄申上度義候得共着泊候
得者追々來人有之大草臥猶後便申上候西國ニ而ハ凌能年之樣申居候得
共ケ樣之暑ハ未覺扨々嚴事ニ候右之內少々差支候義も可有之候間御內
々ニ願上置候事
定國朝臣實方入來當賀
十五日己未　晴陰不定時々小雨
北野宮代參齊宮　中元賀儀一獻
一本家始所々ヘ差使述中元祝詞

一正観院再上京之由彌近々登山勤學之由申來明日當家へ可來之

一去□大坂□長州藩士□十八梟首稱有志爲不正之徒云々

十六日庚申　天象如昨　一月速廻如夢

北野宮代參齊宮

一日野亞相議奏加勢之由有長卿有回文昨十五日日附

一夫人向田中村別莊見山火康子松丸隨從

一昨夜於四條　切人云々

一本郷二郎忠光面會八木繁太郎飯田右助吉川佐太郎同上

一尾州田中權之右衞門暑中尋進百疋

十七日辛酉　晴暑

北野宮代釆細井

一山門明德院へ遣使正観院預一件也

一上山田村進呈年莫遣松魚鮎獻親王御方御好嗜之故之

一井ノ内村納足金　○火(大カ)炊御門へ遣文

一中川修理大夫家來上伊織上京ニ付爲尋安否來

一明日御蔭社假殿遷宮當日晝(マヽ)夜服者可憚參　內由武傳觸示

十八日壬戌　晴早天清暑

北野宮代參齊宮

一流水箱順達自清閑寺來野宮へ傳

一水府藩士關口泰次郎以下五人公董朝臣警衛として九州下向之由忠光面會吉成會(勇カ)太郎粂(本ノマヽ)(伞カ)田新介誘引來

一吉村寅太郎同面會ニ來

一大炊御門ゟ昨答來

一深更得御意度義候間明十九日午半尅御条可被成若所勞候ハヽ名代可被成御參由武傳兩卿以使番回章被示此町內日之門通中筋等連名風聞一同被召由之

一明早天定國朝臣へ依所勞名代賴遣領掌之
一奧州南部盛岡自光坊ゟ年始書狀過日到來今日返狀花山院石川豫州方へ
遣尤自家臣書狀之
十九日癸亥　晴暑
北野宮代參彈正
一正三ゟ彌御安全奉賀候抑又々乍御面倒條々伺候
一戸田大和守山陵御用勤仕世上不評判之由御承知之義も候ハ、伺度
承候先頃山陵ニ寄セ官階ヲ貪リ候ト申ス說承候得とも小子申答候ニ
玄夫ハ僻說重山陵奉行無官階之者取扱宜物ニ候哉ト申候處其者ハ屈
服候若夫ニテハ無之哉
一今日堂上地下等御用召ハ加祿と承候御趣意振如何哉　朝廷ゟ被下候
ハ、無左右御受と存候
承候自　朝廷被下候ハ、可拜領候自幕府ニ候ハ、攘夷決定ナラテハ

御理申上候心得ニ候

一諸家一同鐵棒爲持候事不苦相成候由左樣ニ哉

承候非常之時鐵棒高張トヤラ今日被申出候ト風聞承候

一島津三郎被召候事ニ付過日來殿下右內兩府左幕等之間大混雜殿ニも辭退被願候由一昨々夜撤(轍カ)夜ト承候何故今頃三郎ヲ被召候哉元來當春逐電歸國割據之色ヲ顯し候其節被召止候處何トカ申上候哉其罪も不被糺此頃被召候譯サッハリ不分候ドフカ陽へ薩ゟ內願陽ゟ右內兩公へ談豐岡萬里等周旋殿下ニも承知三條も同意過日被召候由牧和泉も同心哉ニも承候處備前彥根姬路瀧野等之藩其外諸有志沸騰ニ而可被止由申立牧へも有志議論ニ參り候由元來殿ニハ初ゟ聊不服之由ニ付可被止一決一昨々夜大混雜立候御前も有之終ニ一昨夜更ニ三郎發足可見合被　仰出候由扨々輕々敷御所置恐入候唯今三郎上京不宜義ハ三尺之童子も心得候事何故被召候哉忽反掌候　朝議大息之至ニ候併上京之上混雜ヲ生し

候よりハ被止候方と存候若押而登候ハヽ又一ツ混雑と存候全体何日頃
被召候哉昨夕初而承驚愕仕候九門内薩人出入被免候由夫ハ穏當と存候
定而御承知と存候伺度候
承候三郎被召候ト申義ハ先日承り候ニ付ケ條之内ニ申入候欤其外之
事未承候尚可承合候
一長崎へも　勅使被遣候異船打拂御沙汰相成候正羽公兼勤ニも可成哉
承候伺度候
承候日記略内々入御覧候秘密ニ希入候鍋嶋黒田等へ御使尤攘夷ト介
察候
一中川宮へ天狗（水天狗ノヿカ）出現形勢議論有之寄人之内参會聴聞と申事承候
如何哉
承候牧和泉ヲ天狗ト唱候由先日實麗卿内話候若夫ニ候カ
一御親征御決定近々被　仰出候由實事ニ候哉

承候眞僞不慥候
一備前十六日上着ト承候
承候正少書記之旨ニテハ上旬早々上京ト存候事ニ候及延引候事ト存候
一加仙等幕召ニ不應由當然之事ト存候
承候尤至當之義珍重々々
一高家近々上京攘夷之事申上候由左様ニ哉
承候未承候
一會津へ陣羽織ヲ給候由取次両人持參ト口向之者申居候由如何
承候未承候
一小笠原圖書正義と申説虚實如何候哉東武ゟ召候由如何
未承候
一牧和泉守御面會之由全体何様之眼目大綱ニ哉伺度候

承候初謁之儘候此間ゟ可來筈ニ候今朝尋候處足痛之由答候

一五畿内御領之事未何共申上無之哉

未承候

一中川宮三郎召之事も關係無之由如何候哉

攘夷先陣も其儘ニ候哉同宮之事牧抔ハいら、見込候哉

一薩ゟ長へ存外懇意申掛候由拙生も一寸承候實意ニ候ハヽ大幸ニ存候

、、天保山邊又夷船見候ニ付因州一隊下向と承候兩三日前ニ承候如何哉

未承候

一平井終（收カ）二郎割腹不便存候土ハ大ニ因循ニ成候由扨々難頼物と歎息候

土ノ脱藩内話ト承候

承候先日自盡ト承候外ニも一人割腹申付候由ニ候有志士追々亡命と承候寅太郎抔も亡命出京長州ニ寄居候由ニ候[寅]太郎亡命ハ虚説ノ由

更[承]

一相良（小藩之由）鷲尾親族ニ付勤王之事申立上京之處段々入費多分其實ハ鷲滋等両家ヘ來落手大困之由何ヵ混雜ニ及候由仙石同上澤家同樣之事之旨昨夜承候長ク成候內ニハ右樣之事可生兎ニ角早々攘夷有之弊風一洗有之度候

承候扨々困入候事ニ候如御命早御親征之外無之場ニ至候と存候大藩以下衆意離候テハ被遊方無之候

右等言上伺度候也

七十九　　　　　　　叟

固大公

內々

一未半斗定國朝臣入來於御拜道廊下両役列座武傳申渡之旨如左

當春大樹上洛　御所邊御手薄之儀見聞深恐入以來乍聊十五万俵上納之旨言上有之候就而ハ諸臣一同年々可須賜旨被　仰出候事

三百五十俵　藏米拜領人々四百俵但於芝山者三百五十俵

一渡方之義追而可申入事
一御禮　禁中　殿下　議奏第一當役所勞當分之葷出仕後長病名代一両日中可申上由也即名代賴置了
○遣使謝申了
一大炊家妾伊賀來友姫君嫁石井三品一件之
一牧泉州子息筑後來面忠光久坂玄瑞寺嶋忠三郎來同上玄瑞予面談二紙預ケ了
一新宰相慶子來狀當春大樹公上洛ニ付　御所邊御手薄の御事見聞深恐入ゑ(られ候カ)、御事ニゐいさ、らゐゐら十五万俵上納の御事言上有之候ニ付てハ諸臣一統年々㋡かち給ゑる〳〵(本ノマヽ、べく候カ)事　仰出され候　五十俵　新宰相此通仰出さるよし吹聽之
明日送返狀悅且當家之義吹聽了
廿日甲子　晴陰不定　夕立　未刻後雨　遠雷

北野宮代參式部

一自正三昨借遣假閉被返　昨日ハ御細答畏、、、、扨昨日ハ御互ニ恩賜
御沙汰之趣故令拜領候
一長防邊之義御別閉内々拜見畏入候日々事共逐一明燎（瞭カ）甚感伏候右御使
ハ近日御所置中ニ而的中大良策と奉存候長ハ勿論黒鍋其外も振興と大
恐悦候極密拜見返々畏入候返上候　一戸和ノ事御示答畏入候官位ヲ貪
候説有之候由ニ承候於　朝廷も不評判欤夫故寺町邸も被召上候哉ニも
彼家來共ハ存大ニ張合落シ候趣ニ承候間内々伺候事ニ候何レケ様之時
節故議論ハ可有之候得共ツマリ　尊奉之意立候得ハ宜候得共却而夫も
不立候而ハ恐入候故御用可辭申哉と本人も存候由ニ候如何可有之哉賢
考奉伺候トウカ上京も大ニ心配之由内々家來共申居候、、——

七廿　　　　叟

固大君 極内

正心誠意上

拝承候彌々――抑昨日ハ不存寄拝領之御沙汰御互畏入候自　朝廷拝受
之間畏拝受申御禮候扨假閉返給落手仕候如御命此一條ハ的中之様ニ存
候併大役非仁之段如何と日々苦心仕居候且戸和之事昨日奉答符合仕候
併全体宇津宮家ハ正論ト申事ハ方々ゟ承候間何卒有志連中得与探索有
之度候暫上京見合ニテ右篤ト探試有之自然一同不服ニ候ハヽ被辭申
朝議被伺試可然哉元來
御尊敬之　叡慮ゟ被　仰出中途被止候テハ他事ト違如在之禮御敬信之
義ニ被背候段深恐歎之事ニ候愚存如此候尚可有御熟按存候也

七廿　固

拝復内々

一正觀院登山倚宿猶子明德院爲勤學也
一儲君親王へ中元嘉慶進上於蘇芳骨扇　三握送新宰相於玉盃二口
一大炊御門賴ニ付石井三位へ遣狀云　彌御安全珍重存候抑參上可申試處

所勞先以書狀申入候大炊御門故前右府公女友君貴家へ御緣組之義被致度由ニ候於御領掌ハ可爲本懷候右姫君伯母出生ニ而自園家御繼も有之候間自下官申試候樣被賴候事ニ候甚輕卒之至ニ候得共先以一紙申入候巨細之義期拜上候仍如此候也

七月廿日　忠能

石井殿

一松浦肥前守使志自岐楚右衞門同分家豐後守使西鄕久九郎來豐後守歸國掛上京來廿三日入京即日玄關迄入來面會ハ後日之旨申來

廿一日乙丑雨

北野宮代參彈正

家君御廟代參

一明廿二日巳剋武家參　內之由武傳觸示

一自石井昨答來即添一書權大納言へ遣

御投書畏令拜誦候彌御安清恭賀候抑大炊御門故前右府公御息女友君殿御方愚家江御縁組被成下度趣幸貴家自園家御繼合ニも有之殊右姫君尊君御伯母君御出誕之御義以旁自尊卿御示之趣逐一敬承仕候右御縁組於行光過分之義ニ存候得とも何卒任仰申受度存候於御熟談給ヶ至幸甚ニ存候何卒乍御面倒此由可然御先方ゟ被仰入給候樣希入存候尤右以參可申願之處先不取敢以書中言上候猶又書外者參上萬縷可申述候先ハ昨鳥御請旁如是候也

七月廿一日

中山殿 昨答　　　　行光

追而昨日御答可申入候處彼是及遲々失敬恐入候――

一三四日前夜德大寺侍志賀左馬允宅へ暴士四五人亂入欲及殺害妻女出頭防之被殺此間志賀遁去行衛不分云々此人於彼家實堅公武傳中雜掌頗有才爲主家忠勤之者之若幕へ有往來之故欤不知其所意

一公董朝臣へ有便由正親町被示越卽送一封了

廿二日丙寅　曇

北野宮代參彈正

一公董朝臣實男ニオ入來名連ミツ丸羽林幼名也

一大樹歸府後依内用召集諸大名之處他分不出頭幕勢既欲滅云々

一去一日薩州へ英船七艘外國ゟ誘欲行向彼生麥一件申立之處薩答ニハ全体蠻夷拒絶一件於　朝廷御一決於幕ハ和親之義ニ付早々御双方へ尋申否可答申置頗厚禮馳走夷族休意之處二日大風ニ付大船みおとへ入候處ヲ考へ薩ゟ打立三日ニ夷敗北又浦賀へ來旨之

但薩蒸軍艦三艘被打貫沈海由之可歎偏

神助可奉願時也但英吉之船將並重役等打取由也

一水藩高橋熊太郎忠光面會

一土藩吉村寅太郎同上

一久坂玄瑞寺島忠三郎へ忠光遣菓子由之

廿三日丁卯晴陰不定夕聊冷

北野宮代參細井

一寺嶋忠三郎、、、——忠光來談

一吉野金剛山事

一大樹送書中於長州（打拂不宜事並小倉領へ遣士卒事不審之事）

一益田彈正長州父子渡血判之書付二千餘人存亡共ニ指麾可致申付之事

一御親征之義機會此時之由申立之事

一同一件一昨々日備前因幡安藝上杉抔へ殿下御相談一件不服之事

一大炊御門來狀友姬緣談之事石井承引忝由廿一日返狀之又以橋本攝津守

被謝示（明廿四日石井へ以狀申入返書來）

一定國朝臣忠愛へ有談之旨父卿不服一條之

今度朔平門東手猿ヶ辻北手等へ木柵御取建酉剋限往來差止入夜有栖川

宮無據用向之節柵際番所へ届通行雖御用柵門不開間惣而猥通行難成由
武傳雜掌觸有之

廿四日戊辰　陰雨冷

北野宮代拜式部

一定功卿へ遣狀　彌御安全令賀候抑又々御面倒恐入候得共内々相伺候御
加筆給候ハヽ深畏入候

〇大樹歸府後攘夷ハ止ニ相決し其由以高家申上トノ風聞實事ニ候哉
朝議ハ如何被決候哉
　右樣之義ハ一切無之候此頃之形勢ニ而ハ右樣も同樣ニ候へ共以高家
　攘夷止ト言上之義ハ無之候

〇御親征御内決ニ付因安上杉備前抔へ殿下御示之處不同心之方も有之
候由御親征御止トノ風聞も有之候到今ハ何レ御親征之外不被爲在候機
會も此時ト存候如何之御樣子ニ候哉

御示之通ニ候過日〻日々一同苦心仕候

○去二日三日薩州ニテ異船打拂候由言上等も有之候哉

高崎上京去廿四日愚亭へ入來委細言上有之候

○三郎被召候トモ又更ニ被止トモ風聞候何レニ被爲在候哉

不被召候テハ不濟由右府前殿內府左幕ヘ段々申立ニ付無據被召候處

一両日相立諸藩諸有志大不同心沸騰暴發も難計程不容易形勢ニ相成

無據發途ヲ猶豫候樣更御沙汰相成候

○大樹歸府後依內用諸大名被召集候處多分理申不應召由ニ候御聞之邊

如何ニ候哉

十藩計被召候處加賀仙臺佐竹抔理候由ニ候小臣ハ如何慥不承候

○土州ハ客〔マヽ〕〔容カ〕堂始大因循ニ相成候由正義不被行旨實事ニ候哉

急度因循とも難申候得共客〔マヽ〕堂歸國後大分工合變候樣子ニ候

○小笠原圖書自幕召返之由且此人ハ正論之處外各開國論難制止ニ付獨

身引受ゝ候[受]罪候ト申異説も有之候如何ニ哉

朝廷ゟ嚴重御沙汰ニ付大坂城代へ預置大樹歸國之處過日召返候無届歸府候右ニ付大ニ混雜候事ニ候

○會津へ陣羽織ヲ給候哉之由全体此人ハ正邪如何御爲ニ成人ニ候哉

右様之事ハ決而無之候

○水野和泉守板倉周防守澤勘七郎抔正義ニ付追々退隱之由如何候哉

板倉ハ退隱之由併未退役ニ候水野ハ出勤之様子ニ候澤ハ不存申候

○會津東下御理代附武士東下御返事未申上候哉

附武士酒匂川數日川止漸去十六日着府之由日數相立候得共何等之様子未分候

○薩州御警衛ハ如元被　仰付候哉且同藩大島三右衛門筑前平野二郎ハ被召候哉

御警衛未被仰付且両人被召候義無之候

○小笠原小倉へ應援之事被　仰出候處御理トカ大坂留主居ゟ返上トカ申候風聞有之候夫ニテハ甚重罪ト存候如何之義ニ候哉且幕ゟ小倉へ加勢之士被下候由ニ候如何候哉返上ニテハ無之候　朝命御請未無之候不埒之義ニ付頃日彼是議論有之候事ニ候

○中川宮此頃ハ暴烈御親征御申立之由眞實其御趣意ニ候哉御考邊如何ニ哉

○一橋水戸ハ退隱閉居ト風聞候又水府耕雲齊(齋カ)も如何致候哉
右樣ニハ無之候

兩卿共閉居ニテハ無之候併一事として存通難成由閉居同樣ニ候耕雲齊(マヽ)盡力之樣子ニ候へとも是も力及兼候由ニ候

○右等極内々下官心得迄伺度候御役外御内命給候ハヽ千万畏入候尤不可他言候也

七月廿四日

野宮殿　忠能

御安全恐悦扨恐入候得共加筆返上候日々時々事差迫寔苦心仕候、、｜

｜　定功

一昨夜三條橋西制札ヲ打返シ斬首ヲ載梟ス由也油屋ニテ於紀州夷貿易之町人云々

一眞木和泉守來過日招處足痛今日出仕之處御用向ニ付役方へ出頭之間不日可來申歸了

廿五日己巳晴陰不定　巳半雨微雨後霽

北野宮代參齊宮

一來廿八日武家馬揃　御覽被　仰出由之近習以上巳剋參集本番所拜見願之輩ハ參　朝不苦由之於日之門通調練之由定テ於東面穴門之内有御覽歟

廿六日庚午　陰晴不定

北野宮代參彈正　　入夜子剋頃出火高臺寺之由付火云々

一久坂玄瑞來面忠光來月一日三四十人計男山行幸ノ下東一策ノ事金剛山ノ

一過夜三條河原梟惣髮首後聞豐後國社家之由之大和トモ云

一明廿七日巳剋武家參　　內之由且建春門內平唐門內淸所門內　　准后御方

門內等守衞人數勤番被　　仰付通行下座等不致由武傳觸示有之

一木村左門□

　　廿七日辛未　　霽曇不定

北野宮代參齊宮

一庶孫女庸姬七夜也忠愛進餠二枚送白絹一丈七寸夫人送紅紋布

一過夜大德寺邊梟男女首女ヲサヘツトノ由之男白綸子小袖紫指袴着用云

々二條家落胤ニ寬齊ト云人有之其者ノ男子ト云々

一正三ヘ遣狀如左　　拜見仕候彌――〇二日三日薩英打拂ノ事昨日御示之

通ニ承候　〇幕ゟ召候大名加仙ハ斷之由其外不承候　〇小笠原圖書事

言語道斷候　○昨日梟首ハ大藤某ニテ堂上へも立入候由　○小倉不義
不忠之處幕府籏下下し候由彌以逆意相顯候　○御親征之事最早斷然ナ
ラテハ難叶候尙申伺度義も有之候　○滋賀之事御命之通候罪狀書任便
申上候異字有之候カ　滋賀右馬允此者利欲ニ耽り賄賂ヲ貪り恐多も攘
夷ヲ妨御盛擧ヲ相頽(マヽ)主家ヲ因循導(ニ脱カ)候不屆至極ニ付代天加誅戮者也　同
人　右者此札書認可執行之所偶然免天誅迯去候然ルニ竊盗体之者押入
候樣申觸候旨相聞候此後同人立歸ニ於テハ忽再擧之可加天誅者之
去十九日夜滋賀右馬允義本罪ニよつて加誅戮之砌其妻强而押隱手向ニ
付不得止事殺害ニ及候町内之者右之通可相心得者也　文久三年七月廿日
○加祿之事彼是所存申立人も候由未承候　○中川宮違ニ周旋之由不承
候少々風聞も被取直候哉惣而不承候　○越前會津ゟ大ニ力ニ致有志目
ヲ付候旨是も未承候　○昨夜高臺寺付火捨札有之　朝敵旅宿ヲ受合候
ニ付燒捨候由ニ候越前ゟ借候由ニ候　○越前上京ニ而大騷動ニ付藝州

久留米等ゟ人ヲ下シ推止先多分ハ止候欤之由正説不承候　〇一橋近々
上京ト今日承候不慥説ニ候　〇關東ゟ　勅使下向松平淡路守警衛被
仰付候由又何欤御用ニ而松平隱岐守東下ト承候如何不慥説ニ候
右御答且承候分不抱(拘カ)虚實むさと申上候御探索御聞も候ハヽ又々伺度候
也　　七廿七　　　　　　　　　　　　野叟
　固大公(內答)

一一條亞相來狀進卽答
一松浦豐後守明日入京之旨有告
一吉村寅太郎忠光面談
一明日武家馬揃(雨天順延)　御覽小番御免一列も所望候ハヽ巳半迄ニ可參上淺
沓可殘置閉六門往來留故必巳半迄可參上由有長卿有回章
　廿八日壬申　雨
北野宮代參彈正

一松浦豊州上京自江戸歸國掛蹴上迄差使又旅宿へ送太刀馬代一枚
一正親町ゟ冷氣ニ付羽林旅中へ可送夜具長櫃一合被借用度由即一合白桐
借與又送一封
一慶子勝手方不如意借十両金
一三條黄門所勞之由過分之重任終損精神歟
一松浦豊後守入來今日上京ニ付被尋安否不日入來面陳可有之被云置了
廿九日癸酉　陰
北野宮代參
一東使畠山飛騨守高家之巳剋參　內之旨武傳觸示是大樹歸府後御禮之由之
獻白銀百枚絹五十　云々
一正三來狀執要　越前押て上京最早着も候哉實事ニ候ハヽ急度御所置方
無之候而ハ不濟存候昨夜右ニ付西六條へも火ヲ付候由ニ承候上京實事
ニ候ハヽ曲事と存候　○今日畠山參　內　和宮御出誕と申候實事ニ候カ哉

御親征被　仰出無之候而ハもはや不濟候御賢考伺度候

固大公　　叟

一正親町老女來

卅日甲戌雨

北野宮代參齊宮

一今日馬揃　御覽之由之依降雨等遲時申半剋始云々會津藩計之由着甲乘
馬陣立調練之体也大鼓ドラホラ貝等ヲ用初夜頃半分ニテ依雨被止了　夫人子共定光院同伴向持明院
家見物了因州備前上杉今一人候　御覽所邊地上警衛云々定光院逗留

一公董朝臣ゟ來狀
殘暑難凌候得共　禁中　親王御始益御機嫌克被爲渡恐悅存候彌御揃御
安全之御事与奉恐賀候家父始無事之義与大幸ニ存候公董無異罷在候間
乍憚御安意希入候去八日御使相勤十日山口表講習堂ニ而騎兵鎗術劒術
等試合見物十二日柳井田ト申炮臺ニテ大炮發機調練等見物致十五日赤

間關へ着致十六日壇之浦杉谷前田田ノ浦等臺場巡見相濟今明日ニハ九
州渡海之心得候處長州有志之者共ゟ段々申立之次第も有之諸藩之論一
決不仕何分長州之輩之內ニテも臺場へ出張之有志ハ別而決死之者而已
ニ候間京師之論トハ大ニ違候事ニ候申立之義も實ニ尤之義ニ候得共何
分　皇國之重事ニ候間一存ニテ難決此度德田隼人並長藩之者爲差登役
人衆迄伺付候猶巨細之義ハ德田御招ニテ御聞取希入候實ニ八方ゟ責立
られ進退極扨々苦心仕候差急早々如之候也

七月十九日　　公董

中山殿　内啓無事

尙々殿御方へも宜々御傳聲奉願候新宰相殿へも宜希入候殘暑難去御
大事ニ御自愛奉願上候猶後便可申上候御安否伺迄如之候也

二白本文之次第故關地ニ滯留之覺悟之處段々差支候義も有之趣長州
ゟ申立ニ付三田尻と申處迄引越罷在候事ニ候何分　皇國之重事故一

存ニテ決定不相成扨々苦心之事ニ候巨細隼人ゟ御聞取希入候侍從殿事如元被召出候と申義唯今承候實事ニ候哉實事ニ候ハヽ珍重不過之於小子も大幸千万存候承度候也

一今日藏人辨博房推叙從四位下　中務少輔資生推補藏人聽禁色云々珍事之子細可尋自両家有吹聽以使賀之

一久留米藩松浦八郎來忠光面會ヲ乞依所勞不逢是彼裏辻侍從之徒之

一博房朝臣參政被　仰付處依職事繁務遁申仍今日被及此御沙汰よしと

八月

一日乙亥　雨

北野宮代參齊宮

一松浦豐州就上京送太刀馬代一枚過日送物相拶も申來三日四日之内可有入來申遣

一禁中　親王等へ獻太刀一腰宛（八朔嘉儀如例札名乗上）一條家同上（札稱號官）使出雲寺　○

以使入朔本家始賀申依同事有入來使等　○眞木和泉守來面會
一明日巳剋武家參　內之旨傳奏觸示之
一春日社御法樂和歌來十日被讀上前日可詠進奉行爲理卿被觸示御題被忘
戀

二日丙子　晴陰不定小雨

北野代參彈正
一德田隼人來（昨夜深更來處予寢後ニ付今朝再來）公董朝臣傳言數多且今般以　勅使被伺付
條々ハ二ヶ條也
°過日度々於壇浦邊自長州打拂之節小倉ゟ不應援ニ付長州及敗北其後度
々及應對之處　朝命雖重大小笠原ニ於ハ幕府附屬之義故一應（マヽ）幕命有之
迄ハ難開兵端由返答ニ付長壯士頗腹立今度待　勅命可及戰爭イ論申立
之處出馬前　朝議ニハ一應可被　仰下位之被　仰付ニ付長州父子ト示
談之上水藩細川、、、、——等三士ヲ以自　勅使此上夷船來舶長ト戰

争之節ハ於小倉如何取計候哉尋問之處此後有戰争ハ必可應援相答右ニテ可治定處赤間關出張之諸士一向不承服何分是迄不應援義急度御咎不被□候テハ不叶旨決死申立不用説得依之不得止被伺付由也　又一ケ條黒田鍋嶋ヘ御使ハ於長も既開兵端打拂之上ハ於両家も速可打拂由御沙汰被　仰付之處長州有志之論ニテハ海岸領分ハ不限黒鍋両家也両家ヘ御沙汰之上ハ長崎表滯在之諸藩悉可打拂由被　仰出義と存候間勅使之分ニテ右之趣ニ被　仰出候分ニ引直シ可被　仰付ト申立但此義ハ長崎之義ヲ被　仰出候ト申事追使演舌も無之尤御沙汰文面ニも無之間以勅使之心得右之通可申傳由被答候處尙被　仰出之分ニ可被傳命强訴是又不承服仍両條爲伺付被登由也

一松浦豊後守明日未頃入來之事申入承知也

一寺嶋忠三郎井澤小六來面忠光

三日丁丑　晴

北野代參彌正

一申頃松浦豐後守入來平戸庶流也羞酒饌亥頃被歸（自〔志自カ〕々岐楚右衛門來召前又豐州家來立石麻右衛門鶯淵孝重等召前）

○松浦肥前守來狀（七月四日歸國之由十八日日附之狀）上京之懇志且入來之禮被示越又自夫人頼遣家來之事（依不穩之形勢爲非常手當附人也）彌被附由近々上京之旨被示越之

四日戊寅　晴

北野宮代參齊宮

一親王御方〻若宮御殿御庭艸藤盛之旨自御手被折予夫婦へ給候由御沙汰之旨且花邊可催一盞由賜吸物組肴等感泣了催一獻此君在世保愚命者也

一土州深尾鼎自〔息カ〕內記來狀暑中尋問也

一藏人少輔來八日拜賀吹聽被招由也

一松浦豐州使昨日之義被謝自是も以使相拶申入候——

五日己卯晴

正心誠意上

北野宮代參菊女

一大炊御門へ遣狀友君緣談自石井來八日十四日之內結納被送度由之事申遣明日返狀來十四日被受度由之以狀通石井三品――

一新宰相へ昨日自親王給物畏之由御禮以書狀申入御花生返上

一今日又々於日之門通調練　御覽之由之去晦日凱歌計也於太鼓トラホラ貝ハ今日も同樣也今日炮聲數百空丸云征螺常々於音者驚耳者之自巳半至酉下去廿日會津調練半ニテ被止之跡之會津藩了御警衛出席之因州藝州備前上杉抔炮連發調法　御覽云々上杉三十目丸自余十目廿目斗ノ由調法上杉第一因州第二自余如形云々

一口狀就來八日巳剋諸山陵　御拜當日御拜了迄重輕服者參　內可被憚候

此段申入候也

八月四日　定功

雅典

一豐後守被引越馬忠愛約束之由之

六日庚辰　曉天雨　陰晴不定

北野宮代參彈正

一早天以書中　親王御安否新宰相局ヘ伺申昨炮發之故也自始迄御前ニ被爲在（前殿下議奏同所ニ候）一切無御動由有返狀安心恐悅々々

〇中書王江御法樂詠草入覽即被返（端之方宜云々）

〇正親町家北村雅樂來羽林旅行中一件之長藩申立等ニ付自父亞相今一人堂上之内被差下之義被願申之處錦小路下向粗御内定之由之　又被伺付小倉一條ハ當主遠慮減祿三萬五千石子息ヘ頂戴相續被　仰付若不拜承時ハ任長州之所望可被加誅罰御内定黑田鍋嶋ヘハ長崎表夷船可打拂可被　仰付等粗御内定ト云々凡似追討使重任之至偏無異變勤仕所懇祈於　神明也

一來十八日曾祖父君五十回御忌依祭禮御法事引上十六日辰剋來廿四日同御妾貞正尼廿五回忌法事等之事示寺門广（廬カ）山寺各承引

一明巳剋武家參　内之旨武傳觸示

一明未剋稻葉長門守參　內之旨同上
一有馬中務大輔留主居古賀龍吉來高原作次郎以來同役之旨誘引云々
一北小路差次藏人賴置次第類調筆差出謝遣了
一俊克卿來狀遣返狀了

七日辛巳　陰巳後晴

北野代參彈正

一實德卿來狀息朝臣申越一件于今無御沙汰其上昨日內々北村申述候　別
使御差下以下　又々御評議替之旨長歎息之由被示如人形役々爲之如何
莫言云々
一藪新大夫へ遣狀太刀蒔繪一條之
一嶋原老士尾崎藤(濤カ)五郎忠光面談云々

八日壬午　晴陰不定

北野代參彈正

彌御安全珍重存候然者先月六日申入候忠光義先出行無之樣御答書ニ付右申付今日迄不他出候然處追々時勢切迫ニも相成少々愚考之邊も有之候間其筋へ一應申上度今日何レ共今出門度由申立候相止候得とも不致承知候此上ハ不能微力候尤彼者一身ニも候ハヽ下官限押込ニても可仕候得とも左樣相成候ハヽ必自他意外之變可相生深掛念仕候急度殿方御命ト申義ニ無之候而ハ取計兼候事ニ候御面倒恐入候得共右申入度如之候也

八月八日　　忠能

野宮殿

拜見候御安福恐賀候抑委細御示承候小子御尋給候而も過日申入候通之儀他ニ何とも無申樣候此一條殿下ニも深御配慮候へ共差當り御勘考も不被爲在御樣子只々小子心配而已ニ候殿方御命ト申義も出らゝく取計方無之候何分御鎮靜之樣嚴父君御說得之外無他哉存候甚ゝ無意義成義申

兼候得共實ニ小子ニハ先日申入候外無之候仍早々御答如之候也

八月八日　定功

中山殿

一入夜忠光向玄瑞旅宿留主不面由之
一放生會御神事中正親町大納言議奏加勢之旨有觸
一宇津宮　勤王心一定近日上京云々
一津山　勤王振興之旨予按越前同様家筋之眞僞實覺束者之
一淀所司代御受若　勤王決心御受ニ及欤之由有志輩遠察論云々愚按方今所司代勤仕之義實難義之處泰然申受之事何ニも不審之但右之論可云過美欤
一藏人少輔拜賀以出雲守賀之送太刀馬別生肴三種自彼方も有答謝別被送酒肴

九日癸未　雨

北野代參式部　母君御忌日代參　細井

一忠光向玄瑞旅宿由之（隨資亭同）

一故前大納言愛親卿（來十八日法事引上來十六日）五十回忌　此御年回ニ付小餅十二宛爲志送花山殿大炊御門野宮今城三條正三庭田園東坊（六條）並大典侍局等又故貞正尼（來廿四日）廿五回忌此年回同十二餅送夫典侍局之（實母）

一明日春日社御法樂詠進附奉行爲理卿被忘戀

いかふをん身ハ木かくれの忘水汲ふし人の影もうつさて

一藏人少輔ニ送文匣一合（水口柳箇ゝ製）

一來十二日巳剋鴨御祖社正殿立柱上棟賀茂別雷社假殿立柱上棟等日時定陣儀陣了迄服者參　內可憚武傳觸示

一石清水放生會從十三日晚到十六日朝御神事同上

十日甲申　晴

北野宮代參　（藤田）左門

一忠光如昨申出臨期向東久世烏丸等云々爲之如何
一新藏納諸記合以下（出雲權介入來手傳）
一家來分北嶋中務勢州山田迄下向人足帳渡ス（實相院家來受合）
一實德卿來狀公董朝臣被伺兩條　朝議未決深苦心之旨被示長歎息之世之
一大典侍殿庭田家等ゟ御年回ニ付備物來
一吉村寅太郎（來脱カ）忠光面談
一去廿三日於長州打拂蒸氣船幕船ニテ長崎逗留夷人へ自幕送物之船云々
又々及內亂欤又去口（マヽ）日於攝海打拂蒸氣船姫路之舟云々紛亂之義共兎角
歎息之至也

十一日乙酉　晴

北野宮代參夫人（公董朝臣幼男並妾同伴）細井同參
一世之形勢依切迫參政寄人之中速御親征可被爲在申立由之今少可早御沙
汰之由之又因州先私共十分盡力之上御親征ニ可被爲在頻申上由之

〇小倉一件依違　勅官祿被止於詫願ハ三万石計息へ可給可有御沙汰猶不承服者如長州申條可有征罰御内定錦小路追加　勅使可被下御内定之處中川宮可被下御沙汰昨日御内意之處中川宮返答於御親征御動ハ尤先鉾（鋒カ）可奉仕也小倉追討使計之義ハ御理之旨被申依之　朝議紛々公董朝臣へ御返事未決由之

一拜領米之内三ヶ一代銀ニ而來十七日當主公卿方同十九日當主殿上人方勘使所ニ而辰剋ゟ申剋迄可被渡受取人名前印鑑十六日迄勘使所へ可差出由武傳雑掌觸有之

十二日丙戌（欠マヽ）　晴

北野代參　入夜有火（両度出火付火一條邊ハ交易糸等得利益町人ニテ本人マヽ首梟三條川原其家藏付火云々）

一松浦豊州へ羽二重一疋短册掛一箱重一箱予以下一同ゟ盃三一箱辨當一夫人ゟ以使送之上京且被送物挨拶之〇先達肥州通行ニ付新宰相へ音物挨拶扇子一箱送之又予夫人ゟ先日返狀差出し

此書原本宛名差出人名共ニナシ按ズルニ正親町三條實愛ヨリ中山忠能ニ寄セシモノナルベシ　校訂者識

一有馬中務大輔へ掛物二幅一箱縮緬二巻重一箱送之先達到來炮之相拶之
一長門宰相使暑中見舞遣狀相拶之○稲葉長門守使太刀干鯛馬代銀五枚到來所司代ニ付參　內等相濟禮之
一十八日御年回志小餅送正親町家過日漏脫故之
一吉村寅太郎忠光面談
一勘ヶ由小路へ室家一周忌過日志被送湯葉廿送之靈前葩等之
御揃御安全恐悅候（御同慶候）抑申伺候　○御親征之事未被（參政等方言上之人も有之候出今少早ト仰ニテ難動由ニ候）　仰出候由甚以如何機ヲ被失可申ト恐入候五日出立ニテ（事沙汰有之候有志士ハ妨上京候申合も有之由ニ候）一橋上京ト承候夫ニても又々御疑念ヲ生候而ハ迚も此一兩日中斷然被　仰出候樣不相成事ニ候哉當時之身分罪人と申譯ニハ無之と一身ニハ存候へとも出仕邊も一決ニも不相成出仕も仕かゝく建白も不被取上哉何分一橋上京迄ニ御親征被（議カ）　仰出候樣所希候因（因ハ御親征ハ今少御早ク候銘々共盡力候上ノ御事ト申立候由ニ候備ハ論不慥承候）備抔何ヲ申ニも其源幕出之人物一体之論も長ノ正儀トハ同日之談ニ無之猶豫之体も相見候樣承候因備も長ノ正議ヲ助候体ニハ見

へ候事も有之候と存候若一橋兵勢ヲ張リ上京候ハヽ人心如何可成哉何分早ク御決定御沙汰出候様と存候後日大ニ噬臍可被爲在候哉ニ存候此頃（小子も一向慥義不承候全体預事ノ衆諸事極秘ト被存候）朝議一向不承候不堪苦心賢考伺候實ニ人心向背此一擧ニ可有之當今　朝廷御扱振御沙汰之摸様ニより長正義も相摧ケ可申候左候テハ以（早長も大ニ歎居候由ニ候何分長方强テ申立候テハ御國ノ重事ヲ輕卒ニ取計候トノ論モ生候由ニテ斟酌ノ由ニ候）後勤王之者一人も無之　朝威相立期無之可成行實ニ得失利害一大事之場ト存候御親征御決定ト申事成共責テハ被　仰出候様不成候テハ人心瓦解再取直難出來恐入候事ニ候防長二州ヲ棄　勤王必死ノ長へ被對候ても不相濟存候御互両人計申合建白ニテハ却而不被行哉御高按伺度候（小子夫是ヘ両三度申立候得共只尤ト計ニ候貴公彌御建白候ハヽ小子も表向可建言候）

一越前上京ハ　朝ゟ被止候由左様候哉急度被　仰下度候（不存申候得共是ハ押テ上京候ハヽ可押止因州申居候由牧ゟ承候）

一一橋上京ハ只官武両方ニ而被責候故一寸遁ニ登候由も申候趣ニ候得共內存ハ屹ト可有之哉御策被立置度候

（何ソ先日來幕ゟ申來候義有之候哉御委任之義故幕へ御沙汰可有之様トノ様ノ事ヲ申出候哉ト遠察候御存無之哉何分一癇上着之上ニてハ後手ニ相成六ヶしくと存候）

一因州甚因循と申風聞實ニ候哉御親征一件先文之通申張居候テ長抔ゟハ不服故トノ風聞ニ候

一牧承和泉守も此頃因循有志中少々不評哉ニも候如何ニ哉先日も有志士中可加罰申合も有之由本人も聞及其首〳〵ニ面解ト承候何分公邊事周旋之者故ツマリ埒ノアカサルチシンキカリ候ゟ起候事ノ由

一朝廷ニも君臣合一無之不和長歎之旨中川宮ゟ光愛卿被承候由話ニ候甚大息世上洩候てハ人心ニ係り恐入候事ニ候小倉御不審依事征伐中川宮へ一両日前御内沙汰之處御親征御動ノ事ナレハ下向も可致候得共御動も不爲在御事ニテ只小倉征罰計ハ御理ノ由

一關東ニてハ有志輩潜歩之由サスカニ當地ハ俗論人潜行丈ハ頼敷候長歎息之至ニ候

一加賀仙臺被召候御受之由實事ニ候哉不存申候

一小倉へ御使可有之由左樣ニ哉錦小路追加之御内評有之候由一両日之處ニテハ中川宮之先件ニテ又々紛々未定之由

一同所征伐之事正羽公へ申立同公ゟ御内伺ニ人登り候由左樣ニ哉且最早

九州へ渡海有之哉黒鍋工合如何候哉 赤間出陣之一列強訴ニ付于今滞在不渡九州候去二日別人上京附参政等伺之處日々御延答今日も于今不分候黒鍋へ御沙汰之趣意も被　仰出トハ過激之義ヲ申立是又伺中ニ候右ハ早々長崎在夷ヲ皆打拂両家へ被　仰出候義ヲ赤間陣之徒強訴仕候

一長老毛利美作ト申人人數引卒上京之由實事ニ候哉　不存申候

一今朝二條川原一人埋殺有之候由人体不分候七條磧首刎ハ交易人と申事ニ候　不存申候

前條御親征いらよも心からす候申伺候自餘御聞と存候へとも申上候御聞之義も有之候ハヽ御示聞希上候

一滋野井侍從西四辻大夫被免差扣由有回文

一正觀院下山來逗留

十三日丁亥　陰晴不定　深更雨下

北野宮代參齊宮

一正三有文御親征建白之事被示予今日殿下へ申入旨答了

一忠光向鳥丸由之父前大納言所勞危急不面由之

一吉村寅太郎忠光面會

一昨夜三條川原梟首本願寺侍云々越前旅亭借否一件有志不服之所存云々

一未剋頃下人歸來云ヨシヤ町町家唯今百人計集會家藏及破却暴亂不可云是又昨夜一條邊同樣依交易得大利町人之家云々凡亂世之長歎々々

一中川修理大夫ゟ先達御築地內異變之義承知仕候付人數爲差登御用相伺候旨　叡聞御滿足被　思召候段先月六日野宮殿ゟ蒙　御褒詞冥加至極難有仕合奉存候右禮且時候御伺旁使者衣笠文藏留主居井上宗三郎以使者申上候　○明日以使謝遣之

一申剋殿下ゟ一封差出參　內中牧式部小輔預置由之早春已來忠能引籠居世上之形勢　朝家之御議論委細之儀不存申猥建言仕候義深恐入候得共彼是見開仕候處時勢追々甚以及切迫候方今ニテハ兼々御沙汰被爲在候攘夷　御親征御動搖之御機會旣ニ此時と存上候尤兼テ御委任有之候征夷將軍攘夷之期限奉對

天朝御受言致置幕役共不同心不得止之由ニテ經數旬候上者不被及是非
斷然　御親征被爲在候共聊以不可有異論奉存候右之通征夷家として攘
夷之　朝命御受之義爲其臣下難執行程之次第ニ候得者いつ迄御見合被
爲在候共際限無之御事ニ候到此時　朝廷御猶豫被爲在候而者人心危疑
衆意離散勤王之者無之節ハ　朝威忽滅終ニ皇國之御危難ニも可及ト誠
以歎入候間速　御親征被仰出候樣存上候併即刻御動搖日時御治定難被
爲在御事ニ候ハヽ無致方候間責テハ先件征夷家　勅約難被遵奉ニ付不
被及是非　御親征御一決依之臣下萬民迄可從　勅諚由改而天下一同へ
今明日中急度被　仰出候樣奉存上候實ニ人心向背　神州御大事一兩日
中之御所置ニ可被爲在存上候仍乍恐懼不顧多罪此段令言上候事

八月十三日　　　　忠能

上御直披奉願候

彌御安泰令渡給恐悦存候抑參上可令言上候處春來未能出仕候ニ付恐入

候得共以一紙言上別封獻呈仕候右等之義猥建白仕候事實ニ不容易義ニ候得とも乍恐御時勢急迫之御場合と令察候上ハ心付候事不申上候而ハ却而不忠と存候付不顧蒙罪科言上仕候愚存以殿下御憐察御評議も給候ハヽ深々畏入存候此旨宜言上可給候也

八月十三日　忠能

關白殿諸大夫御中 御内披

一四條ゟ明石下向之處明十四日歸京之旨吹聽有之

一正三ゟ内談可無子細答了

攘夷期限度々違變之上追々夷狄狎（イ押）進迚も掃攘無之形迹漸露候上ハ　御親征御猶豫不被爲在儀と奉存上候於列藩も兎角猶豫之体ニ有之候得共獨長州父子効力　王室竭忠節候ニ付人心激勵仕候處却而　朝廷御猶豫ニ而ハ人心持危疑終ニ離散ニも到リ以後　勤王之者無之　朝家御威望日削兼々之　叡願も空敷被爲成候而已ならに　神州御危殆ニも可相

成實ニ今日之御決議人心向背皇國御成敗之時と存候何卒早々　御親征
被　仰出決嫌疑定猶豫られ候様奉存上候久々所勞籠居世事委詳ニ承知
不仕候殊ニ　朝議不相伺慢ニ淺短之愚衷申上候段多罪恐惶仕候得共此
頃風聞區々實ニ不堪到〔ママ〕痛、不省恐懼言上仕候此旨宜預御沙汰候也

八月十三日　　實愛

關白殿家司中

右少々ハ可加添削候へとも先粗草稿之儘入高覽御加墨偏所希候

十四日戊子　雨

北野代參

一殿下へ昨日差出一封返答尋申　御一封之趣御披見被成候昨日別紙之通
被　仰出候御承知之御義与者思召候得共被仰入候御返書も可被成處甚
以御用繁ニ被爲在候ニ付不被爲能其義宜御理可申上被仰付候以上

八月十四日　　義修

爲今度攘夷　御祈願大和國　行幸神武帝山陵　春日社等御拜暫御逗
留　御親征軍議被爲在其上　神宮行幸事

一忠光出門（木屋町三條下ル土藩吉村寅太郎吟味候）

口上

忠光國事大患之餘り亡命仕候段誠恐入存候先月以來潛居候樣御命ニ付
不外出候處世上之形勢追々迫り候由同志輩ゟ承候間出門力之限り盡忠
仕度候得共此御近邊彼是周旋仕候義ハ御差支之旨此上ハ無是非候間四
國へ下り攘夷之形勢相考候間此段申上置候事

八月十四日　忠光

言上

一正三ゟ來四辻へ傳
爲今度攘夷御祈願、、、、、、
別紙被　仰出候旨一同可示傳加勢源中納言被申渡候仍申入候早々御回

覽可返給候也

八月十三日　有長

一拜領米受取名前 中山家 田中造酒印　此一紙勘使所へ差出候事

一今度爲攘夷　行幸被　仰出誠以不容易御事柄ニ付愚昧之上致仕之儀恐入候得共忠能ニも何卒供奉被　仰付候樣奉懇願候　國家之御大事此時ニ候間隱遁仕居候而も實ニ以　君臣之義不相立候假令何体之災難ヲ受候共不顧一身候何レ共供奉被　仰付候樣相願上候宜御沙汰希入候也

八月十四日　忠能

右一通ハ議奏御中　傳奏御中　一通ハ參政御中

省中へ向差出候 德大寺黄門 豐岡三位 落手云々

右之義正三へ明朝申遣依賴也

一正觀院歸山

十五日己丑　晴

正心誠意上

北野代參

一放生會也參向上　參　辨　羽林　陣上

一一條大納言來狀進返狀　行幸供奉當然之處父公大病中苦心一件之

一正三行幸供奉申立案文被談見所存貫通之由及返答了○忠愛東坊面談之由○徳田隼人來中川宮小倉へ下向御內意之處攘夷御親征御動搖も候ハヽ可勤候へとも　主上御親征も不被爲在義ニ候ハヽ御理之由十日頃被申上十三日御親征御一決ニ付小倉へ下向被　仰出處御親征先鉾（鋒カ）ナレハ兼々願之通ニ可勤御親征御東行之處於中川ハ西征迷惑ノ旨被申上又々群議紛々衆人懷不服云々○去十三日御親征被　仰出ニ付因州備前上杉阿州息等四人於御前所存言上致度由逃之仍於小御所御對面之處何分被動玉体御親征之段深以恐入候間暫御見合相願置四人速東行關東何レ早々攘夷可仕可申勸萬一速不行候ハヽ四人横濱へ打出身命之限可打拂由強而言上之處勅語云是迄段々猶豫於今者朕意既決之間不見合各有所存

者勝手ニ可取計由斷然被　仰下依之一決之由光德內々話之由之○同人
賴予詠歌染筆七枚十七日遣了
十六日庚寅　陰　時々雨入夜雨
北野代參
一曾祖父公五十回御忌來十八日御正當之處寺門御靈會御通行法會差支ニ
付今日引上奉回向夫人參詣广（廬カ）山寺予代香勤了又自大典侍殿附法會有之
由之
一新土藏納物第二度之
十七日辛卯　雨陰
北野代參　細井女
一遣狀　彌御安全恐賀候抑先日者忠光義御面倒申上深恐入候何分出行不
仕鎮靜可仕段々精〳〵申伺候處御差支之筋ハ不存申候へともヶ様之御
時節草莽之輩も建白盡忠仕候義閉居仕居志之達候義無之且六月中旬赤

心報國之志　叡感彌忠誠可勵尙萬端精々可盡力　御沙汰ヲ蒙候義ニ候間ヶ様ニいつヲ限トナク禁錮同様蟄居仕居候テハ可盡力之　仰ニも違イ恐入其上同志輩ゟ追々承候形勢實ニ切迫之義ニ候此上ハ當地ニテ盡力難相成候ハヽ他所へ下り　御沙汰之通可盡力候由申立説得不相用別紙之通書取他出候ニ付段々相考候處當地ニハ不居候欤ニ候此上ハ無致方捨置候積ニ候尤尊慮之處ハ七月六日御返答之外御賢考無之由ニ候處右等之次第申上候共別ニ示給候御事も不被爲在深恐入候得共下官十分説得候得共先文之仕合候寔以苦心仕候得共打明申上候官階無之庶子之義ニ候へとも先達已來段々之次第も有之候間一應殿下迄被仰上置給候ハヽ恐入候扨々存外之御面倒申願恐入存候此段分而希入候也

八月十六日

追申本文何卒御遠察希入候且同人義絶可仕哉事先達両度御面倒伺候
殿下へ御伺可給御命之內在家候ニ付其儘ニ見合居候是も宜御差圖希

入候何分籠居御時宜等難分恐縮之外無之候宜々希入候也

忠能

野宮殿（内々）

右忠光十四日一封差副遣之有深意故ニ昨夜及深更今朝進入之旨添口上

落手返狀自跡之旨被答

一勘使所ヘ拜領代米銀申出銀五貫七百十八匁三分受取

來一ヶ年三分ノ一ノ代銀之由ニ（俵入數も不分間野宮へ尋合處不分由之武傳不分明之條言語道斷之政事之但此銀三合時ハ十七貫）（百五十五匁計ニナル之可追註）

一御警衛　建春門以北小（上カ）杉人數四百人　一條家前ゟ臺所御門前　松平備前守會津　千四百人　山內兵之助士分八拾四人從（徒カ）廿人足輕廿五人同廿一人　京極佐渡守人數二百人　分部若狹守士分卅人足輕小者六拾人

加藤出羽守二百人餘　松平伊勢守百五人　松浦豐後守七拾人餘　以上

詰候　紀州加州藝州重役人數召連詰候◎（原本抹消セルモノナルカ便宜上點線ヲ以テ示ス）

一薩中納言願事　西國使召返ノ事（全体給物今度給物）

文久三年八月

十八日壬辰　陰雨不定

北野代參齊宮

一丑半刻出火由門前騒動立出處非火由但提灯中字ノ印アル武士野宮へ來暫西方へ引取了野宮靜寅刻頃ゟ追々騒立西方ゟ會ノ士炮卒卅人計誘引切火繩予門外邊ニ群居往來人ヲ止ル樣子之追々諸藩士騒動小具足本具足之士奔走不知子細何分大變也天明頃广〔鷹カ〕司家へ諸士押寄旨風聞

一野宮へ變ニ付可出仕哉尋先不可出仕返狀來

一巳刻前自議奏御用之儀候間早々可參上被觸即參內御前（明夜亥刻退出）

一議奏復役被　仰付固辭之處差掛両役被止出仕之間御用便ニ任可勤議奏同樣之旨被　仰不及是非申御受正三阿野等同上

一夷狄　御親征之儀未其機會ニ無之　叡慮候處矯　宸衷御沙汰之趣施行ニ相成候段全　思食ニ不被爲在候何レ御親征𪜈可被爲在候得共先此旨

更被　仰下候尤於攘夷　叡慮ニ少も不被爲替候　行幸暫御延引被　仰
出候事
一右衛門督議奏加勢依所労理被　聞食正親町大納言加勢被　仰出由十六
日回文傳達
一十九日巳剋貴船社立柱上棟日時定陣儀陣了迄服者參　内可憚由有觸十
七日付
一明十九日陣儀被止候旨有觸
今般　行幸暫御延引被仰　出候得共於攘夷者早可遂成功累年之　叡念
候依之　勤王之諸藩不待幕府之示命速可有掃攘之由　叡慮被　仰下候
事

八月

右諸藩へ被　仰出
去六月廿九日攘夷期限之義□候ニ付以小栗長門守　御沙汰之處
數日否之御答不申上ニ付幸七月廿四日松平式部大輔出府之便伺　天氣

登京之砌前件御催促被　仰付候處今以因循打過如何之義思召候迅速可
奏□へ成功嚴重御沙汰之事
右幕府へ被　仰出
三條西中納言　橋本少將
右自今被止國事御用掛
大藏卿　東久世少將　右中辨
烏丸侍從
右自今被止國事參政
東園中將　滋野井中將　修理扌大夫
四條侍從　右馬頭　主水正
右各被止參　內候事自今參政國事寄人等　被止稱呼候事
一領分上山田村人足十五人石倉十三人井ノ内二人依非常走付〆卅人之
一師宮西國使被止由作之十七日被　仰下

一口屋[ ]首代金一万五千金今日學院江可持參契約之處依大變相止由或

語

殿下ゟ里亭へ來居毛利讃州以下長藩へ被申遣大意

一光愛卿爲　勅使向广(鷹カ)司家殿下被召無程參　內

一同卿爲　勅使向同家毛利讃州守吉川監物益田彈正以下へ御書付ヲ以被申渡即御受申又有口上書

（同卿ハ柳原光愛ナリ）

攘夷一件者長州所置　叡感之御事ニ候尙々御倚頼被爲在候但數人之藩中ニ候間心得違之輩有之候而者如何故厚鎭撫可有之樣只今以　勅使被仰下候間心得違無之樣事

攘夷御親征之儀兼々之　叡慮被爲在候得共　行幸等之義ニ付踈暴之所置有之候段御取調被爲在候攘夷之儀ハ何國迄も　叡慮確乎被爲在候事故於長州益盡力可有之候是迄長州効力　朝家候ニ付人心も振興之事向後彌御倚頼之　思召候間忠節可相盡候藩中多人數之內故呉(々脱カ)も踈暴無之樣加鎭撫決而心得違無之樣益勤王可竭忠力旨被　仰下候事

一應召大名可賜菓子申行被出之御褒詞等武傳示之

一兩武傳可出仕有　仰出頭

一予有所存可被召問三條黃門言上被召之處旣出門不知在所由頗殘念之至之此事薩士高崎左太郎十九日非藏人口へ出頭乞面會頗述理屈左幕下在同席

一三條西三條東久世壬生四條錦小路澤等參广司家長州同勢引退之時申頃一緒ニ引退各乘馬卷纓袍直衣之下ニ着具足掛襷云々向妙法院宮群議之上各向長州由之殿下も可有下向申勸之處　勅使光愛卿ヲ以被　召ニ付參內

一實美卿ハ元爲御親兵御用掛之處親兵ヲ九門へ不被入ニ付三條家へ出頭各及歎訴之間不得止召連广司家へ參入不入九門ニ付广司家裏門打崩亂入三條西等一緒ニ相成由之

一隨資卿同欲出奔之處中沼了藏來堅固推止仍在宅由之四條侍從欲出門處

不可他出御沙汰申來引返在宅之處錦小路來誘之仍再出參广（鷹カ）司家由之
先剋被仰越候長州樣御人數引拂之儀取調候處御固御人數ハ追々引拂候
へとも御親兵御人數ハ相殘其外重役之內益田彈正浦靭員与申者殘居候
趣ニ御座候夫々河原町御屋敷ニ罷在候由ニ御座候御警衛人數ハ引拂候
ニ付而ハ是迄之假建所崩居候趣兀木材被片付木材ハ不殘燒拂引取候段
風聞有之由取調之者罷歸申聞候

一松平肥後守　稻葉長門守　上杉彈正大弼　松平備前守
加藤出羽守　松平伊勢守　本多主膳正　分部若狹守
山內兵之助　京極佐渡守　松平淡路守　戸田釆女正
松平相摸守　松浦豊後守　加藤山城守　中將中務大輔
以上應召伺候　松平相摸守因州所勞不參實昨夜家來正奸之徒有大論双
方及乃傷十餘人速（マヽ）死之由之

一御警衛　建春門以北小（上カ）杉人數四百人　一條家前ゟ臺所御門前　松平備

前守會津　千四百人　山内兵之助士分八拾四人從（徒カ）廿人足輕廿五人同廿
一人　京極佐渡守人數二百人　分部若狹守士分卅人足輕小者六拾人
加藤出羽守二百人餘　松平伊勢守百五人　松浦豐後守七拾人餘　以上
詰候　紀州加州藝州重役人數召連詰候
十九日巳　小雨　自昨在朝
北野代參齊木
一傳奏被示御用勤仕ニ付可給警衛隨身之士（五人）自明日詰來有馬藩之旨之
一有馬使自明日可詰來傳奏申渡之旨申來
一今般　行幸御延引之旨被　仰出候確當之御所置と奉存候然ル上ハ暴論
之徒自然畏縮恐願仕り向後御締り合相付　朝廷御大体も相立可申候其
段ハ不堪恐賀奉存候得共只々掛念仕候ハ因循之輩此時ニ乘し如何樣之
手段相廻候程も難計萬一攘夷之　叡慮（旨ヽ）右之爲ニ貫徹不仕事ニ罷成候而
ハ　皇國之大事無此上殊ニ關東御一新之折柄奸人共之計策ニおち入り

九仞之業一簣（簀カ）之功を虧候様成行候ゐ左最早挽回之道無御座候間何卒々攘夷之　聖算速ニ被仰出候様仕度就而者過日御両所様御願立之通急ニ横濱掃攘之被為蒙　叡旨不日御東下被為成候ゐハ如何可有御座哉左も無之候ゐ左一橋様折角御憤發被為在奸徒蟠結之世態一時ニ御回改被遊候御大功も忽ニ水之泡と可相成從て暴客共之口實ニ掛り候義相生候ハ、不容易紛亂ニ至り　皇國之元氣損耗夷狄之術中ニおち入可申過憂仕候間不取敢心付ニ任セ奉申上候此段得与御勘考被下置尤之儀と御聞取被下候ハ、何卒速ニ御建議被遊候候様仕度奉存候以上

八月十九日

鈴木縫殿

大塲一眞齊

右因州へ建白ノヨシ御両所トハ因州備前ノヨシ

廿日午　陰雨

北野代參　（欠マ、）　巳剋參　內亥剋退出

正心誠意上

一久留米ゟ隨身兵士五人來詰伊藤常太郎高瀬文太郎綾野多門柴田新次郎
佐々木才助尤參　內退出路頭警衛ス各鑓隨卒一人ツヽ有之

一松浦豐州使非常見舞且予出仕悅豐州一昨日參　內後學習院詰候旨被示
八月廿日於小御所　御對面　松平肥後守　上杉彈正大弼
戶田釆女正　松平備前守　稻葉長門守　分部若狹守
京極佐渡守　本多主膳正　松平伊勢守　加藤出羽守
加藤山城守以上　高家中條中務大輔一柳包五郎等無御對面○親王同
出御々對面被爲在殿下參上取合アリ○殿下於小御所下段長州義諸大名
へ示談有之

一十九〔八〕日殿下へ差出由両役御咎之風聞ニ付殿下へ差出由廿日殿下御持參
予へ被渡寫
　勅書被　仰下候ニ付歎願之次第ヲ乍恐委細　勅使へ過刻奉申上候通ニ
　御座候如何御評決被　仰付候哉幾回も願筋相叶候樣謹而御命可奉待之

處堺町御門御固御免被　仰付候ニ付而ハ專ラ國許海防盡力仕度奉存候間毛利讃岐守並吉川監物を始詰合之者只今ゟ歸國仕候尤攘夷之儀ハ彌御倚頼被　思食候段被　仰聞難有奉存候ニ付而ハ此上格別擧國必死ニ盡力可仕候猶又歎願モ仕候通三條殿を始積年誠忠人望屬之候御方今度攘夷之先鉾(鋒カ)御懇願願被成候由ニ付國元迄御供仕候間何卒早々御復職等之御沙汰奉待候以上

八月

長門宰相内
益田右衛門介

一七口洛外御固ノ事殿中川御示武傳へ申置會淀へ可被尋事

一御守衛輩御近邊集會所藥院ノ事同御示會ニ尋置候事藥院ハ差支ノ事

一孫忠光義絶ノ事一昨日殿へ野宮ヨリ被申入有之由

一紀州言上河州狭山邊御用之由ニテ群士亂妨ノ事書取武傳へ出御用(マヽ)士ニハ無之由返書出ル

一殿下進退此上ハ天下耳目ノ所許ニ被成度言上ノ事

此文再出如何

一廣幡以下議奏進止ノ事
一宜秋門代可被開哉事會所司代へ御尋今暫御見合之旨申上六門同上
一警衛兵可解哉同上今暫
一滋野井橋本等隨士被止事
一中川宮示會も參府ニテ可盡力由申居トノ事加点不行事之
一十八日殿下へ差出候由両役混雜ニ付殿下へ出ス由ニテ被見　勅書被
仰下ニ付歎願之次第者乍恐委細
勅使江過剋奉申上候通ニ御座候如何御評決被　仰付候哉幾回も願筋相
叶候様謹而　御命可奉待之處堺町御門御固御免被　仰付候付而ハ専ラ
國許海防盡力仕度奉存候間毛利讃岐守並吉川監物ヲ始詰居候者只今ゟ
歸國仕候尤攘夷之義ハ彌御倚頼被　思食候段被　仰聞難有奉存候付而
ハ此上格別擧國必死ニ盡力可仕候猶又歎願も仕候通三條殿を始積年誠
忠ノ人望屬之候御方今度攘夷之先鉾〔鋒カ〕御懇願も被爲成候由ニ付國元迄御供

仕候間何卒早々御復職等之御沙汰奉待候以上

八月　　　　長門宰相内
　　　　　　益田右衛門介

參　内巳剋退出亥過

廿一日未晴

北野代參式部　　故殿御忌日盧山寺　彈正

一昨夜一睡後催大便其後痔疾發動痛苦難堪正座仍今日不參之事告正三前亞之處被申殿下尚扶所勞可出仕旨被示難座之上ハ不及是非由再申入了

○從議奏加勢光愛卿當番也扶所勞可出頭殿下被示由申來先條理申

一公誠卿來狀　御違例如何御自愛專一存候抑過剋ゟ關白殿御命ニ而御參之義自正三被申入候得共御扶かゝき由御不參之旨然處今日ハ長州へ御返答御評決之義ニ而寔ニ御一大事場合ニ候間何卒御扶御參候樣更殿下被命候何卒早々御參之樣存候也

八月廿一日

中山殿　公誠

追申御承知之義ニ候へとも執柄之命及三度ノ事故暫時成共御參之樣存候也

右到來之上ハ不及是非答不克正座失禮可出頭之由

公誠卿來狀尙何レ可參上今日長州御返答三條已下御所置可有御治定天下之安危ニ付押可出仕旨申來可押出申

○早朝陽明ゟ有招使申所勞理了

○再使可參　內被示

一松坂三內　會士火急之公用乞面乍臥面會　大和一揆ノ事　今度
叡慮ノ事　十七日亥過中川ゟ用人宛ノ書狀來早可有參　朝との召狀ニ
付精々支度漸ア本ノマヽノ頃主人參　內候トノ事
長州不當薩打拂名義正トノ事
長　三條已下急度可有御沙汰事

一松平美濃守使三木省吾當家へ随身二人可差出野宮ゟ達ニ付爲受被示由
明後朝ゟ可詰由之
一久留米士交替五人共 鈴木藏刀(人カ)加藤九衛門岡村常之進小河榮次郎篠本廉藏
一平戸志自木惣(楚カ)衛門忠愛面談附士一件之
一近衛家使近(進カ)藤伊豆守　來今日御用不容易義必可出仕被示召臥邊申難堪
由
一參　內申剋退出亥過
一十八日思召會ゟ殿へ尋申ニ付書取正三卿云々春來彼是遶　叡慮候上攘夷
御親征之期未及到來候得共何レ御親征可被爲在ニ付爲御祈願大和國行
幸可被爲在　叡慮之處御親征之機會今日ヲ不可被過旁　行幸於大和國
軍議可被爲在旨屢進而及言上矯　叡旨候段不容易次第ニ　思食候依之
御取調可被爲在ニ付被止參　內候得共押テ參上難測且暴論之徒引卒推
參有之候而ハ又及紛亂候故九門御固被　仰付候猶又於長州も士氣壯烈ニ

過候より踈暴論之輩も可有之哉難計不被爲得止事堺町門御固被免候事ニ候然處長藩追々引退候節三條中納言已下堂上七人同伴及他國候段不憚朝威甚如何ニ被　思召候間事。點本ノマヽ下行之堂上早速歸京候樣長門宰相父子江被　仰付候

○明日如直被改

此書取廿二日諸向へ被觸出廿四日如直被改觸

予正三柳原等會淀兵之助等面會渡之表向
布告不苦哉會尋ニ殿下不苦旨申答

一三條已下御所置　思召書　勅筆

一狹山蜂起ノ事　光ノ事代官取首高野山楯籠ノ事

一議奏本役御所置並一決役人ノ事

一昨宿正三今宿阿野自明夜御免願ノ事

一正少召返千金ノ事

一松平美濃守使黒田來廿三日隨身士二人可附當家武傳申渡之旨申來尋野宮
之處久留米士依体一人可不參難計ニ付被申付由之

廿二日丙申晴

一黒田ゟ來隨身之事可相成左右馬計ニ致度以狀申野宮了

一薩藩内田仲之（本ノマヽ）□來乞面予痔療治中蒸湯之旨申述正三へ可申置由申歸云
々昨日御書取之内正議ノ二字可被除一件之

一午剋參（退出戌剋）内予時中川宮計之正三參入中川予正三等召御前昨日御書取臣
下一同へ可被達中川被示正議二字以　思召可被改由ノ處既内田申出事
正三口述ノ處中川赤面此方へも申來事有之由吐露可笑仍前殿下已下參
入迄御見合之　○前殿右府左幕下等參入

一殿下辭表（尤不參）　關白内覽隨身兵仗等之有別紙（當番實德卿申前殿之上披露）

一行幸親征御用金十万両被召武家□軒之處今日被止候

一志自木（岐カ）來忠愛面談○松浦豊後守家來尾崎藤右衛門來詰夫人方警衛依近

親被借置了

關白辭關白內覽氏長者隨身兵仗等事

去十八日以御使被召於御前蒙　勅語奉畏候乍去春來彼是違　叡慮此度

行幸ノ儀遮テ及言上矯　叡旨不容易次第ニ被思食候儀爲重職之身輔佐

才無之被惱　叡慮候趣實恐縮之至天下之大事ニ可及と悲歎無此上候

皇國之御爲辭職之義一向奉相願候事

輔　熈

當職辭退所意尤被　聞食候但近頃時勢跋扈之徒有之不顧重職以議論中

張不得止時情可有之既去十八日　勅語之通義ニ候依之被宥恕失職被止

辭退候猶可被盡精勤被　仰下候事

廿三日　酉　陰晴不定

巳半參　內戌過退出

一爲理卿被示親王詰不和ノ事

一職事辭申　神宮辨已下四ヶ條各豊房朝臣へ被　仰下予達　仰當番御祈奉行ハ六位藏人へ

一尾州前大納言依此頃形勢被召登事（陽明申行ノ様子ノ事）

一傳奏進退伺ニ付今日両卿不參事不及斟酌可有參上被　仰下事

一三條已下出奔□人依十八日不法被止官位了

一殿下辭職再被出（中川陽明有別状）へも　皇國ノ御爲ニ不成天下耳目不濟何レニ辭退事

一昨夕中川元服廿七八日頃之旨有御沙汰

一會津中川度々面會諸向へ書取之内（長州）正議ノ二字可被改度（本ノマヽ）由ノ事士氣ト被改又三條已下自長州返上事除之

一紀州入京人數二万人計之よし於御近邊ハ可減少可被　仰哉事

一薩士申由五ヶ條殿下辭職ナラテハ不服ノ由

○三條已下官位被止嚴科之事

〇紀州人數入京減ノ事　〇正[長]議ノ二字可被除事

一今日西國鑒察使公董朝臣被召返傳奏書狀親兵五十八人隨身下向ヨ長州又自正親町雜掌北村雅樂被差添仍一紙遣し了

辭職之事厚以　叡慮被召止候義奉畏候昨日も申上候通再應願候事違勅ニも可相成恐懼候得共何分重職之任議奏以下遮テ言上候共如何樣ニも申宥可奉安　叡念候之處却而奉惱　聖慮候段幾重ニも失職之至天下の耳目不宥處臣一身之儀ニ無之皇國之御爲ニ決而不相成且人心動搖之基不容易次第是非公平之御所置ならてハ一躰ニ拘り候へバ譬此上ハ如何樣之　御沙汰蒙候とも　皇國の御大事ニハ難替伏而奉再願候事

輔熙

過日御治定被　仰出候　行幸且御親征軍議等之儀議奏同意遮而言上仕奉矯　叡旨候條全心得違深々不堪恐懼候依之進退伺候以御憐愍伺之通被　仰出候ハ聊可安心申候此旨宜希入候事

定功

過日御治定被　仰出候　行幸御親征之義遮而言上仕奉矯　叡旨之段深恐懼仕候依之進退相伺候伺之通被仰出候ハヽ聊可安心申候此旨宜御沙汰給候也

雅典

廿四日戊晴　參巳剋　退戌下

北野代參左門

一志自岐來松浦豐後守旅行中武具不具警衛御免歸國願之事（書取アリ）

一正三へ戸田和州ゟ來狀ゟ（菊川驛）關東一橋板倉等出頭攘夷拒絶應接ニ十日頃一決自廿日頃彌可始樣子ノ事中來山陵御用も遲滯之處俄ニ片付候ニ付上京ノ由

一阿野遲參

一殿下へ爲御使參入（予實愛公誠）一紙ケ條書御相談事（殿下辭退事有示之旨差扣又暫辭退可被聞食事）

正心誠意上

一松浦豐後守へ詰中見舞送重組四重

一忠光爲和州一揆大將中山中納言ト所ニテ稱由風聞書アリ中川宮

一警固寛ノ事宮門被開九門同被開

一隨身士交替弓揚幹兵衛

一淡路守へ征夷東行自武傳被申付因州依所勞可被傳聞旨之淡路守彼是申居由不埒千萬之

一議奏實德光愛胤保被　仰付事予等へも御書付拜見事入夜於御前拜見一今度一洗候義ニ付ゐて自今强柔之無差別眞實之勤方ニ相成候樣ノ事　一倩考候ニ只時之猛烈之方採用ニ相成候尤愚昧故一身之義ハ少も不頓着候得共右樣之次第ゟ自然嬌ト云場ニ至リ候事ト存候儘自今其邊可有心得事　一浪士之輩立入面會等爾來禁制ノ事　一無益之嫌疑掛酌等も用向之隙ニ相成候義自今相止候樣之事

一召抱家來有士下部共生國出生可注進出生不詳浪人士体之者附武士組之者召捕候由武傳雜掌觸有之

原書細字ハ忠能卿手跡以下同

原書奉書紙二ツ折日記ノ間ニ挾メリ

三條西中納言
三條中納言
東久世少將
壬生修理權大夫
四條侍從
錦小路右馬頭
澤主水正

右之輩去十八日
不法進退依有之
被止官位候事

右之輩矯
叡旨候上及違
勅剰逐電

春來毎度相迫言上之條々有之
且今度行幸之儀遮而矯
叡旨候段 如何ニ被思召候依
之差扣被 仰出候事

東園之外同文　豐岡大藏卿

東園春來每度相追言上之條々有之如何ニ被思召候依之差扣被仰出候事　東園中將

萬里小路右中辨

右之輩矯

叡慮候上達

勅

豐岡已下同文　滋野井中將

橋本少將

烏丸侍從

右矯

叡慮候輩

原書細字書入ハ正親町三條卿手跡以下同

御所存無之候此御所置ニ候ハヽ、
一三條中納言已下御所置
却後難無之御答候尤大功建候ハヽ、被復候共可然哉御答候
之事

御所存無之候ヘトモ阿州之處上杉歟但
一因州阿州息等横濱攘夷
何レニテモ
夷東行可被

仰下候事

最初ヨリ委細傳奏御承知之事故深
一宮内之親兵御門外ヘ被
御評定可然候
出之事

同上
一暫之間親兵外臣之分者
外藩在京之輩申合一人
取扱之事

同上
一親藩モ同様之事

暫兼勤御請候ヘトモ永クハ御理可申上哉
一親兵御用掛武傳之事

一（特ト御取調被爲有候樣御答候）牧和泉守已下學習院

詰被　免之事

一（至極御憐愍御沙汰ト御答候）十八日已後御守衞九門

內分雨天井之分被　免

仮家建之分ハ其儘之事

一（御尤ニ御承知被爲在候）今日ゟ宮門被開之事

一（同上）九門開閉之義ハ武家ニ

打合之上開之事

一（御所存無之旨候尤三ヶ條者連續演說候）長藩ヨリ去十八日　勅

使ニ差出候且益田右

衞門之介差出ス等之書

付被返下

一（同上）長州父子ニ毛利讃岐守

以下去十八日之所置不

待
朝命取計候段不束
思召候依取調被　仰付
候
一同上長州父子上京之儀今一
應　御沙汰在之候迄可
見合候事
八廿四以予正三阿野等被　仰
合殿下条々

一大藏卿　實在朝臣　實梁朝臣　博房朝臣　光德朝臣　春來每度相迫言
上條々有之且今度行幸之義遮而矯
叡旨候段如何ニ被　思食候依之差扣被　仰付候事
○基敬朝臣　春來每度相迫言上之条々有之如何ニ被思食候依之差扣被

仰付候事

○源大納言德大寺中納言

右依願被　免議奏御役自分遠慮被止他人面會被　免小番錦鷄間參入被

仰出

○長谷三位　依願被　免議奏御役被加近習小番御免列候

衞門之介差出ス等之書付被返下

同上

一長州父子江毛利讃岐守以下去十八日之所置不待朝命取計候段不束　思

召候依取調被　仰付候

同上

一長州父子上京之儀今一應御沙汰在之候迄可見合候事

廿五日亥晴　參巳退亥

一殿上人給米未渡事申野宮又四五十金之事も申入

一予先御對面殿下辭退一條內存事內々申上又因州淡路守等雖固辭一端可征討由申上違變甚不埒之旨內々申上

一近習入五人之事內談被申中川追可被　仰出由

一重胤卿議奏加勢依所勞理聞食了

一三條西中納言三條中納言東久世少將壬生修理權大夫四條侍從錦小路右馬頭澤主水正等去十八日不法進退依有之被止官位候事

○澤三位息被止官位ニ付伺之通差扣○三條西少將四條大夫澤大夫父被止官位ニ付伺之通差扣被　仰出

一昨年以來兩度ニ預置長持七自正親町取返了

一松浦豐州來明日發足之故云々予依參　內中不面夫人已下面會

一在江戶宰相典侍局ゟ十二日付一封自慶子傳之明日返狀同方へ遣之

一中川因州談(イ淡)征夷之事十三日十六日因州阿州息備前上杉申立候ニ付昨夜

被仰因州阿州等處今日因州（昨日迄所勢引籠）參　内不承知之申立不埒千萬之事

一會津淀右被差下御延引願之事（予三條已下列坐）書付差出了

正三内々被見聞書

謹而奉言上候昨日彼是探索仕候處此表ニ而者何分難分候伏見邊ニ而承候處益田彈正吉川監物抔下り候ニ違無之候浦某ハ先頃罷下候様承及候

八月廿三日

大坂表ゟ申越候

一此節之大變長州侯ゟ事起申候由　一兵庫伊勢屋徳左衛門ゟ爲知越候吉川監物凡三百人毛利讃岐守凡三百人御守衛之人數凡千人昨廿一日夕兵庫へ入込何レも玉たすき高もゝとり行候處様子ニ而借船三十艘程も仕立其外同所之早打櫓之齒ヲ引ク如く御座候由

一一昨夜和州表江三百人計浪人參路へ馬喰物を買其所も無程通行ニ而和州之何トカ申代官所江押寄代官始手代三十人程打取夫ゟ岸和田之方江

參候樣子右三百人之內大將中山中納言殿とり申事ニ御座候

祇園張紙寫

松平肥後守此者固陋鈍愚不知　遵奉推戴之大義矣欲恣凶暴然力微不絕

素志近者賴逆賊薩人之太刀蔭奉要　朝廷逞暴威不知其實爲薩人所售患

亦甚矣神人共怒可加天討以遂(本ノマヽ)天下之大刑者也

亥八月廿一日　　義會(勇カ)軍士

廿六日庚子　晴曇不定

阿野不參　參內已過退出亥

一基詳朝臣昨日正忌失念一條被申前殿下事

一明日中川宮還俗元服朝彥親王彈正尹　宣下事

一親王御方晝詰被止已來宿計事

一殿下召止ニテ差扣依仰艸稿上事　○長州へ御返答書同上遣野宮事

一去十八日列參諸藩被召　御對面御褒詞(過日不參之輩)又一同御趣意被　仰聞

宸筆拜見事

拜領物事大名達御絹五疋御召御末弘一握ッ、從者ニハ一万（方カ）金高家二人

御絹計　親王同御列座

一東本順寺獻一万金了以傳奏

一鑒察使六條粗昨夜御治定召設ノ處又々御評替且一心（眞カマ、）齊申立之旨左大將

有之今日御延引明日之由六條ハ議奏加勢トス

一例幣ニ付從卄日晚御神事從九日晚到十三日朝御潔齊（マ、）之旨傳奏觸示

一追々御靜謐ニ付三番所七人詰被　仰出

一松浦豐後守歸國發足以使悅申遣（平戸へ先頃願遣夫人へ附人士二人上京迄白石七郎兵衛一人自豐後守被附置山今日ゟ伺候）

一重胤卿へ鐵扇二握代金一両三ア（分カ）遣之

一木村左門依所勞願暇遣ス

一六條宰相中將議奏加勢被觸（葉室倉橋西園寺被免非常御前徳大寺中納言柳原山科三條西被加同御前由有回文公績卿觸書）

廿七日辛丑　晴陰不定　寒露九月節今曉寅頃入

予不參　　　　　北野代參彈正
西國使三千八百両六百渡ノ内　千両今度速被下由
一予依痔痛不能出仕議奏正三等へ申仍不參
一朝正三へ遣狀今日殿下辭退一條
一鑒察使御治定
一長州へ御沙汰書以上不被下候而ハ不叶旨申遣又夕方右尋ニ遣候處中川
宮元服彼是ニテ未過ゟ半時計評議ニ付今日各不埒明由之
一今日町觸之由ニテ中山家公達之由浪士ヲ隨從和州へ蜂起代官五條ヲ打
群起雖稱　勅諚爲僞之間萬人不可從由之觸之依之按之萬一忠光欤仍甚
斟酌先日以來事々申入義絶可致哉正三へ申入近衛家中川宮へ可被尋申
申遣今日早退出之後之明日可尋申有返答
一親王女房書狀よて予出仕御滿足且當時非常御尋として大鯛大鱧メシホ
賜之

一中川宮へ元服悦以使申入青蓮院尊融親王還俗□才今日元服之於輪門
借家被遂之加冠右府齊敬公理髪頭辨豊房朝臣參會三條前大納言實愛菊
亭中納言　野宮宰相中將定功云々彈正尹　宣下參　內連車菊亭野宮
兩卿云々
一有馬隨身士交替
一西本願寺使非常見舞
一松浦肥州豐州歸國取持速被許事相拶申來
一戸田大和守　山陵御用江戸之處唯今歸京之旨

廿八日壬寅　晴

北野代參彈正
一不參告議奏
予痔痛之上忠光一條掛念ニ付稱所勞不參告議奏並正三予一昨秋發痔瘻
左方二穴出來今度右方甚痛今日大便不通痛甚若痔管又右方ニ開歟

一親王御方へ以狀昨日拜受物畏申入獻八寸組肴四重

一松浦豐後守使西鄉久九郎速御暇深畏之旨也

一酉剋頃來狀御所勞之由御保養專一存候抑過日ゟ御內談有之候賢孫御義絕之儀殿下御決答迚も無之与存候間如何敷申事ニ候へとも早御義絕之方御治定可御宜哉存候實ハ尹宮ニも御內命有之候仍申入候拜面委曲可申入候也

八月廿八日　　　定功

中山殿

右遣返書候

一所存有之候間忠光義及義絕候仍此段御屆申入候也

八月廿八日　　　忠愛

忠能

飛鳥井中

正心誠意上

野宮宰相中

一一條殿　花山家以連名一封申入一族親類以口上書告知大典侍殿新宰相

同上

一一條殿使入江土佐守森澤丹後介一條之又右府所勞籠居ニ付御時節柄故

辭退一應當職ゟ可有内談哉ノ事等之

一有馬士交替

一今日近習被加人々白川勸修寺

廿九日癸卯晴

北野代參齊宮

一辰下剋來狀三正御痛所如何承度候扨御進退之事昨日尹宮前殿下へ及内談

候處於御前御評議有之成程世上一紳へ觸ニ御稱號顯然中ニハ尊公御名

迄も書載候分も有之ニ付町觸被改欤或俊齊公御義絶之事觸ニゐも武傳

へ可被命候間一兩日御見合之方可然哉旨御評決ニ候此段内々可申上置

紳ハ統ノ鉄畫

尹前殿等被命候間申入候御義絶之上ハ不及御頓着哉とも存候へ共御決着故此旨申上候

一長州へ被出候御書付武傳へ案文御下ケニ相成有之候處昨日殿下留止且和州浪士等之事並諸藩之内被召候輩之事成瀬固場所等事專ラ御評議之由（此間ハ小生等不被召候）長州之事ハ昨日不被決今日之由ニ候

一鑒（監カ）察使師大原等御内定今日武傳ゟ師へ御内々打合と申事ニ相成候何歟意味深重之事有之哉ニ一寸左幕内々話有之候へ共（イ得）とも子細不被示候甚貽不審候

一殿下召留差扣一昨日御案之通昨日議卿へ被　仰渡候夕景小生等退出掛ニ候夫ゟ被行候事と存候

一昨日小生阿野等被召御前候迄ニ武傳被召容堂三郎被召候由ニ候其後參御前候處右尹ゟ被示聞候果斷是も如何之事哉大ニ疑惑仕候事ニ候閑叟被召可然哉愚按申試候處尹前殿同意言上是も昨日被　召候

此外枝葉色々ニ候へとも不克筆記候且和州浪士追討紀藤堂以下へ被仰付候所司代武傳へ話ニハ廿六日朝植村駿河守手勢浪士合戰有之浪士敗北三四人首級ヲ取七八斗生捕十計と申會說ニハ四午後又一戰之處植村方山上ゟ發炮ニ而浪士大潰四五十人ニ相成十津川へ迯込候由ニ候併風聞計之由ニ候右等早々如之候也

八廿九　今日正忌不參候

固大公

野叟

一今日因所勞不參告議奏並阿野等極内々御披丙丁脫カ

一家信卿入來忠愛出仕一族願今日桃花へ被差出由之

一關白去十八日已後每々當職辭表有之次第ニ付差扣被　仰出候御一列へも可被示傳候也

八月廿九日

右之通－－－－－

同日　　　　　　　　有長

一大原入道自今被　免蟄居候旨被　仰出候御一列へも｜――八月廿九日

右之通｜――

同日　　　　　　　　有長

一昨日今日遣酒肴於有馬隨身之士十人隔勤云々

一召白石七郎兵衛於前遣盃此者壹岐出生之由之

卅日甲辰晴　早天西方有火

北野代參齊宮

一今日不參告議奏正三依承知不別告

一友姫緣付ニ付送綸子一反眞綿二屯夫人縮緬一反等

一白石呈菓子一筥詠歌等

一入道准后和歌門弟三條西被賴處自今有栖川宮江被賴由自和歌掛有回文

其体依失禮加點菊亭へ達了

一進生肴三種於大典侍殿尋申不穩之形勢安否進同三種於　親王女房高松
局御乳人以下春來每々芳志預尋問過日出仕之故之
一戸田和州入來上京ニ付見舞申置
一三室戸新三位被免議奏由有觸
九月小
一日乙巳晴
北野宮代參左門
一依所勞不參以一紙告議奏
一忠愛出仕願書殿下依差扣中自桃花議奏ゟ被差[　]筋違之旨及返却之間
殿下出仕後可被付大炊御門へ自桃花申來由昨夜被示由內覽之公可有之
間其方へ御差出願度由自忠愛今日大炊御門へ申入由之
〇白石へ詠歌感吟　かくさハかしき頃なれハとに思ひやりて　故卿〔郷カ〕於
いと〻戀しくきさふらむ都〔マヽ〕とても唯ならぬよハ　携し花漬於賞翫の餘

鵜　大原重德ノ緯名下ニ見ヘタリ　校訂者識

ょ　こゝろさし深き山邊の花なれハ都の秋ょ尙句ふらむ　篤齊
○正三へ遣狀加書返狀如左△御安全令賀候抑迚々御參御苦勞存候小子
和州一件關係之上痔痛益强彌可開管穴樣子不參扱々恐入候全体可精勤
御沙汰御受申上有之候義故一先御理可言上哉存候御賢考伺度候　○御
痛所御困折角御用心祈入候御斷之事先御見合と存候不日御參之樣可相
成存候　△一帥宮重德入道彌東行御受候哉何日發馬候哉　○今日両人
へ被　仰付□被召設候鵜ハ御神事故以一族可被　仰下候　△紀州上
京何カ言上仕候由風聞候何ヲ申出候哉且過日被　仰下候御近邊人數減
省も彌御受申上候哉　○人數之事ハ下知有之候承服と存候言上之事未
承候　△尾前大ハ上京計ニテ無異ト風聞候彌左樣候哉　○一向不承候
昨日參　內御對面上京御賞詞有之候　△長州へ御書付ハ彌下候事ト存
候先日之案文通ニ候哉替候哉　○未被出由ニ承候何カゴテ付候事ト存
候今日可令催促候　△土容堂是ハ歸國後彌不正ト風聞候何ソ譯有之被

召候哉誰ノ擧ニ候哉　○廿八日三郎容堂両人被召候事武傳へ被　仰渡之
上初而承阿野小生等も愕然仕候擧奏前殿哉存候併不惜候　△三郎一端
被召候處諸有士依抑留猶豫被　仰出之處此度ハ抑留之大名も無之候哉
○一向抑留人不承候一昨日宇和島も召候子細ハ不承候　△全体右等ヲ
被召候ハ何等之義ヲ被　仰付候事ニ候哉　○御尤ニ承候昨日於御前此
事小生尋問候處一同差タル返答無之扨々歎入候　△和州一件其後言上
並内話等も無之候哉　○廿六日植村駿河守手ゟ戰爭浪士敗走武器餘程
分取且首級も打取生捕數十人有之由武傳昨日書取披露有之候世上風聞
ニハ十津川へ迯込候由又十津川ヲ浪士切取人數加增とも申由候ニ候
△右等内々奉伺候乍御面倒御一筆御加書希上候也

上
固成公

九一

○甚乍失禮御加筆返上候昨來眼氣殊あしく大亂書麁答御斷申上候也

下
成公
ゝ内々

一戸田和州自江戸歸京被送立(マヽ)聞二巻紙生肴等
一正親町へ息留主中見舞送大體一尾
一自大典侍殿昨日答謝且予所勞見舞被送生肴
一召醫大邑泰輔
二日丙午晴　予痔疾頗加増痛强
北野代參左門
一昨日召大邑泰輔今朝來痔胗(診カ)察申管穴可開由腹藥　○依所勞不參告議奏
○實德卿ゟ來狀息羽林自長州來狀一昨夜到着之由被送　追々冷氣相催
候得共御所勞益御機――□館御揃彌御安全――家父始も無事之由大
幸安心仕候公董無異罷在候乍□休意奉希上候長々逗留ニ相成扨々困
入候先達長藩並隼人爲登候次第ハ定而御聞取と存候何カ種々之義差起
心配之事計ニ候此頃下關へ幕府蒸氣一般(船カ)來居長州へ幕ゟ申渡候書付ヲ
使番持參候長ゟ返答も相濟最早出般(マヽ)可致處臺場出張之有志共借受度由

申立返し不申使番も大困之由右位之事ニて大事ヲ引起シ候テハ不相成
候間有志之者へ申聞指返候樣爲取計長門守昨十二日發足下關へ行向候
出張之𠫭之勢ハ甚敷事ニ候扨又乘馬之節供致方申立候ニ付去十日遠馬
致候三十六騎供致來實ニ珍敷事ニ候日記之大略入御覽候心得候得共何
カ取込尚後便可指上候明朝俄上京之者有之爲伺御安否如之候也

八月十三日夜於三田尻注（マヽ）上

中山殿　公董

無事内啓

追而殿御方へも宜々御傳聲奉希上候幕船一件ハ少々子細有之候間
必御莫言希上候也

一難波侍從左少將　宣下　四條大夫被免差扣由吹聽以使悅申遣
一雜掌觸　一是迄諸藩士並浮浪人等諸家〻立入暴論ヲ唱候より被惱　叡
慮候次第之義有之候間以來右樣之義無之樣取締被　仰出候事　一諸藩
士堂上諸家へ立入候義以來各藩ニ役々人員相定名前傳奏〻差出置其他

輩猥立入有之間敷被　仰出候事
右之通諸藩ゟ被觸置候間若參上之者有之候ハヽ當役ゟ御問合之上御面
會御座候樣此段爲御心得可申入旨兩傳被申付候以上
九月二日　　兩傳奏
雜掌
一澤三位三條西少將四條大夫澤大夫被免差扣由有觸
三日丁未　陰微雨時々晴小嵐
北野代參彈正　予痔痛增長昨夜不能睡
一不參告議奏卿
一正三へ予所勞容体申遣五六日中不克快哉之由被相含候樣申遣
令拜見候御痛所殊之外御困之旨嘸々奉察候御保養專一存候扨御出仕之
事も其心配候兎角種々議論相立候人有之斷然不相成右ニてハ御義絕之
廉も不立小子甚不服阿野も同意候得共何カくと〳〵致候事共ニ候其上
勝手之事ハ三郎容堂宇和嶋隱居抔被召候事ハ申渡濟之上被示聞候其外

左樣之事ニ有之迚も盡力仕兼候今日ハ先出頭候へとも小子も眼疾且拘マ
攣、旁長クツ、キ出仕ハ仕兼候事ニ候御照察希入候御別紙内々拜見畏入
候決而莫言心得居候長州へも去廿九日御書付出候由別紙之通之由是も
昨日武傳へ詰問ニ付漸被見候尹前殿等も出候筈位ノ話末文之事抔一切
小子不存申其外文中如何歟事共ニ候實ニ恐入候次第ニ候、、——

九三

中山殿 内々　　實愛 受

八月廿九日自傳奏渡由

長門宰相同少將去十八日毛利讚岐守吉川監物以下家來共不束之取計有
之如何被　思召候間宰相父子江取調被　仰付候依之暫九門内藩中之輩
往來可爲無用　御沙汰候且過日　行幸御治定ニ付父子之内上京哉之由
ニ候得共　行幸及御延引候ニ付上京之義可相見合追而　御沙汰可有之
候事

去十八日増田右衛門介ゟ　勅使江差出候書付二通返候事

別紙　留主居並添役一両人ヲ滯居其餘無御用候間歸國可有之候事

右返狀明朝遣ス予依和州一件被遠候義ハ當時政事是幸ト存候間必不可有厚配事　○長州へ被下書付廿六日已前ト替候段殿下へ先日御使參入申合ト違候段迷惑千萬之事　○同九門内往反止如何之事　○勅使へ差出候書付ハ一通今一通ハ依両役出門御差止殿下へ差出書付之相違麁略之段如何之事　○滯京家來御差圖ノ事何可用此定哉　朝命輕易之段長歎息申遣ス

一正親町ゟ細川藩今日午刻長州へ下向之由被示少將へ送一封了

一正親町ゟ見舞菓子一もこ來大村へ遣了

四日戊申　陰霽不定朝頃冷

北野代參齊宮　昨夜少睡

一不參告議奏　正三へ昨日一紙返呈又有申遣旨後刻返狀來――――扨御出

仕邊實御痔痛之上和州一條御關係ニテ暫御見合之樣トハ此頃之政事ニ
テハ是幸トノ御事御尤存候小子右一件强テ申立候テハ如何存候間左思
召可給候　○近日之御次第昨日申入候通甚六らしく只々恐入居候鑒察
使一件且因備東下嚴命昨日御評決ニ付其邊微力ヲ盡シ度今一兩日可出
勤哉存候　○帥ハ御受先廿日頃發馬之義ニ候大原固辭昨夜更說客被遣
候由ニ候　○長州へ御書付申入候通□御示御尤千萬ニ候打合ナシ如
何ニ候

一庭田中納言來狀來□日貴船社□陣上卿天保度故顯孝卿次第被見尋

一字添削示教了

一園ゟ見舞菓子一もこ到來

一新宰相ゟ見舞メシ到來又公董へ書狀傳達申來昨日俄下向尙有後便者可
達及返答

一大村泰輔來痔毒漏解於舊穴之氣有之由申之止下劑

一攘夷別　勅使太宰帥熾仁親王　右被　仰出候御一列へも可被示傳候也

九月四日

右被觸候仍申入候御回覽、、——

同日　　　　　　　　　　　　　　　　有長

五日己酉　晴　冷

北野代參細井女

一不參告議奏

一定國朝臣來例幣御斂持之由又下重被借用度旨可借答於裙者幼少如五位

難用由返答了

一定章卿以雜掌有示合之旨勝手方之難及決答答旨□

一去卅日已來村方人夫六人詰之處自今日三人詰申付又十月四日藏付之旨

可下知示田邑式部廿石必可納 同命

一正觀坊爲時勢見舞去廿欠マ、日下山來宿廿九日歸山之由引取未歸山長池

方へ出馬（マヽ）之由今日忠愛内々明德院弟ニ聞由予先不聞分ニ賴之由之和州ニ忠光居由聞及追參由伏水屋ニテ申由之是も無厚慮無智之慷慨人之可歎之至之

一松浦豐州ゟ使上京ニ付音物招請馳走滯京中進物且俄ニ歸國懇願ニ付世話之由被謝之予羽二重二疋千疋夫人羽二重一疋一同へ千疋生肴三種等被送之

一戸田和州へ使去朔日土産相挨羽二重一疋生肴一折等遣之

六日庚戌雨　痔痛少減偏神佛冥助之

北野宮代參齊宮

一告不參之旨於議奏

一正三へ遣狀乍御面倒伺候　○師宮鵜入道彌東行御受當月中發足候哉　△入道固辭ニ付未決甚歎息候　○因備同上候哉　△両人共固辭故會へ被　仰付昨日再辭押被　仰付候今日御受哉如何存候　△二三藩被付候

處各理ニ候親兵ハ不被付津山ト會ニ可成哉其上上杉ヲ被加候哉ニ承候
尤未被　仰付會計ヘ被　仰下候　○和州一揆平治候哉生捕等ニテ事情
分候哉（後も矢張交リ居候由打死トカ逃去トカ色々風聞承リ及候御聞之邊伺度候）△未退治之由ニ候吉村寅太郎當
炮傷候由其餘ハ各卿（鄕カ）士村民計斬首生捕ノ由ニ候　○十八日一擧容堂承
及恐激兵之助中條抔不同心頗激論トカ申說有之候御聞□△一向未
承候

下成公 內々　　　　上固成公

一有馬家來古賀龍吉依親族來乞面會依病理了
一一條家使丹下筑前介乞面會理申處壬生基修朝臣去十八日出奔實子無之ニ
付入道實子爲同朝臣子相繼願一件之一族書付並門流方指麾案文等有之
强而不可有子細旨申答了
七日正三來狀之便申遣朱十日返狀
籠臥中不審
正心誠意上

一十八日一擧トウカ　上ゟ起候欤但會薩之徒ゟ陽中へ兼而申込候處ニ符
〔朱書〕上ゟ起候様子御互ニ承候ヘ共彼内書之趣ニ候テハ如何難計内書其後左幕へ所望候ヘ共手元ニ無之由不被見候
合直ニ打合調候欤何ニも任　朝威ノ大減㒵も長々歎息之至候
〔朱書〕何分追々　皇威不相立甚大息のミ仕候　々脱カ
十五十六十七日抔參　内攝宮大臣等誰候哉　〔朱書〕尙跡ゟ可調候

一二へハ何方ゟ申通ニ相成候而如話十七日夜因州今一軒名失念へ以使通達ニ相
哉不承候　〔朱書〕何方ゟ二條へ達候
成候事ニ候哉　〔朱書〕備前之様ニ承候不慥候

一廿一日會ノ松坂話中ニ十七日夜用人宛之書狀ニ而中川ゟ早々參　内之
〔朱書〕小生も此通ニ承候
事申來速手配漸アノ比參　内ト申居候左スレハ十七日　上ゟ頓爾出候
事カトも被存候

一陽内公等へハ何方ゟ何日ニ申參候事ニ候哉内ハ十八日辰過參　内ト風
〔朱書〕惣て慥ニ不承候
聞候如何哉

一十八日於御前一見一封上包ニ上ノ一字アリ四五通ハ凡十八日等ノ手配ト相見申候
〔朱書〕如御内察と存候越前登用之事何様奇恠ニ候両三港ノ事も難計候御高按所仰候
て專ラ薩會ノ手ニ出候物ト見受候中ニ両藩云々ト云處も有之候是ハ彌もてや御再見
候哉大分中ニ長ヲ押候文有之様ニ覺候愚考ニハ凡薩士ニ出候カト存候

是又何レ陽中ノ内へ出候事ト存候此中ニ越前ヲ登用之事一寸見候甚以
アヤシク存候若陰ニハ詰リ両三港ト申ス申合ニハ無之哉邪推ニ候深考
ナクンハ不叶事ト存候

一十八日早天會ゟ廿士阿野家へ推參只今早々可有參　内可守衛由申來疑
〔朱書〕此通承候議奏ゟ申付哉ニも承候小子方へハ參リ不申大ニ宜しくト存居候事ニ候御互へも不回處不合期哉ニも承候
惑之處へ有　召由本人話ニ候此事甚以アヤシキ事ニハ無之哉何方ゟ申
合ニテ彼家計へ相回候事ニ候哉

一三郎容堂宇和嶋被　召候由被　仰付候御用急度不定置候而ハ不叶候狠
煙之戯ニテ候

右等ハ深以厚慮無之候而ハ不可叶事ト存候御熟考之上御賢斷奉伺度候
御大事之時不合期ト歎息候

〔朱書〕
三郎容堂宇和嶋隱居等召ノ事以前不被仰聞武傳達之上被示聞候間大ニ驚御用之子細詰問
候處各不分明一向是ト不被示甚々不服不審ニ存候閑叟召ノ事ハ小生（人カ）申立候是ハ攘夷盡力
御用方可有之ニ付申立候此事薩へ通し候事ト相見過日高崎左太郎非藏口へ參リ乞面會何
故之尋候間所存申聞候處先服し候

別事

元中山侍従去五月出奔官位者返上祖父以下義絶當時庶人之身分ニ候處
和州、、——　九月
三條西中納言三條中ーーーー——主水正右者去十八日以來同伴及他國
候段不憚　朝威甚如何ーー——　亥九月
〔朱書〕觸面文言ノヿ武傳へ打合候由武傳於御前被伺候樣ニ見受候
右昨日町觸トヤラ承候全文御覽存候先日御内示之邊ヨリ存付增加觸出
候歟と存候

一藤堂大學頭使時節見舞今度上京明日參內吹聽之明日遣使悅申遣了

一广〔盧カ〕山寺ゟ去月廿四日貞正尼法事今日智芳院法事料等遣之各廿五回忌之

七日　辛亥　晴

北野代參荒木彥三郎

一大口息子不實始來表部屋進酒肴

一正三來狀昨日別紙任仰加筆返上候　一總而小田原評定事々跡ニ成そふ
て苦心御察可給候　一近日何レ參拜万々可申述候　一御出仕之事も和
浪鎭治と申說候當用計申上候也

成

固大公

一有馬中務大輔留主居古賀龍吉來雖所勞依緣家之義乞面會仍乍伏面之書
取□有馬中務大輔內岡田彈右衛門
今般以　勅命被爲　召候儀何等之御用筋哉ト相辨兼候得共今日之際兼
而之宿願銘心肝冥加至極難有仕合奉存候當夏以來之病氣も追々快方ニ
御座候得共強而も上京仕度ト滿腹之志存ニ御座候然處從來疲幣〔マヽ〕之國柄
ニ而武備不行屆是迄之体ニ而ハ累年之志願も不任心底候間當時器械人
數之法則製作を初時機ニ應し國政變革筋專取計居候央時勢ハ逐日相迫
候得共日夜焦心肝罷在申候且又大里表之儀も懸隔之他領ニ而諸事行屆
兼臺場堡壁〔マヽ〕之築造炮熕器械之製作等差圖專要之折柄ニ御座候得ト此際

國許差明候而者大里表之差圖も行届兼第一多年志願之攘夷も名目而已ニ罷成候様よてハ實ニ殘念之仕合奉存候當御時節之義ハ千歳之一時とも可申候得共斯迄存詰罷在候儀ニ付實踐ヲ以　皇國之御爲微力相盡度萬々之願ニ付重々恐入候得共上京之儀暫御猶豫被　仰付被下候様御憐恤之程奉伏願候段申付越候ニ付何分宜被　仰付被下候様偏奉願上候以上

九月　有馬、、──内
岡田、、ゝ門

右昨日飛鳥井へ差出粗及演舌候へとも尙委細内輪之義申述度由よて巨細面陳有一理ニ付□へ添狀遣ス處昨日既御評決ニ而上京御理被聞食候事ニ候内々内輪向申越も相通有之由尹宮被示候先御答如之候ト申來其旨龍吉へ令申遣了予遣狀寫在後

一不參告議奏

一藏人所衆村井修理少進昨日會津へ呼出肥後守尋問儀有之間留置由申渡抑留云々附添土橋□出頭云々此者戊午已來頗國忠ヲ唱周旋之者之子

細可尋問

一豐後專想寺代僧忠專寺來書狀持參（七月十五日封書之）下旬發舟今月差入着之よし之（干鮑干鰑等到來田實姫同鰑十送之）

一戸田和州以使謝過日遣物候事

一藤堂和泉守使近頃絶而御疎遠御不本意ニ奉存候今般大學頭　天機爲窺上京候ニ付時候爲御見舞目錄之通以使者進上之仕候　堅魚一箱來

藤堂和泉守使者　茨木武次郎

九月

一有栖川宮ゟ帥宮被蒙重仰關東下向被　仰出由吹聽以使賀申之

彌御安全奉賀候抑内々希入候實ハ自有馬中務大輔急便ヲ以申越候ニハ先達中務被　召候段如此御時節蒙勅命候段家之面目身之餘慶拾他事可令走登候處昨日飛鳥井家へ一通願立候通之次第何分宜々御差圖奉希度且書外無據内輪之次第共も有之甚々以苦心仕候由ニ候去午年夏已來長々被召留在府國元之取締甚以難不和違亂ヲ生候ニ付昨秋漸歸國願濟上

京之節滯京蒙　仰難有在京仕候處前文國元違亂相成候付無據其節も內々奉言上候次第ょて御暇被下置歸國重々畏入候事ニ候尤於中務ハ兼々尊王攘夷赤心報國之志願之義ニ候へとも於家中ハ種々議論存込も有之一向不一樣深以苦心仕漸央者中務所存一致仕掛候位之場合口大里表臺場御用被　仰出寔　皇國之精忠ト深畏入勤仕候但是も他料〔領カ〕之義ニ付又々家來以下議論紛々又不和ヲ生掛候へとも中務身命ニ掛ケ嚴重ニ指麾取締仕漸築建是以大惣之義方今全備安心ト申場ニハ未到頗盡力中ニ有之右之通家來已下之處も當時一致ト申處ニハ中々到り無之候間唯今中務動候而ハ定而家中可生違亂候左候時ハ兼々尊王攘夷□差當□居候臺場御用等も如何口相成候哉と深苦心仕候何レニ仕候ても盡忠之義ハ一ニ候間無左右速ニ應　勅諚候ハ勿論ニ候へとも右家中唯今不和不一致ニ相成候てハ聊志願相立掛有之候義も思々ニ相成候節ハ中務一身何樣ニ存候ても無致方次第ニ可到候哉と深苦心掛念仕候間右極

内々之次第不惡御聞上御内許被爲在不苦義ニ候ハヽ暫動國候義御猶豫之程奉相願度内願之由尤以家來武傳へ願候へとも右極内存之邊行届兼候てハ深以恐入候間親族ニ付忠能ゟ其御筋に打明一應ハ子細申上置度由厚願越候定ゟ御許議可爲在候間何卒宜々希入度候併夫共他事ヲ打捨不苦候間被召候トノ御義ニ候ハヽ不及是非可登京候目前違亂ヲ可生義相見候間一應ハ言上仕度由ニ候何卒御内許宜々希入候事々しく恐入候へとも申越候義一分捨置候も萬一御不爲之義出來候てハ恐入候間打明申入候何卒其御筋に宜々希入置候也

九月七日

忠能

正親町三條殿

一　爲主家誠忠盡力萬事存付候義無隔意可申立試事

一　萬事在体實意ヲ以奉公少も虚餝之義不可有之事

一　萬事質素にして權柄ヶ間敷義不可有之傍輩迄も一和ニ可勤事

正心誠意上

一薄祿無人之義諸大夫當前之勤仕外從便宜勤仕事
一見習相立候上ハ役所両人隔日勤番居替り〔候カ〕事
一非常之節早々走參事
右ヶ條謹而承候以上

大口與三平

八日壬子　晴陰不定

北野代參荒木　不參告議卿

一去月十日以忠光申付山城國貞光鍛冶大刀身二尺三寸餘一口今日調進去二日加種々試如所望出來自愛々々（山城國源貞光造之 文久三亥八月日）掛目（身代金六兩二歩研上三ア〔歩カ〕三朱白鞘抽柄平 合双卷代）

一正親町少將供之輩昨夜來追々歸來由風聞仍以書中問父卿

一令拜見候彌御揃御安全珍重存候抑御示之趣敬承候昨夜退出後承候得ハ去廿六日發足ニ而輿丁之者用向無之候間可歸との事ニ而歸京之由ニ候三條已下廿四廿六日両日下着之由ニ候三田尻ニ同居

其上両人病人ニ而帰候由丈之事ニ而其[　]一向不分候今明日ニ右病人
京着と存候分り候ハヽ早々可及言上候先荒々御受申上候仍早々如之候
也

九月八日　　　　　　　　實德受

中山殿

一大口與左平役所見習出仕獻物有之

一重胤卿來狀參陣平緒尋可爲紺地申答

九日癸丑（欠マヽ）　天晴

北野宮代參　　重陽節依世上形勢無和歌御會

一今日母公御正忌ニ付不述賀祝之儀　夫人細井等詣广山天台講寺御廟

一藪新大夫狀母公自幼少蒙格別高恩未能奉謝比日依有猶豫何ニ而も被備
進度由方金二百疋被送知恩之厚情謝遣了广山寺江御膳供料爲持進又家
内　靈前供進了夕方藪に薄雪昆布二袋酒一樽等

一正忌不參告正三又返狀云　拜見候御痛所御滅之由恐悅存候扨御不參之事承候日々之處ハ矢張議卿へ御申入之方御宜存候且又正羽公与丁歸京候事已下昨日父卿ゟ一寸承候夫是ニ付過日來小生長ノ村田桂等召寄及應對居候今朝も桂來候□尤表面會も言上仕候今日ハ柳原も來會ニ候精々可及面談盡力十分仕度存候事ニ候幕も甚因循ニ成候由小生も承候昨日も大ニ御評席よて愚存申張候事ニ候万々期參拜候他ニ取紛候事有之大略御答御斷申上候也　九九

內答　叟

一正親町少將供士同家來新烏丸丸田町西側上田式部昨夜歸京之由依所勞以田村式部樣子尋之處廿九日發船六日大坂着昨夕歸京之由之先月廿四日京都十八日之變長州へ相聞即羽林へも申來依之無左右可被歸京被申出處長州諸役人申云京師大變委細之義難分所詮唯今發興といへとも京師へ立入も難叶存既今明之內七人堂上着船可有之ニ付何分可有滯留强而

申立ニ付被任其意依之供面々瓦解離散之内存も相生ニ付彌可有滯在ニ付與丁其餘一先歸國之望有之輩暇可遣被申出依之庄村渡邊土州士別段語合輩仲間二人已下合十人計殘留餘ハ各分散於親兵も各分散之由然處廿四日東久世澤兩人着船（公董朝臣旅館三田尻ゟ十四五丁脇）即同旅館へ入來有示合之旨廿六日三條西已下［　　］へ着船是又同旅館へ入來廿九日迄ハ同居之由於式部ハ病氣旁一應歸京申歸由之其他之子細不知之由之德田先觸ハ到着候へとも未歸來內發船北村雅樂迎之親兵不出逢由之忙々然如夢如幻焉

○從父卿同義以狀被示今日早退出去可有來談由之

○夕方入來息卿義被談凡如先件但廿五日歸京之用意前廿四日供方へ被申渡之處晝後東久世澤等下着面會被止之各殺害左迂（迁カ）ヲ遁來由國事掛之輩安穩入京不寄思由ヲ以申止仍一兩日見合之處三條已下追々下着同斷被申止仍滯留一定ニ付家來等被歸由之予案元來十八日一擧双方頗深入過ゟ及大變之條可歎ニ候半夜早知者如彼大變ニ不及可事濟次第之不知之殘念々々中

川陽明二條抔取計頗淺慮之至可歎息之至ゝ

一自石井來狀友姫君婚禮來廿三日廿七日兩日之內被治定度由即明日大炊御門へ以狀申入――十二日返狀廿七日治定申來即日達石井彌治定之由十三日申來十四日更達大炊御門了

十日甲寅　晴

北野宮代參彈正　實方口入得炮短筒料千百疋

一不參告議奏卿

一正三へ遣狀去六日內々遣狀ニ加筆被返其處注拜承候御痛所御減之由恐悅存候然ニ村田桂等面會御同心之旨實ニ如何ト存候へとも決心以小河彌右衛門村田招面會候事ニ候尤面會後中川前殿等其外右內幕へも有ノマヽ申入候處言上ニ相成何分大膳大夫父子ニ御異存不被爲在候故其旨可申通被命候間一人も迷惑初一個面談ハ格別內々なり御內慮申通し候と相成候てハ一人いらヽ故申立候處柳原昨日愚亭へ來會桂相招　叡慮之

趣十八日被　仰聞候通り此上十八日ノ事御辨解御理申上候へハ御氷解
可有之堂上之輩も歸國ニ相成候樣可計申談候處辨解之事ハ早々可申上
其外申聞候趣早々可申達候へとも堂上所置六ヶ敷哉と桂見込ヲ申居候
段々承候へハ無餘義尤之事共ニ候强而申詞無之甚恥入候事共も有之候
正羽君ノ事是ハ脱走人ニとハ違ひ猶更歸京無之而ハ不濟旨精々申談置
候何分堂上所置向之處大ニ當惑之樣子ニ候正羽君迎ニ被下候親兵松山
小濱彦根口藩□彌以彼方有志中不服と申居候右ハ武傳被申付候事一
向夫迄ハ不□程不都合ニ可成と存候段昨日御評席ニて申置候
十八日脱走人全如御命深入と相聞候梨木ゟ藝州へ文通使ニ而今度好物
追罰義兵ヲ擧候間馬關へ出馬可有之申遣由藝州ゟ前殿へ其文も出し候
由扨々大息候藝も甚不取計と存候
一幕御命之通此頃樣子彌因循哉ニ聞候姫路上京も延引之由昨日水ノ原市
之進ゟ以封中申越候如何相成哉と存候

親兵口止ノ事尊公中川へ御止メ置之事ハ不承候薩土ゟ申立候ニ付御評議已前因へ武傳ゟ被談候處被止候而武器獻備可然と申候由ヲ御評席ニて初而承候事ニ而驚入候先御猶豫と存候處因計ょも無之備上杉其餘ニも申談有之哉各貢獻可被止と申說哉ニ而決議無之退下翌日直ニ被止跡ニ而承候事ニ候事々件々右樣之事多々甚以恐入候事ニ候

一師宮東行御受ナカラ被申立候事共差支且副使大原固辭等ニて迂延ニ成歎息候副ハ六條と申事昨日承候今日御內意哉ニ存候

一會師宮ニ従可東行被　仰付候處辭申候間再三尚以書取固辭候因備何も固辭候只東行周旋申立候ハ津山計ニ候何レニも會押て被　仰付候事ト存候會ト津山被下跡ヨリ上京候ハヽ閑叟被下度內存候上京否難計候

一藤堂へ昨日被　仰付去和州之浪士方ゟ以澁谷伊与作申越候事有之其使澁谷ヲ召捕候由件人ヲ京へ被引候事被　仰付候由ニ承候

一小倉と圖書頭等被罰ノ事一昨日申立候處何らもきとも不相成尾前大ニ

被示候由ニ相成今日尾前大□
一守衛大名所替愷ニ不承候洛中外警衛ノ事ハ御沙汰ニ而過日前〔両役〕殿已下申談夫々所ヲ定外親両藩出候事ニ候御受未承候御所近邊へ詰居候武家ニ御暇被下旅館ニ引取候由近習番所邊風聞承候若其邊ノ事ニテ阿州昨日運送ニ相成候哉と推量候
一右之外一向不承候分多く候此上ハ小生如き微力迚も不及退隠頻ニ思念候併□夷今少道付候と長州ノ間違無之様と此二事ヲ盡力致度愚存先出居候昨晩吐瀉後下痢両三度有之世間暴瀉頓病も候由今日ハ不得止不參候今日參拜と存候處右之仕合候仍——

九十

中山殿 内々　實愛

口〔一カ〕條□來狀今日も快晴候秋冷相加候彌御揃御安全恐賀候抑今朝六角三品入來□宗行義所労六ヶ敷ニ付宗有朝臣引候事表向届ニテ宜哉

又所勞引籠之方哉乍御面倒一寸窺度候仍早々如之候也恐々謹言

九月十日　實良

中山殿 内々机下

右義絕之儀ニハ有之候へとも內實家來抔往來始終有之候樣子故可爲所勞籠居哉右御返答之旨內覽之御方江一寸御申入置可然申入候了

□專想寺返書遣之忠專寺來面之送吉野晒葛平戸田葉粉等江戸口紙送

田實姫又春便返狀答謝物品々送之

先達被下關東附武士小栗欠ヽ、上京云々東風如何追可注付因循散々返答云々十八日一

擧

龍松院送柿一籠被尋安否

十一日丁卯晴

北野宮代參　式部

一例幣發遣也　上卿

一新宰相慶子昨夜月水之由早朝下宿　儲君親王御方御無人之處今日高松

御乳人共歸參之由少安心了

不參告議奏

一准后來十三日巳剋御歸參之旨雜掌觸來

一江戸本所中之鄕原庭村小川龍眠へ返狀遣不當之義之

今出川寺町ゟ 八條殿町迄　松平作州

室町南ゟ 上長者町迄　尾州

丸田町ゟ 東洞院迄　因州

堺町ゟ 寺町迄　雲州

廣小路ゟ 今出川迄　山内兵之助

今出川口　有馬中務

[　]　薩州

堀川四條　分部若狹守

八條殿町ゟ 室町迄　松平備前

上長者町ゟ 丸太町迄　水戸侍從

東洞院ゟ 堺町迄　上杉

寺町丸田町ゟ 廣小路迄　松平淡路

口馬口　仙臺

丸田町口　加藤出羽

新町頭　長岡内膳

千本二條　薩州

堀川上立賣　筑州　堀川寺之内　藤堂
三條烏丸　紀州　堀川椹木町　紀州
下立賣御前通リ　紀州
右之通九月四日夫々御固メ被　仰付由九月十日寫之
十二日丙辰　晴
北野代參彈正
一不參告議奏
一專想寺へ返狀遣ス品々送了
一藤堂和泉守之使近頃疎遠不本意之事今般息大學頭爲　天氣伺上京ニ付
爲時候見舞使者堅魚一箱被送忝爲挨拶目六之通進入之旨申遣到來之松
魚其儘改目六返却了
一大樹上書
先般浪花表ゟ水路東下致シ再後攘夷期限等之儀ニ付御沙汰之趣誠以

恐懼奉拜承候右ㇳ事情不得已儀も有之自然及遲延候段深苦心仕居候
折柄御地非常之儀有之趣承知仕候ニ付爲窺　天氣酒井雅樂頭上京爲
仕候間委細之儀同人言上可仕候恐懼謹言
　八月廿九日　　　　　　　　　　　　　　　　　家　茂

十三日丁巳晴陰不定
北野宮代參彈正　　辰過慶子歸參
一所勞不參告議卿
一巳尅頃省中ゟ
口述　火急之一條出來今朝參上存候處痰咳時尅移參　內候一包御覽可
給候武傳へ可申入候哉內々御相談申入候也（退出早候ハヽ可參上御相談希入候也）
　九月十三日　　　　　　　　　　　　　　　　　實　德
　　中山殿
右尤武傳へ可被申入御沙汰書並迎ハ何レ九州行先へ可被遣義と存旨申

遣了

奉窺候口上覺

此度少將殿爲迎長州へ下向被　仰付御太切御一封少將殿下向御手當金御渡相成去六日藝州廿日市驛着仕候處長州藩士吉田右市郎罷出又候翌七日郡代兒玉與彌衛名代山根與之助等早追を以罷出爲迎下向之趣先觸去四日朝承知致シ然ル處少將殿過ル三日三田尻出帆筑州黑崎へ下向被致若九州へ罷越候心組ニ候ハヽ長防驛之旅行赤馬關ゟハ順路之處宿之困窮秋收取上時又ハ人氣荒々敷候ニ付不都合之儀有之候而ハ恐入候間此段相察し希者當驛ゟ乘船ニ而罷越候樣相成間敷哉左候ハヽ於宰相も安心被存於驛々も仕合可仕旨賴居候ニ付何分三田尻出帆之趣證書御渡し之樣相願候處今九日辰剋過爲使者槇村半九郎罷出御屆書寫持參別紙之通御座候此上如何仕候哉以早追奉窺候彌跡を慕ひ九州へ渡海可仕候哉否御沙汰被爲在迄藝州候へ御屆申上當時廿日市驛ニ滯留仕居候間何

卒速ニ御沙汰被下度偏ニ奉願上候以上

九月九日　　　　　　　　　　正親町殿内 喜多村雅樂

尚々去ル朔日七日市驛ニて姫路藩中吉岡勇馬上京ニ付明二日尾ノ道泊り之先觸一覽候間面會致度旨書狀差出し候處又々三田尻へ引返し候由ニ而過七日夜返書到來仕候間則差上申候以上

寫

鑒（監カ以下同ジ）察使正親町少將殿先達而以來領內三田尻御滯在之處今三日同所御乘船海路九州被成御下向候此段御屆申上候

九月三日　　　　　　　　　　長門宰相

同

鑒察使正親町少將殿今般九州被成御下向候付家來之者四十三人陪從申付候此段御屆申上候以上

九月參日　　　　　　　　　　長門宰相

正心誠意上

當朔日御認之尊翰六日着拜見仕候秋冷相催候處愈御安泰被成御旅行珍重御儀奉存候私義

少將樣以思召御暇罷出上京致尾道驛迄罷越候處貴所樣初御親兵之御方樣爲御迎御下向有之候趣御先觸拜見仕候ニ付　少將殿〔樣〕當所ゟ直樣御歸洛可被遊与被〔奉〕察尾道ゟ又々三田尻へ引返當五日着仕候處當三日　少將樣九州へ御下向ニ相成候由承候間私共當所ゟ船路ニ而上京可仕心組ニ御座候御行違ニ相成御面會出來兼候義御座候哉奉存候間爲念申上候右ゟ御報迄如此御座候以上

九月六日

姫路藩　吉岡勇馬

喜多村雅樂樣

一正三へ遣狀返狀如左　拜承候御安全恐悅御痛所御順快恐賀尙御用心専

一存候

一小栗如御書一昨々日歸京一向ツマラヌ御返事之由ニ候大樹ゟ御直ニ書

狀差上候寫跡ゟ手ニ入候ハ、可覽(供脱カ)候ツマリハ色々差支候間拒絶急々成
り多候御斷ト相見候委細ハ以姫路申上候由明日姫路參　內之由　一反
掌之御政事大樹奮起頓上京廢立之說於關東風聞之由一向不承候へとも
左程之力有之候ハ、却而宜候へとも迚も虛說哉ニ存候　一紀州何ヲ言
上候哉未承候　一和州浪士使ハ澁谷伊与作トカ申者來候由趣意ハ眞
叡慮ヲ奉し候浪士ニ手向致候事ヲ責テ隨從候樣申來候事と存候京師へ
引渡未無之候首級ニ致し登し候哉ニ一寸昨日承候不分明候　一會ゟ江
戶拒絶尋糺使成程先日面談ゟ廿ケ日ニ滿候返事可尋問候　一和浪鎭靜
未無之追々强大共承候長州邊ニ屯集之浮浪來會共申候泉河大坂邊固メ
昨日加賀熊本土州等へ被仰付候御受未承候　一關東情實因循ニ無相違
候　一鑾(關カ)東使公武共未定候師(帥カ)宮計ハ御受ニ候　一長州一件桂小五郞へ
談候處厚　思召ハ難有早々可通達候由併堂上所置甚六らしくと申居候
一役料方領加增ノ事方領ハ不承候役料ハ無相違候過日傳ゟ議へ被受

候樣ス、メ居ラレ候被受候樣子傍ニテ承候如何敷存候へ共人ノ禍ヲ妨候樣如何ト閉口候
總て事々件々迚も力不及候昨日も於御前色々申張候邊らどふか再學習院ヲ被開浪士ヲ頼ミ來ルガ宜との前殿被示候事ニテ小生專暴論ノ跡ヲ繼候樣ニ相成心外至極迚も難及候今日ハ强而出仕ヲ大和守も勸メ候故出頭候へとも迚も難力及大息仕候中々筆舌難盡候聊御樣子も替候ハ、可盡力候へとも此御時宜ニテハ退縮之外無道路候也

九十三

固大公　極内早々御披　丙（丁カ）　　　野叟

一平戸士志自岐楚右衛門來夫人へ被附士両人泥（澀カ）谷八十八　近藤勇三郎大坂へ上着ニ付當家住居之處裏町借家申談十七十八日之内ゟ來詰之段治定白石七郎兵衛ハ同日可退去由之

十四日戊午　晴時々小雨

北野宮代參齊宮　　戊下剋當南東有炮發ノ聲
一不參告議奏卿
一正三へ遣狀中公董朝臣一條依御用可召返候樣両役連名奉書可被遣哉申
遣　○拜承候今日參　內尙可申談候早朝ゟ薩人來談長家老根來上總上
京之事ニ付甚困苦候只今桂小五郎呼寄候取紛居略答御斷申上候也
十四
固大公　内答　　叟
一實德卿入來息朝臣義內談之
一去三日迎親兵家來等下向先觸三田尻へ着同日發船九州へ渡海之先觸ニ
依テ遁渡欲又出船後先觸着欲難分由
一長州ゟ昨日喜多村ゟ差越候通之屆書二通傳奏へ差出候由
一黑田鍋嶋両家ゟ爲　勅使下向之先觸正親町少將家德田隼人名ニテ到來
之由然處一端　勅使可被下達有之其後被止候達も有之候又被差下候御

事ニ候哉伺之旨以書付伺出被止候方之由尤右之次第故下向候ハヽ急度
守衛ヲ差添可送届于京都昨日自武傳被達由之　○旅行道具追々返シ登
由且急ニハ不上京口上之旨不審ニ候
一迎親兵若狹彥根松山欠マヽ等皆有志不服之家ニ付如何哉旨先日已來有
傍難長士も申居候由依之今度各被召返正親町家來計爲迎可行向被達由之於
親兵ハ既先日被廢捨旁如此由之
一東使姫路俄ニ今日參　內之由去十八日一擧ニ付伺御機嫌使ノ由之定攘
夷之義も申上欲尙可尋注之以上正親町内咄
一自川鰭羽林來十八日自勢州歸京之旨風聽有之
一明日巳剋武家參　內云々
一姫路へ御渡書
横濱鎖港之儀過日以松平式部大輔言上之處去月十八日京師形勢ニより
今以猶豫之趣ニ有之違　叡念候間早々歸府所置可有之樣御沙汰候事

一一橋へ尙拒絶可周旋盡力板倉へ出仕同斷可盡力以書取被　仰遣由可尋

注

十五日己未　陰巳後晴

北野宮代參采女

一不參告議卿

一正三へ遣狀◎返答ノ二字脱カ

拜承候御安全恐悅候　○姬路如御命昨日參　內何ヲ申上候哉小子退出六過未申上候武傳談合中候今日出立歸府被　仰付候攘夷斷然之　御沙汰書被渡候事ト承候　○根來上總ノ事過日來大混雜先漸減人數入京迄ニハ小生盡力候跡いら、心痛候先入京ハ御命之通ニ相成申候　○正羽公之事両役連名ヲ以御用召之事　一昨日昨日等御命之趣柳原へ談置昨日柳ゟ御前ニ而被伺定候處最初遣候書狀此頃先方へ跡ヲ追持行候事故今暫可見合被　仰定候　○尹宮御町內へ宿替之事子細未承候　○役料

ノ事加増無違候他未承候　○昨夜五ッ半頃世上下邊殊甚五條邊又々騒々敷
人馬奔走甲冑人往來譯ハ未分今朝も子細未承候人氣右之通可察事ニ存
候右等先即答申上候委細ハ跡ゟ取調申上候也

十十五

固大公　極内々御返事　　叟

一田中村別壮〔荘カ〕南並良田地買増之事忠愛山田主計周旋二ヶ所ニ而卅二〔マヽ〕両諸
入用五両合卅五両ニテ買得之義粗決定了〔一〆六百卅一匁三分七リ八百七十／八匁四分三リ西一所十九両二歩〕〔東一所十／両二歩〕
一裏町借屋修復等申付是夫人守衛自平戸士〔泥〔塗カ〕谷八十八／近藤勇三郎〕二人自來十八日被附
屬之居所之
一自野宮家來招達守衛是迄依御用自有馬家五人詰居候處他御用ニ付附替
ニ相成自明十六日自佐竹家詰候由被示承知之旨答了
一中川修理大夫家來熊田陽介來上京安否尋問之由之

一佐竹ゟ先件森田熊五郎 大野準治申來交替有馬士江打合セ辰剋之旨申答

一慶子狀此間下宿禮申來又昨夜鐵炮音九門外會津上杉抔甲冑騷立候由如何子細哉ノ事　尹宮一乘院里坊ヘ宿替之事　六條ゟ又候度々獻物之事戸田大和守府中細工　親王ヘ獻上如何子細哉ノ事等之

一予印形新調㊞[八]㊞[八]

一有馬家過日以來詰士鈴木藏人岡村常之進中嶋新九郎等乞予詠歌短冊三葉遣了又明日交替ニ付酒肴遣了

一中川修理大夫家來熊田陽介上京ニ付尋安否來

一野宮岩丸今下旬元服伺濟吹聽以使悦申遣

一家士芝采女召抱了

十六日庚申　陰小雨

北野宮代參彈正

一告不參之旨於議卿

一守衛武士自今朝佐竹右京大夫家々士五人宛詰候大野準治三木鐵彌武藤金治渡邊要人小川龜雄
合廿人五人宛可伺候馬回廻カ以上ニ付對面願申云々有馬家々士自今朝退去合十人隔日詰候之
一忠愛山田主計周旋田中地面両所十九両二ア十両二ア合卅外入用五両今日買得了又忠愛過日以來非常具用途
過金返納燒貫金一匁六分相渡鍔紋二之料之白地銀四匁五分同渡小刎切
羽二料之
一鞍馬寺月性院住持成畏マヽ申呈扇子一筥六孫王大通寺御札獻納了由届申依
執奏之
一有馬士重乞詠歌數枚十九日調筆返却
一流水宮野宮へ傳達
一有馬へ使守衛士日々苦勞之挨拶申遣尙國許へ可申遣由之
一松浦肥州用人篠崎木工之允歸國暇乞來面會傳言遣菓子了又遣包物煎子
ノ事賴鯨骨同上
一鈴木藏人岡村常之進進砂糖一筥染筆禮之

一有馬使警衛被免由於傳奏被申渡由届来又先時使相拶同申来
十七日辛酉　自去夜雨下巳後晴陰不定
北野宮代参夫人細井已下参上
一告不参之旨於議卿
一守衛佐竹家士交替森田熊五郎石川忠吉中川 安太郎堀尾茂高根小一郎
一正三へ遣状　御清安令賀候抑毎々乍御面倒申入候
○長州家老總州上京申立之子細如何候哉　△十八日一擧不安堵ニ付不
取敢御時宜伺之由ニ候昨日以執奏其書付寫出候〻候ヽへとも不得寫得候是
ト申程ノ事ハ無之承候右上總入京之事大混雜一両日朝議一時計之内ニ
両三變化迚も盡力仕兼候全幕臭ニ成掛候浩歎大息仕候
○大樹ゟ以姫路獻上候封中並姫路へ被渡候御書付寫拜見仕度候　△前
件大苦心ニ而此二寫未出来候實德卿へ御所望候ハヽ役所ニハ有之候ト
存候

○殿下差扣いつ頃被　発候哉且廣幡並豊岡以下もいつ被　発候哉　△
昨日も一寸前殿へ尋問候處何ら六ヶ敷をふよ被示候へとも例之不判然
ニ候

○先夜騒動ハ會津上杉抔と承候子細分り候哉　△備前調練及入夜炮聲
聞候より清和院門守衛土藩騒動ら所々響候哉ニ承候一向事ハ無之由ニ
承候

○和州浪士八日合戰晝ハ彦根藤堂抔勝浪士隱影之處入夜両藩陣中へ浪
士押寄發砲両藩散々敗北トノ風聞候眞僞如何且數輩攻寄居何故取鎮不申
出來候哉御聞邊伺度候　△藤堂彦根敗走之旨風聞承候天ノ川辻トカ申
處浪士砦ハ藤堂ら攻取候由ニ候併中々未及鎮静由ニ候

○右毎々恐入候へとも御加墨御示命希入候也　△乍略儀加筆返上候小
生一両日風邪之處昨夜來増加平臥迚も急ニハ出頭仕兼候事々件々甚々
六ヶ敷微力之者及かへき時勢ニ有之候也

九十七

成〻大公[下]　極内々御答　　　　　　　　固公叟[上]

一丑刻頃正親町ゟ來狀息朝臣書狀着之旨被見旅中混雜ニ付父卿計へ來狀
予等へも被示告候様との文ゝ其要去三日九州へ渡海黒田鍋嶋へ始承候
御使丈ケニても可勤所存ニ而黒嶋ト申處へ着之處長州ゟ追使ニテ両家
へ之御使被差止由申來領分甚混雜ニ付何卒藝州廿日市邊へ着般[船カ]之様致
度段申來仍去十日黒嶋出船今十四日廿日市着船ニ付明朝ゟ乘船陸地旅
行無差支者廿四五日頃歸京之旨書記有之安心々々　九月十四日午半剋
於藝州廿日市封之由之

泊　　　　　　休
十四日廿日市　海田
十五日西條　　本郷
尾ノ道　　　　神邊

七日市　河邊
岡山　片上
三ッ石　片嶋
姫路　加古川
大藏谷　兵庫
西ノ宮　昆湯
氷上　山崎
京

一明曉新宰相定光院へ告知正三へも明朝申遣
一風聞去十五日又和州浪士打手合戰有之寄手又敗北浪方用地雷火云々
一親王御方ゟ賜鮮鯛一尾
十八日壬戌　天晴少々小雨
北野宮代參　齊宮

一告不參之由於議卿

一御靈會去月依騷動延引今日　還幸之由也早朝代參田村式部於中御靈神社了

一川鰭少將自伊勢歸京以使賀之今日參　內之由〻

一正三へ遣狀明朝返狀來

一（脱アラン）日所司代に亂入人有之双方及刄傷　又淀に歸城之風聞有之不知其實

一守衛士交替（今井市三郎半田茂助加藤吉郎／石井又左衛門櫻田熊藏）

一本願寺ゟ室內取締且細川越中守在京中殿內表場所貸渡ニ付十七日ゟ大宮黑門七條新道柵門両所道（通カ）行玄關代設有之由申來依親族由緒〻

一親王御方へ獻大年魚三尾

一實德卿へ遣狀返書來

一松浦家ゟ夫人へ借用士二人（泥（藏カ）谷八十八／近藤勇三郎）來志自岐惣右衛門誘引一同面會於前遣酒肴又忠愛約束具足（長曾禰興里作）一領借用云々（両士各具／一僕由也）皃（兜カ）ハ明（珍脱カ）作

云々

十九日癸亥晴

北野代參　齊宮

一告不參之由於議奏

一松浦肥州來狀家來被借渡一件之

一守衛交替山方貞之介粕谷藤太秦彌八川崎慶藏大野權十作

一有馬家老有馬監物來面會先日主人上京一件之

一飛鳥井へ遣狀有馬一件之去七日正三示之通之仍自造酒古賀龍吉迄令申達了

一野宮來狀息來廿四日元服伺濟ニ付理髮今城羽林へ賴度無所存哉被尋尤無所意旨返答了

一白石七郎兵衛今日歸平戸面謝遣物忠香公畫金二百疋夫人扇子五細工物等之豐後守ゟ先日答謝菓子一筥傳言了

一實德卿來狀大樹上書並姫路内々來依申請之へ御渡書寫

一右大臣　內覽　宣下之由也殿下差扣願長如何々々

一實麗卿公述朝臣等自勢州昨日歸京今日於御小座鋪　御對面有之云々

一野宮岩丸廿四日辰剋元服吹聽省略且御時節柄ニ付不被招請音物内外共理云々

廿日甲子　晴

北野宮代參　齊宮

一告不參於議卿　又遣一封柳原落手如左

闇愚之忠能去月十八日以來結構蒙　御沙汰深恐懼畏入候然處痔疾再發無據不勤恐入候未全快候得共漸ヶ成ニ歩座出來候尤何之御用ニも不相立候得共從來攘夷一件ニ付テハ　皇國之御爲數年之存念ニ候間可盡誠勤心得ニ候然處眞僞も不存候へとも和州浪士一條俊齊も立交居候旨風聞且武邊觸流も有之候由勿論忠能一切不存申義殊義絕も仕候上ㇵ可有

關係筈無之候得共一分心得迄ニ去月廿八日三條前大納言ヘ内談候處右
觸流ニ同人名も有之候間右觸改トカ又義絶之事觸出ニ而も武傳ゟ可被
命候間一両日出頭見合可然内々尹宮前殿下被命候由同卿ゟ被示候但其
頃ハ痛所難相扶籠居候今月五日承候へハ俊齊義祖父以下義絶之者之由
觸出も有之尤忠能ニハ　朝議親疎ニより善惡ヲ相混候所意毛頭無之候間
此頃出勤候而も不苦義とハ存候得共爲念相伺候併呉〔々脱カ〕も御役ニ不相立愚
質強而出頭ヲ希望仕候所存ハ一切無之既昨年正月以來度々退役出願之
通之義ニ候間御差支之子細ヲ被　仰出斷然と被免候樣希入候乍去萬々
一重而御用等も被　仰付候義ニ候ハヽ引繼キ御樣子等も覺悟不仕候而
ハ其時ニ當り萬事難辨解既ニ去月十八日後も春來之御次第一向不存申
ニ付事々件々難相分只々當惑而已仕候右ニ而ハ大切之御用差掛り御用
辨ニも不相成却而不都合之義も可出來候間自然中絶ニ而大切之御用向
俄ニ被　仰付候義ハ兼而御免希上置候呉〔々脱カ〕も攘夷一件ハ實ニ生涯之存念

一命有之候限ハ可盡力兼々之心得ニ付一應ハ愚存打明言上御樣子奉伺
候此由宜御伺定御示命願入候也

九月二十日　　　　　　　　　　　　　　　　　　　忠能

正親町大納言殿　日野中納言殿
右衛門督殿

追申先日正親町三條ゟ談候得共同卿所勞之由乍御面倒相願候也

一實德卿入來昨夕自柳原被示息公董朝臣、歸路於兵庫暫可有逗留且、自此所
武士隨從可止、長州送來武士も自此所可止自此處官家行列可用、且歸家後
別居父子不可有面會於同地別居ニ而も即日參　內不可有被示仰、官列家來ハ可差
下、長州送武士ハ自其筋可被止一分掛合迷惑之由今日被申立、又如此時節
警衛之士無之而ハ甚無心元旨家來等申立ニ候間自　朝廷被　仰付無之
義候ハヽ一分ニ而親族大名へ可賴今日傳奏へ、可被談之由被示之、又被止
參上父子別居被止面會之義何等之罪科哉一向難分御所置恐歎之至ニ付

御役辭退可被申哉之由內談數多不克筆記愚存之旨及返答了　公述[董カ]朝臣國事御用掛同樣之人ゝ無罪受過當之科之條不運之至ゝ　朝政之不明長歎之世ゝ
一大炊御門友姫君入來近々石井に入輿之故ゝ妹定光院入來各一宿
一五條入來依痛所不謁園へ遣狀（壬生養子一件之）
一古賀龍吉昨日之義來謝
一大覺寺門跡侍石塚大和介從六位下　宣下畏之由來告（愛里方之卿御妾）
一自平戶到來錫三連田葉粉二筥予鯨五斤田葉粉同忠愛に絹代（五百疋）（欠マヽ）、錫三連夫人に平戶燒茶碗十錫三連新宰相に平戶產瑪瑙一筥（五果）半切、枚惣客に
○上京両士ゟ平戶燒茶碗十錫廿枚獻上　錫三連獻上○田葉粉二とこ錫三連老女中に

廿一日乙丑　雨

北野宮代參　广山寺家公御廟

一告不參之旨於議卿

一實德卿江遣狀返狀取要長州士差止之義ハ武傳ゟ公董へ書狀ヲ以テ被達候由兵庫ゟ警衛武士ハ自御所山內兵之助へ被　仰付候由御治定ニ候將又內々之一條御示畏入候併明日迄見合候方宜哉御示何も承候尙又伺度義も有之後剋可伺候正三今日出仕之由猶拜面萬々可申述昨日當役三人へ御書取ハ評議之上と申事ニ候忰へ御封被達正今落手候也

御答　　　　實德

右公董朝臣へ一封遣了

一正三へ遣狀（正親町羽林義罪之次第不存候へとも父子別居被止面會之條可云過當之御沙汰歟罪科之子細得与勘考ニテ內々承度旨申遣正三今日出仕之由之）

一彌御安全珍重存候抑今朝ハ御細示畏入候先々辭役明日迄見合候樣下書入御覽候間宜御加筆希入置候且忰歸京後被止參　朝並父子別居被止面會等事何ニも甚以歎ヶ敷次第存候何卒御勘考希入度候小生大苦心仕候正三へも可內談哉大ニ當惑仕候、――

九月廿一日

中山殿　實德

右被止參　朝義ハ偏可在　勅斷義不及是非父子別居被止面會義ハ大藏卿以下御答ニ無之義如何但內緣之下官不克兎角但正三へ可有內談申答了

一先時者御答畏拜見仕候彌御安泰――抑悴一條今日正三へ打明申置候猶得与可相考被示候同居被止事ハ役邊之故欤大藏卿等違（脫アルカ）一向不分候明日ハ當番候追々參拜可申上候內願之事無御隔意希入置候今日ハ各御不參早退出仕候也

九月廿一日　實德

中山殿

一五條□入來壬生相繼人入道實（桐丸）子或庭田末男等之内可有治定處一條殿ゟ不宜由御返答有之入道申立ニ者血筋之者ニ致度段願立ニ付舍弟忠

丸（今嵐丸ト云）一族所望ニ付契約既傳奏へ一族ゟ願書も出有之基修男ト願有之處自壬生又々故障申立有一紙門流邊よて宜賴之旨之

廿二日丙寅　晴

北野宮代參　彈正

一告不參於議卿

一今日儲君親王御誕生日也（子年於此亭降誕後五ヶ年予奉養育辰年冬御歸參御壯健御生長恐悅不斜十二年春秋如夢間世上形勢轉變似反掌）如例秋新宰相江恐賀狀申入獻大鯉一口大鮒三尾（各生魚自淀所取寄也）後剋女房狀賜鱧一雨魚二〆治等自慶子小〔ママ〕戴海〔ママ〕賊等

一志自岐惣右衛門來乞面會面會之處鍋嶋ゟ壹岐嶋ヲ領度出願有之由平戶傳領之義迷惑且四五年前對州ゟ內願有之嶋人聞付一揆對州通行之時群起も有之候程之由○豐後守江十八日御褒美拜領物未渡於家來拜領金ハ去十八日自因州傳渡之由等兩條內談也

一先日（十二日）慶子下宿之節申置夫人參　親王御方之時御對面有無之事自先

年無御對面御様子之旨ニ付親王　宣下後不參上爲實外祖母無拜面者無面目於道理无其理（後水尾院勅作年中行事明白之事）如此世形ニ付更以予傳言可談大典侍長橋等申付處　きふもむら〳〵敷空よおハしはし候彌御機嫌よくならせられめて度忝ク〳〵彌親王様よも御機嫌よくならせられ今日ハ御誕生日相替らす御賑々しく御祝共ならせられ候まゝめて度御心安思しめし御上遊し〳〵いよ〳〵御二方様何の御障りもならせられすめて度御悦申上〳〵扨此間下りのせつ御噂ならせられ御たゝ様御參りの御事早そく〳〵大典侍ゟ長橋ゟへ申入候處御両人共至極御尤故何分一應ハ御伺の上御返答と御申の處昨夕長橋ゟ御たゝ様御事何も御子細ならせられす候まゝ御勝手御宜節いつニても親王様御機嫌御伺遊〳〵様よと私ゟ宜しく御返答御傳へ申入候様ニ御申ゆへ早々申入〳〵先々めて度御悦申入〳〵此上ハ一日も早く御參り御よろしくと存候何分准后ゟ御より合所を御通りよて親王様御殿へ御參の御事ゆへ少々御

晴らましく候まゝ左様思しめし戴度存〳〵少將ゟも段々御歸京近々
ニ成寔ニ〳〵めて度御悦命も延候様ニ存悦入〳〵殿方ゟ御本人ニも
御安心事と山々御悦申〳〵めて度らしく

猶々、——

新宰相

御ゐゝ様

御たゝ様 申上

一野宮へ鍋嶋家壹岐嶋所望之有無以狀尋問之處一向不承事虛説哉ト申來
鍋嶋回緣ニテ野宮へ多分申立之故及內問了

一松浦豐後守賜物被渡方之事以狀內問飛鳥井明日返狀來両三日中必可被
渡由之

一有馬家老有馬監物送國產煎茶一筥松魚卅本

一薩藩村山齊助來乞面會依痛所不面

廿三日丁卯雨

北野宮代參　細井

一告不參於議奏

一山內兵之助違國論之間不和自國元追放之旨有風聞公董朝臣迎警衛不安心之間以狀告父卿最早今朝發足右等之風聞未被聞由之再來狀土士十人之外不出來ニ付中川士廿人加入ニ相成由土州も無別條被示〇歸京後之一條〇退役一件等被示是等ハ偏可有亞相深意但愚存も申入了

一正三來狀　御安全恐悅存候　一過日御差出御書取御出頭御庶幾之御所存毛頭無之義篤ト柳原へ申談置候一向未御評議無之由ニ候　一正親町息朝臣被止參　內父子別居被止面會之事於役邊も委曲之事不被心得由父子別居ハ父卿役邊故ト申事哉ニ承候判然ト不分候何レ繰合參上萬々可拜談候也

九廿三

固大公
內々

一雜掌觸來　十津川卿士之內先日以來亂暴之者有之由風聞候元來無罪候（卿：鄕カ）

叟

處元中山侍從等ニ組し候得共違　勅之名を免れかたく其罪不輕候右
等之心得違有之候而も無據可被罰候左候節ハ甚不便ニ　思食候間此
御趣意厚相辨　朝敵ニ不相成樣可致旨相諭候樣ト之　御沙汰候事

九月

口上覺

別紙之通被　仰出候間此段爲御心得可申入旨兩傳被申付候以上

九月廿二日　　兩傳奏　雜掌

一有馬留主居龍吉來七日願一件今日於飛鳥井家御猶豫願濟被申渡畏之旨
申來

一招一條家諸大夫無人丹下筑前介來壬生家義懇存申入了

一沼尾右兵衛來壬生一件之又八月廿八日基修家來ゟ來狀廿日着狩衣指袴
白小袖之類可下申來由談之於小袖早可下狩衣指袴之處ハ被止官位之上
ハ可有如何哉申述了

一正三へ遣狀返狀執要　○諸藩以下所々ゟ上書有之由一向不存申候因州ハ今日建白候其內寫取可入御覽候　○十津川之事小生引中御評定一向不存申處雜掌觸ニ而承知候定而可有子細存候　一兵之助國論ニ振候事未承候此頃歸國ニ候國論同樣と承居候、、、――實愛

廿四日戊辰　陰晴不定

北野宮代參齊宮

一告依所勞不參於議奏

一實德卿入來尋內覽　宣下消息之儀上卿之商量以去欠ヽ年欠ヽ月之旨答之　○息朝臣今日兵庫着之積之由守衞士中川士十八人土州士廿人治定今朝出立云々　○殿下差扣今日被免稱所勞尙籠居之由之如何々々　○橫濱拒絕談判ハ十萬両可遣間五ヶ年之間去テクレト賴談之由有風聞劍刀も炮術も中々不入ル風評之旨長歎之至之

一志自岐招寄壹岐嶋ノ事豐後守賜物之事等內々之子細申含又肥前守へ過

日返状遣自余煎茶一営夫人カステイラ一営等送之
一有馬監物来主人上京御猶豫願済畏之旨〻
一野宮息元服以使賀之本人太刀干鯛馬父卿太刀馬内々酒三升送謝同断
一日野西前黄門以孫越後守介被頼染筆数枚
廿五日己巳陰雨
北野宮代参斎宮
一告依所労不参於議奏
一實徳卿昨日来話之内議奏役料五ヶ年之間一ヶ年百石ツヽ自武邊充行旨
申来参政三十石宛云々各先達申立有之事欤武傳二百石ツヽ加増自議卿
申立之旨〻可歎事共〻
一夫人廿七日可参　儲君親王御方可賜謁由〻先年以来有議延引然處依勝
手今夕新宰相局迄参上
一野宮大夫出番並被加近臣由吹聴以使賀之

廿六日庚午晴

北野宮代參式部

一告不參於議奏予去二十日申立之一件于今無返答不斷之政事以此一事可
知可歎矣

一實德卿へ遣狀尋息朝臣之義返答如左　令拜見候彌御揃御安全恐賀候抑
御示之旨承候兵庫迄歸着去相違無之候一寸一昨日家來參り候事有之相
違ハ無之候左思召可給候別居之事是ハヤメニ候御安心可給候例之大門
ゟ歸宅居間ニ居候ハヽ宜由ニ候且又下官辭役未何とも御沙汰無之定而
今日ハ何とり御沙汰有之候半存昨日有客恭光通熙等卿尊公御始御同様
之御用被　仰付候恭光卿ハ暫御受御猶豫被願候由ニ候今日両役両卿御
掛緒賜候由昨日両家御尋相濟候也

九月廿六日

中山殿 内答

實德

一平戸士明朝歸國之旨來告面會了西鄕久九郎
一座广(摩カ)宮九月神札獻上
一關白自今被免差扣候旨被　仰付候御一列へも可被示傳候也
九月廿四日　有長
右被觸候間申入候御回覽可返給候也
同日
廿七日辛未晴　立冬十月節
北野宮代參
一告不參於議奏卿
一正親町へ雜掌可有入來面會申遣處明日迎山崎へ出頭ニ付今日可來由之
泊廿六日西之宮廿七日郡山廿八日山崎廿九日歸京之旨申來〇未剋正親
町家士松永權之守來面之唯今先觸着ニテ今夕泊芥川明晝山崎ニテ明日
歸家云々去十九日自柳原被申父子面會被止事もヤメ尤同居又歸家之上

以一族親族之中三條西以下三田尻着暫同居之事不知子細之間同居候迫々承亡命之由恐入旨一應申上於御理之上依勅答參　內可令言上由ニ相成自是山崎迄出迎行向由之愚存傳言了

一泥(澁カ)谷八十八松丸學文入門了小學

一中院來狀白川劔璽持口授彼家欤當家欤被尋資延卿曾祖父公御傳之旨十月一日返書了

一正三へ遣狀返書執要　拜承候――一両三日來先變候事無之候へとも全体大分漸々替候　一殿下廿四日被免差扣候へとも稱所勞不參自餘之人々其儘ニ候　一鑒(闕カ)東使ハ何レ可被遣候由ニ候副使未被　仰出候尙一両日中必可參拜候也　實愛

一柳原御冠掛緒拜領吹聽

一夫人今日儲君親王御對面之獻御末弘扇一箱平戶產瑪瑙具一箱生肴一折五種又　准后御方へ進生肴五種大典侍局新宰相局生肴三種宛高松局已

下ヘ生肴三種お鶴始ヘ曼頭百其餘有差今夜可退出　親王被　留仰之間臨期不退

一大口息與左平予初謁

一桂國之助染筆物禮大鯛二尾到來

一遣鯛二尾於有馬監物過日土産答謝

一大炊御門故前右府姫君（予伯母腹 友姫）石井左衛門督ヘ今夕入輿ニ付送鰹節一本於石井以使賀之大炊御門以使賀之

廿八日壬申　霽陰不定

北野宮代參齊宮

一正親町ゟ彌御揃御安全奉賀候抑今日公董歸京仕候先々安心仕候彼是御配慮深畏入候且今日直參　內無之歎息仕候事ニ候脱走人ニ面會同居並不待御沙汰九州下向之後傳奏ゟ御沙汰書長州ゟ申越候次第不都合御理今日歸京之後以四辻羽林申上候筈ニ候然處今日ハ休日ニ相成候間二條

殿迄申入置明日御申上之由ニ候明日ハ當番故稱所勞不參之方可然との事ニ候別居ハ漸止ニ相成御理御返答濟迄ハ小子面會無之樣との事ニ候扨々歎息之事御察可給候今日ハ小子當番何も大不便之事共ニ候心事拜面萬々可申上候也

九月廿八日

追而右御返答明午後四辻可伺出筈ニ候御所置ニより又々御内談願置候宜希入候也

中山殿　實德

右御評決之上ハ不及是非但大分無理之御所置不存當否旨申答了

一四塚迄遣使迎公董朝臣

一午刻同家へ大口息並細井等遣賀歸家組重伊丹酒等遣之又以一封心事申入返狀來　玉章謹拜見候冷氣增加候へとも御揃御安全奉恐賀候抑先達ゟ旅行滯留中ハ毎々御敎示御尋給千萬畏入存候今日ハ歸洛段々御命色

々拜領物御使等給重々畏入存候於兵庫も長逗留十分草臥も休歸洛之上
も不及參　內旨重々難有事ニ候尤何等之御沙汰無之ト申様成事ニ而支
內實同志之人共へ相對却而面皮も無之候處右様之御時宜畏入候事ニ候
乍憚殿方へも宜々御傳聲希上候猶不日拜面と存候萬々可及言上候仍御
受如之候也

即刻

捧答　　公董

未剋歸家之旨之昨日雜掌所申述相違如何々々

一申剋夫人退出　親王　宣下後未參之處存外御盛長且段々御厚命等吹聽
共感泣予賜綸子一反對田葉子入又以　思召ギヤマン小犬鎭子美麗酒盃
等夫人賜物到來物等數多

一藪新大夫入來依懇望借銀廿枚十月晦限必可返上云々

一石井ゟ使友君昨夜婚禮予爲表向樽代二百疋生肴三種被送又昨日進物答

禮酒五升到來明日遣使謝之○大炊御門へ以使悦申遣生肴二品

　廿九日癸酉　天象如昨

北野宮御禮代參　夫人細井

一告不參於議奏

一正三入來長談之內和州浪士一件先日藤堂之論ハ元國忠より起候事故舌
客ヲ遣シ十分申諭分散候樣致度由申出之處薩藩之輩不同意於陽明餘程
取合有之終ニ追討之方ニ治定浪士方此頃追々敗亡昨日首級九爲實撿差
登由被示之忠光加列實事者不及是非次第之元來正論之輩追々退身爲
皇國長歎息之世之

一藏人中務輔入來面談了

一花園今參被稱新內侍旨吹聽園白川勸修寺等和歌御人數被加旨吹聽各以
使悦申遣

一有馬監物來謝過日送物

一來月四日貴布禰社假殿遷宮當日服者可憚參　內有武傳觸

一曇華院老尼來談

十月大

朔日甲戌　晴陰不定

一自北野上乘坊昨日御禮御膳獻上神膳御札類持參食魚味後ニ付明朝頂拜々受了

一告不參於議奏

一正親町へ遣狀返書云　令拜見候彌御揃御安全恐悅存候悴も一昨歸京先々安心仕候且四辻御返事伺邊御尋承候昨日四辻書取持參候處又々御評決例之通因循入夜御返答ニ而今日表向御理一紙差出ニ相成候筈ニ候今日ハ何とら御返事有之候半存候昨日小子ハ御前へも不被召候尙御返答有之候ハヽ早々申上候仍御受迄如之候也

十月一日　實德受

當賀

正心誠意上

一正三へ昨日内々借置九月八日已來ヶ條書返却了
一同卿昨日來話之内因州申立師宮並添使關東へ被差下付而ハ因州備前被
差添候由御沙汰御受も可申上候乍去道中已下諸人迷惑ニ不相成樣御手
當等十分ニ可被下尤因州等へも拜受願之由必竟難題甚以不埒之申條之

二日乙亥　晴陰不定

一告不參於議卿
一正親町羽林へ遣狀問進退返書云　拜見候彌御揃御安全奉賀候抑小子御
理之一件何カ種々之御好有之惣テ差圖通致置候へ共今日ニ何等之沙汰
も無之候家父面會之義も未ならぬ由ニ候土藩番士之義ハ何之沙汰も無
之候夏以來隨從候土藩ハ歸洛後も其儘付居候是ハ半平太同志之者共ょ
て是迄萬事申談候へ共ニ候外ニ替候義ハ無之候へとも　朝議少も定候
義無之由追々承知只々歎息之外無之候尚進退之義も被　仰出候ハヽ可
申上候拜領之馬少々發病大按候へとも最早宜樣子先阿波へ預置候事ニ

候伺不日拜上萬々可申上候仍御受如此候也

乃時　　　　　　　　　　　　　　　　　公董受

一平戸家老松浦内記呈國産茶碗並煎海鼠等

一亥猪御祝餅申出如例

一執奏大通寺呈歡喜團五果

三日丙子晴時々曇小雨

一告不參於議卿

一公董朝臣來狀六月頓發之節借送旅具品々被返又土産品々令到來味噌漬鯛三鰯魚五切保命酒一壺綾一反姫路皮紙入地同文筥燒鹽一筥等之夫人以下各有差厚念之至謝狀遣了

一薩州三郎入京同勢一萬五千餘人滿街云々一説七千人云々

一或云和州蜂起浪士方敗北吉村寅太郎抔及討死（眞木和泉守過日來和州へ行向日々敗亡〔マヽ〕茲後齊郎長州へ下向ノ由）到浪華據長州（一説藤堂ヨリ長州屋敷へ送付トモ云）之處薩藩聞付數十人迫長州屋鋪可引渡由

及應對長州不渡送本國歟ト云眞僞一切不分爲後考任聞書記但薩藩不討手之將迫長州之條理不通定而虛說歟近日之風聞流言實事頗稀可歎世之

四日丁丑　晴寒

一告不參於議奏卿

今日領分新米初納内祝如例村役面會了

一大口息□召前遣初盃平戸士同召前

一大口息へ村方申渡ヶ條書ヲ以申付了

一以手紙啓上仕候然者前大納言樣へ從關東餘寒爲御尋御遣物御達御座候間明後六日辰半刻稻葉長門守殿御役宅へ各樣方之内御一人被成御越候樣御達可申旨長門守殿ゟ被申越候ニ付此段可得貴意如此御座候以上

小栗下總守内
鎌田定右衞門
土井恕平

中山大納言樣
御雜掌中樣

高野勝藏

御紙面之趣致拜見候然者前大納言殿へ從關東餘寒爲御尋被御遣物御達
御座候間明後六日辰半剋稻葉長門守殿御役宅へ拙者共一人罷出候樣長
門守殿ゟ御申越ニ付御達之趣承知仕候仍御答如此御座候以上

中山前大納言殿家

雜掌

小栗下總守樣御内

鎌田――――樣

土――――樣

高――――樣

五日戊寅　晴陰不定

一告不參之旨於議奏

一過日染筆返日野西了

一正三へ遣狀返狀如左　御安全恐賀候御所勞も御順快恐悅存候　一三郎

一昨上京候從万五千人とり聞候よし七千人と申事ニ候言上等未承申候

細黒同上未承候　一閑叟も未申上候上京ハ御請ニ候　一御順快ニ付明日ゟ御所労御不参御切紙御差出無之御他出も可有之相振候義無之哉御尋承候右ハ何様之思召ニ候哉此頃御用御断御聞済ニ候哉御聞済候ハヽ其分存候へとも其事未小生不承候一广御様子伺度候也

十五

固大公内答　叟

右返状遣ス出仕等ノ事ハ八月廿八日被示趣ニテハ可籠居心得ニテハ無之ニ付参　内ハ去月二十日議奏へ伺候御返答次第ニ可致他行等ハ所労快候ハヽ勝手ニ可出行心得但初正三ゟ被示候義ニ付行違有之候而ハ悪ニ付一應申談由返書了

一澁谷八十八近藤曾（マヽ）三郎等へ先日進物答謝遣二包了畏之旨八十八又進アコ魚

六日己卯　陰雨

一正三來狀　昨日御答書承存候彌御安全恐悅存候抑今日ゟ御不參御切紙御差出無之御他出も可有之旨御趣意之旨承候去月廿日御書取爲見給候へとも全体御趣意柄ハ覺居候得共總而之處迄ハ記憶不仕候ニ付テハ愚存抔ニハ何分一端御所勞御引籠御加療之事故上ゟ御內々ニ而も御移有之候迄ハ其分哉とも存候屹度御引籠可有之とハ於小生も不承候へとも是ハ御本人ニ而御考慮有之先眞實御痛所も有之旁御引之事ニ候へハ兎角御見合之方哉ニ拙按ハ存候又八月十八日御用御參之事ニ而御參　內も難出來哉之御摸樣ニも候ハヽ右御用御免之上御他行之譯哉とも存候間御他行之事御隨意ニ有之候而も又々瑣細之事も議論之時節故如何哉と心配仕候故昨日一應相伺候事ニ候如賢考御參　內ハ御返答次第御他行ハ御勝手次第と申御所存ニ候ハヽ其分ニ相成候迚格別御巨難ハ無之義と存候細々御再命ニ任セ僻案之儘申上候事ニ候御裁斷御決定可給候御趣意ハ議卿迄よても申入置宜候ハヽ柳原へ更申入置可申候昨日御內

示之旨ハ一寸申入候處愚存粗同意哉ニ被申居候否哉可示給候也

十六

固大公 内々　　叟

御細書畏拜見候彌御安全恐賀候抑申願候一件御命畏入候今日ニ限候義ニも無之候間今日ハ連日之通ニ可仕候乍去所勞追々快義ハ去月廿日申立最早半月ニも及候處善惡可不之義も不相伺實ハ不審ニ存候日野黄門へも御内話給候由畏入候全体右一紙差出候御時宜如何之御樣子ニ相成有之候事哉何卒同卿へ御内問宜御差圖希入度存候小生ハ一向別ニ所存有之申立候事ヨてハ一切無之唯書面丈ケ之事ニ候更ニ右御用勤仕御理申上候方宜候ハヽ早々可申上候或一兩日中ニハ御沙汰も有之候義ニ候ハヽ尤差扣可居候得共其邊も難分義ニ候ハヽ何卒參　内ハ御返答次第他出ハ勝手ニ仕度所存ニ候間宜々希入候乍内々ケ樣紛々之御時節右下官伺位之小事數日可不之御沙汰も無御座候段何共恐歎之至ニ候何も拜

上萬々――

十六

成大公　内々御答　　　　　　　　固

追申御用多御中私之義彼是御面倒甚々恐懼候強情ニ申上候様相成候
てハ恐入候へとも實ハ春來社參も未仕掛念候次第も有之旁願入度候
宜願入候也

一大口主水所司代へ遣ス　中山前大納言江　公方様より中山前大納言江
一枝柿　一箱
右之通爲餘寒御尋被遣候付可相達旨關東ゟ申來候間此段申上候　十月
右切紙一紙於所司代面會申述（マヽ）之上口上書家來相渡於品ハ茶屋四郎次郎
名代持參候事　所司代亭ニテ使立歸リノ禮申入了　是□依（爲脱カ）和宮　勅
別當且御世話寒中安否伺進物答謝之意云々

七日庚辰　陰時々晴

一告不參於議奏

一實德卿來狀　彌御揃御安康奉賀候抑過日來彼是御無沙汰恐入候御痛所如何ニ哉伺度候扨公董之事未何之御沙汰無之日々心痛歎息仕候事ニ候いか丶相成候哉と令苦心候今日ハ何とか御所置有之哉ニ內々承候此段申上置候歸京ハ安心候へとも又々苦心仕候事ニ候今日ハ小生少々所勞不參仕候何分又々此頃之形勢何ゐら惣而因循之御所置歎入候事ニ候尊君ゟ御伺之一條も御評義無之何とも恐入候事ニ候公董事も歸京後早速御所置可有之處延日今日御所置いゐ丶承知不仕候へとも惣而延々何とも見込つかぬ事共ニ候小生召止相成候へとも何卒辭役まても可願又々御考希上置候只日々悲歎仕居候事ニ候一寸參上と存候へとも今日ハ不參仕候間明日まても參上仕度存候仍內啓如之候也

十月七日

中山殿 內々

實德

理髪中ニ付後刻送返狀了
一正三來狀　御安全恐悅存候抑昨日御細書拜承則參　內日野黃門へ及示
談候處今暫御見合之方可然哉被考候由被示候へ共御越意之旨尙又談合
候處左候ハヽ一广可被勘考其上可被答被示候處昨日終ニ返答無之候昨
日ハ大分紛々故と存候今日承決後刻カ明朝ニハ可申上候御寫一紙即令
返上候也
十七　　　　叟
固大公
內々
追申事々件々意外之義共ニ候尙拜面ならてハ難申解何も期拜談候也
右及粗答了後刻又來狀　御安全恐悅存候然ハ過日來御內談之義昨日柳
原へ談置今日返答承候處同卿ゟ八景邊ヘ被及談合候處先々今暫之處是
迄之通御所勞御不參之方可然哉ニ柳原被考候由被示候元來之意味御趣
意とハ見込違ニも可有之哉と愚考仕候旁先御見合ニも候半哉併際限も
正心誠意上

無之御見合候も於小子難申上候巨細意味書取兼荒々申上候先々御一考
之様と存候實ニ不分明事申上兼候へとも先々如之候也

十七

追申此上ハ過日御書取之御催促ニおも可有之哉左候ハヽ明瞭ニ可相
成哉是ハ御勸も御止も不申上候御考慮之様存候也

固大公 内々　叟

右意味違之義於愚存ハ少も出頭ヲ希望ハ不致御差支之義も有之候ハヽ
以其趣被止トカ被免トカ相成候様致度但一両日ハ連日之分ニテ可見合
再報了

一自正親町羽林留守中予等祈願神佛へ報　奉納金三百疋被送分納可致段
答了

一夕再状　彌――抑唯今別紙之通被　仰出候旨御受申上候扨々明瞭之御
所置恐入存候任幸便一寸申上候也

十月七日　公董

中山殿
内々

正親町少將　監察使下向之處於防州三田尻去（八カ）月十八日脱走之輩數日
同宿不憚　朝威如何ニ被　思食候心得違之儀急度可被及御沙汰之處
以　御憐愍差扣被　仰下候事

返報意外之義恐歎凡脱走之輩たりとも　窮鳥入袖之　思召（ママ）遣るハ可有
之況公董朝臣不知事情自長州設同宿之義嚴重之御沙汰迷惑之至ニ但雖
君不爲君不（ママ）可臣不臣不及是非暫閉居可被見於世上之形勢答了如此御所
置ニテハ國難ヲ傍觀之外無之世也

一入夜父卿來狀、今朝者御細答敬承候爾來彌御安全奉賀候抑唯今四辻中
將御使右之通被　仰下候由ニ候小子進退之處不及其義旨被　仰下候扱
々歎息仕候　朝政之立兼候義と悲歎仕候加樣之御所置ニテ各尤と被
思召候事ら何とも恐入候事ニ候小子も所存有之候間今日ゟ籠居仕候心

正心誠意上

正心誠意上
得ニ候哭(々脱カ)も歎息不少候於小子方大災難と悲歎仕候先爲早速荒々令言上
度如之候也
十月七日　　實德
中山殿　内々御火中願入候
追而今日迄從仰面會不仕候へとも今日之御所置何共不今(感カ)勘心候條宅
ニテハ面會仕候心得ニ候内々申上候何共御形勢難心得御遠察願入候
也
拜承候御安全恐賀候扨今日御方御所置　御憐愍之旨御互畏入候併全体
何程之御沙汰ニ可被及義ニ候哉一向難分只々仰天恐歎仕候御内御所置
等も御内示何も拜承感泣愁歎仕候尚又追(而脱カ)萬々言上候先不取敢奉答如此
候也
十月七日　内答　　忠能
八日辛巳晴

一告不參之旨於議卿
一前新朔平門院十七回　御忌御講ニ付御葩來ル八日　御機嫌伺御菓子來十二日十三日之内
御精進解御肴來十四日右之通獻上總テ如安政六年度之事右加勢
新源中納言被申渡候由有頁申傳候仍申入候安政六年取調候處御機嫌伺
獻上物蒸籠片麗饅頭十五　御精進解干肴連鯣二　一折右之通り候於今度も令治
定候御獻上否承度候獻上催　御機嫌伺山科宰相殿御精進解　池尻三位
殿右乍御世話御催可給候仍申入候御回覽可返給候也
十月三日　　有長
一右獻葩如近習哉問有長卿同樣之旨被示答
一獻葩廿片有小繪
一中鷹二枚重白元
結五筋或二筋　諸輪
奈ニ結二重緤目
正心誠意上

花葩ら
あハ結

或名乘不
注上包注
下札両緤
也其時

札ノ時上
ノ字アリ

同中广

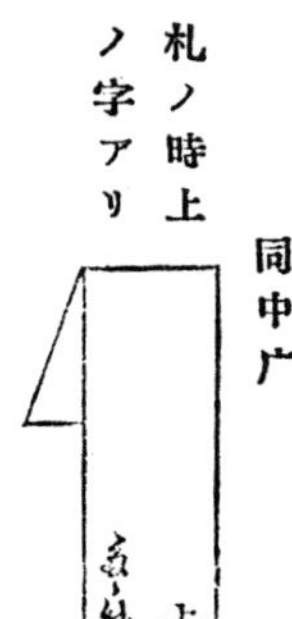

六臺ニ載以諸大夫侍之中附奏者所獻備之

一正三へ昨夜遣内狀和州一件風聞之條々申遣問於眞僞返狀如左

昨夕御投書未退出延答御宥免彌――

○御進退之事一両日御見合之由敬承候　○和州追々治り候由承候今日午刻出立ニ而執次渡邊〔東辻カ〕南大路両人下南十津川卿〔郷カ〕士亂後之鎮撫ニ被下候是え藤堂ゟ申立候由ニ承候右之位故もそや浪士ハ一人も不居由申出候浪士ニ被欺候御斷ニ鄕士野崎某一人自裁仕夫是ニ付右被下候由ニ候○俊印ゟ殿下傳奏因州等ヘトヤラ建白文書之事ハ一切不存申候○土州吉村寅太郎ハ打死首も京へ廻り候由ニ候其外數輩或召捕或斬首ニ相成候姓名一々不覺申候○俊印大坂長邸江遁込之由ニテ捜索之旨ニ候然處邸中ニハ一向無之去月廿七日夕方裏門ヘ浪士來願候得共不取合ニ付立去候由長ゟ返答且町奉行へも屆出候由よて下坂人數ハ引取候趣ニ候とふゐ防長へ向て舟よて下向哉ニ申唱候由ニ候薩人數百五十人計下坂一昨々日

頃歸京と承候其已後之事ハ一向不承候先承知之分申上候御念示恐入候

早々御答如此候也　　叟受

十八

固大公（内々）

一野宮大夫來入元服禮之

九日壬午　晴

母公御日柄細井广山寺へ代參（便尋兄周防守中風之所勢）

一自議奏加勢六條今日休日之旨被示

一實德卿入來驚（マヽ）面之處一昨夜御沙汰返々不得其意ニ付可籠居心底息朝臣面會之處公董朝臣噂ニ左上之御不德此上世上流布ニ而左實ニ長歎之至殊ニ正親町家爲御外戚之間實德卿押而被出仕御直ニ急度可被諫奏由被示有其理之間止於籠居近日直ニ精々可及諫奏存決旨被示之盡爲臣之道直言可感佩焉內事有示合之旨

一內府來狀懺法講出仕御行道被爲在ニ付可爲御前行被　仰出進退被尋問
昨春左府進退留一册書付三通圖一枚等借進了

一實德卿北方ゟ夫人內々息朝臣面會可行向由被示越懇情之至之

一左大辨宰相議奏加勢理（十月四日）治部卿同加勢（同五日）之旨觸文到來

一自今日來十三日中御講ニ付御精進之旨之

一岩倉大夫來問御講裝束衣色目

十日癸未　晴

一告不參於議奏

一出雲才介へ昨日所借太刀一腰返却了帶取金具爲摸形也

一帥宮爲攘夷別　勅使關東下向之事頃日被　仰出候處自去九月十四日於
橫濱鎖港談判取掛候義無相違旨從松平肥後守言上有之右ニ付暫御猶豫
之儀尾張前大納言紀伊中納言願出候ニ付無餘儀暫御猶豫被　仰出候事
正親町少將　監察使下向之砌於防州三田尻去月十八日脫走之輩數日同

宿不憚　朝威如何ニ被　思食候心得違之儀急度可被及　御沙汰之處以
御憐愍差扣被　仰下候事
別紙両條一列へも可申傳日野中納言被申渡候旨源中納言被申傳候仍申
入候御回覽可返給候也

十月七日　　　　　　　　　　有　長

一遣內狀於公董朝臣送物
一口上覺　別紙名前之者共御攝家方宮門跡方堂上方等江用向有之候節ゟ
罷出可申候間爲御心得可申入旨両傳被申付候以上

十月十日　　　　　　　　両傳奏　雜　掌

°松平土佐守家來
武山吉平　小原與一郎　竹俣美作　高津隼人　小幡源吾　木村條右衛門　木村鐵之助
°上杉彈正大弼家來
葭戸九郎兵衛　大瀧新藏　堀尾保助　大橋忠右衛門　伊達五郎
°紀伊殿在京役
若林作兵衛　佐藤孫兵衛　長尾小太郎　横井次大夫　岩橋轍輔

°松平讃岐守家來
°松平備前守家來
°小笠原大膳大夫家來
°阿部主計頭家來
°酒井雅樂頭家來
°松平越前守家來
°大久保加賀守家來
°尾張殿家來
°松平修理大夫家來

北原直左衛門
谷森之進
池田出羽
高桑忠右衛門
澤村宇右衛門
井上千太郎
鈴木七郎兵衛
齋藤甚右衛門
細井雄藏
中川淵
服部寅之助
有浦元右衛門
成瀬隼人正
大道寺玄蕃
永田益藏
植松豹次
內田仲之助
高崎猪太郎
村山齊助
三嶋彌兵衛

一井新吾
池田隼人
江見陽之進
輕部榮之助
三宅両太郎
江超[本ノマヽ]甚左衛門
寺田愼吉
伊藤友四郎
森賢次郎
山崎彦四郎
成瀬藏人
佐枝新十郎
尾崎將曹
澤田庫之進
吉井中助
高崎左太郎
上田郡六

谷小左衛門
梶浦勘助
河合源大夫
成田太郎兵衛
澤井宇兵衛
藤田錄四郎
寺田愼九郎
青山小三郎
久保田涙江
田宮彌太郎
尾崎八右衛門
茜部小五郎
尾崎銀三郎
奈良原幸五郎
井上彌八郎
木藤彦次郎

中川修理大夫家來
松平肥後守家來
仙石讃岐守家來
戸田采女正家來
小出主税家來
立花飛驒守家來
南部美濃守家來
井伊掃部頭家來

中川覺左衛門
小河彌右衛門
野村左兵衛
原　政之進
金澤加兵衛
大野英馬
廣澤富次郎
今井十内
中林三郎左衛門
谷津助太夫
大高金右衛門
桑山豐三郎
大崎奥左衛門
高畠義作
宮川登三郎
神　右内
上山守古
澤田悦太
岡島丹藏
關　由太郎

小原隼太
渡邊彦左ヱ門
小野權之丞
手代木直右衛門
庄田又助
柴　秀次
大竹□右衛門
尾崎重平治
赤羽庄三郎
麻見四郎兵衛
戸田金之丞
安田又右衛門
谷　章六
關　繁馬
富士谷小六兵衛
今淵定藏
太田平市
氣田元之丞
橋本軍八郎
高木銈太郎

井上宗三郎
小室金吾
外嶋機兵衛
鈴木多門
秋月梯次郎
小林半助
武井完平
依田勝右衛門
小原二兵衛
杉森要六
吉村喜作
松岡鎌治
中村廣助
林　禎輔
田中土岐太郎

正心誠意上

°酒井若狹守家來
°松平出羽守家來
°青山因幡守家來
°永井飛驒守家來
°松平甲斐守家來
°本多主膳正家來
°有馬中務大輔家來

山本十兵衛　櫻井久米右衛門　杉山龜三郎
柴嶋傳兵衛　小川柳藏　杉山雄吉
永田莊藏　別所武三郎　別所武五郎
赤城和平　渡邊喜八郎
坂東篤之助　土屋正助
鈴木治三郎　吉田恒左衛門
大谷紀八郎　今立六郎　小堀雄之丞
大谷幸橘
中神濟之助　大江新右衛門
有馬監物　渡邊內膳　不破左內
石野道衛　本庄仲太　戸田健太郎
柿讓平　山鹿正太郎　大塚敬助
古賀龍吉

以上

十一日甲申　陰

一告不參於議奏

一正三江遣狀越前被召由有風聞當春春嶽爲總宰職大樹上京中公用繁多之

時節居拾退自由之曲物ゝ大樹伺　天氣逼塞被申付之人不埒之至今更以
何故被召哉尋問但八月十八日朔有御前一封中越前再擧之文有之會薩之擧扵不審千萬之其餘三四ヶ條風聞尋問或
卿之所存尋了
一後時返狀來　令拜承候御安全恐悅存候然ヤ　一越前被召候三郎ゟ申立
ニ付被召候其已前春嶽御理本人ゟ申上被聞食候　一大樹上洛一橋も被
召候事ニ斷然と　宸斷ニ被　仰出候　一因備尾前大阿息等御暇各歸國
ニ候藤堂も近日願候由ニ候藝州も同上と承候　一松平下野守有馬加賀
等ハ近々上京哉ニ承候　一傳雜掌觸藩士來談之事未到來候違　勅家も
有之由何分未到來候　一十四日頃御催促書御出之旨御案拜見候心付も
無之候間返上候御差出之方何とゝ埒明可申候自餘御示之旨御尤ニ拜承
候日々出頭色々承居候ゟも得意仕兼候事も有之御尋之條々ハ各眞實ニ
候へとも愚考御尋之處ハ何共御答申兼候御照察可給候萬々期拜面候也
十十一

固大公内々　　　　　　　　　　叟

右朝政各如反掌可歎々々此卿近日染幕臭之由有風聞薩會之士始終出入
之旨之返書之体非無實欤長歎大息悲哉

一昨夜於祇〔祇カ〕園御旅所邊豐前小倉藩士□殺害主人反天道之罪歟

一今朝三條□上へ網輿十二三丁舁來由和州浪士之徒生捕之內云々

十二日　乙酉陰

一前新朔平門院十七回御忌明日正當依之今明兩日於中殿被行懺法講於般
泉兩寺御法會　一如安政六年抑後來可被止宮中御法會由國事掛人々去
七八月申行仍於今冬懺法も可被止有議去八月十九日柳原中納言尋予之
存念予所存爲　神國不可行佛法義自往古議論尤有其謂但　皇國中於被
止佛法ヶ可云洗濯　宮中御法事而已被除捨之條不可云改革依流例被行
可然哉佛法東迁經千餘載於被廢弃者能々被盡衆議可有御判決事也以此
旨答了

一御講伺御機嫌並拜聽參　朝之義無之哉尋綾小路（一列第一）之處於安政六年も
無其義今度同斷之心得之由被答示了
一内府以狀被返謝去九日借進文書
十三日丙戌晴　小雪十月中
御講當日也（今日朝未半剋計之）事訖各分散云々
一中川修理大夫家士熊田陽助歸國ニ付安否尋暇乞來云々
十四日　丁亥　霽陰不定雨下　入風呂
一告不參之旨於議奏卿柳原落手云々
一御講苑分給由（尤近習小番御免同列へ百五十枚賜由也）第一有長卿以回文被傳達（同卿被包分被達）御禮第一ゟ申上濟之由
也
一中亥日之玄猪申出如例
十五日　戊子　霽　月蝕九分半
一告不參於議奏

一和州浪士昨日も十二三與首級も五六到著彦根之手泉州邊ニテ召捕囚之由風聞風說有之
一松浦豐後守家士井福甚作來九月十八日豐前無滯歸國之旨此者ハ自江戶
歸國掛之旨安否尋問之旨也
一中院中納言議奏加勢依所勞理日野大納言同加勢之旨有觸章
十六日　己丑　霽
一告不參於議奏
一園少將入來來月息元服八歲之事昨日休日之由被示之
一實德卿去十日內話密事其後無音ニ付以內狀尋之處返狀來取要　拜見仕
候彌――抑去十日內々御噂申入候條々何も承候其後御直ニ令言上候へ
とも右府已下之處ハ御力ニ被遊候御樣子ニ候當時無人故歟何分於御前
御決定之儀ハいつ迄も被爲替候義無之斷然と
叡慮被爲有候樣願置候巨細申上度儀有之參上と存候處一兩日不快打過
候大樹一橋越前も被召候何とも見込ハ付兼恐入候事ニ候心事拜上万々

可申述候極密申上度義も候へとも難書取一兩日參上と存候也

十月十六日　　實德

御答內々

一正三へ遣狀十四日頃口二十日催促可申立先日申置候處予痔痛十三日後
又々不工合ニ付延引之旨申入且條々申入返狀後刻到來如左
令拜承候彌御安——相替候義も候ハヽ可申上承候一橋被召候處尙又
大樹上洛斷然被　仰出驚愕仕候事ニ候且橫濱鎖港談判之叓老中申上
候是等之事之余ハ爲差事共無之候凡近日ハ大躰　御宸斷斷然ニ候元
來小生等了竟（見カ）御評席御參考ニ申上候而已ノヿ多ハ御決定伺候分も有
之候

一三郎御依賴口尋承候左樣と被伺候

一薩長可及爭哉之事ハ先無之哉三郎ニも長ヲ引立候趣意哉ニも承候乍
去屹度見込承リ不申此度ハ薩人も度々面會不仕候小松兩度大久保一

度藤井來候へとも參內中ニ候一向實情も不承申候右御請申上候猶見
合參拜可申解——也

十十六　叟受

內々

一今夕佐竹守衞士下部有失敬之事自家僕內分及掛合由之
一有馬中務大輔用人不破左門來去月下旬上京ニ付尋安否之旨面之遣口祝
一裏辻侍從被免差扣閉門由有觸文可恠之世也再出頭歟如何々々
一武傳ゟ關東婚禮後大樹公和宮へ進上物色目可書出被示婚後太刀馬代銀
一枚宮へ紗綾二干鯛一箱昨寒中干温飩一筥宮へ薰物三種一箱等之旨十
八日申入了

十七日　庚寅　晴陰不定

一告不參於議奏
一自正少內狀——抑小子進退之邊御尋承候未何等之義も不分樣子ニ候併

元來覺悟之義故御放念希上候
一三郎上京專御依賴之由世間申唱候是ハ如何可有之哉諸有志彼是不服之
者も有之候由何（マヽ）成變ヲ可生難計恐縮之事ニ候
一俊印八月十四日再亡命ニ付御義絶之御次第委細御示畏入候不及是非事
共ニ候大和一揆も追々分散種々風聞候へとも一身ハ西國へ出船ト承候
追手も出候由ニ候へとも先々子細なく歟ニ申候
一正三當時甚不正之行條有之由所々ゟ傳承候如何之見込ニ有之候哉定而
毎度御文通と存候內々相伺候彼家來抔ハ會程難有ものハ無樣申居候由
扨々不審之事ニ候右等少々子細も有之候間極御內密相願候——
十十七
一忠愛へ自田中元良見鄉義弘太刀身二尺三寸分安政五年本阿彌有極書眞物
無疑由也燒刃地鐵共見殊也無銘代付金五百枚ノ極也大坂平野屋五兵衞
所持以二百五拾圓可賣渡由之

一親王御方ゟ給鯛體等御禮状新宰相へ差出了

十八日　辛卯　晴　越前上京之由

一告不參於議奏

一實德卿ゟ省中來状彌御揃御安全奉賀候抑此一紙内々入御覽候言上仕候由
ニ候日々小田原評定扱々見込之附申さぬ事ニ候兩三日中ニハ參上必事
拜上萬々可申述候仍――

十月十八日　實德

中山殿
内々

抑
當今不容易御時節私儀上京仕候樣再三之　勅命奉承知恐惶至極奉存
候上京之上猶又御當地之形勢四方之情態熟察仕候處誠以重大之御場
合ト奉存候ニ付聊愚存之趣奉言上候

皇國內外御危急之時節ニ當リ萬民之困苦ヲ忍玉ハス忝モ未曾有之　御英斷ヲ以去年以來大政御變革官武一致之御事業被施行殆御成就之時機ニ至候處何分當時之成行ニ而者　叡意宇內ニ擴充各國一致四民安堵之場ニ至リ兼既ニ八月十八日一擧之如キ深ク被爲惱　宸襟候御事共小臣悲痛流涕之至ニ不奉堪畢竟臣子之重罪不可遁儀ニ御坐候得共乍恐　朝廷之御舊弊も被爲在候御事と奉存候間伏願ハ以來奉始　至尊左右輔弼之公卿方急度天下之形勢人情事變御洞察永世不拔之御基本相立候樣遠大之御見識相居リ聊之儀ニ御動轉不被爲在候處專要之儀与奉存候朝令夕改御政令之輕々出候者自古變世之習ニ御坐候間此機會ニ乘シ　皇國挽回之道被爲立候も右之御大志御屹立被爲在候上ナラテハ如何樣之良法奇策御採用相成候而モ全ク其詮有之間敷本立道生之明訓能々御省察被爲在度奉存候

右者乍恐

正心誠意上

朝廷御根軸相居り候大急務ト奉存候未　御用之趣モ不奉承知候得共大事之御時節默止罷在候而ハ本志ニ無之愚存之趣言上仕候御所置之次第緩急ニ付而ハ愚昧之小臣一己之存慮ヲ以難申上候間列藩上京之上天下之公義御採用大策御決定被爲在度御事与奉存候誠惶誠恐頓首
敬白

亥十月十五日　島津三郎拜

上

右所申尤之如浮雲　綸言朝政實恐歎之至之

一夫人向正親町裏方入夜歸宅羽林内々被送酒肴可云厚志

一正三へ遣狀返書　拜見候彌――一獏朝臣出仕口先頃御評議有［　］出仕之上と申ヿニテ延候處此間柳原擧奏即日被免候此上御登用否ハ不承候

一三郎一兩日前建白何ヿモ　朝廷御基本御居りノ處計ヲ申上候其外何も

不承候

一同人大樹上京迄在京哉事未承候右御受——

十九日　壬辰　午後陰夕雨　予曉來腹瀉惡寒非輕症

一不參申入如日々

一招大邑泰輔服藥夕少發熱減苦惱

一松浦豐後守家來井福甚作明後日可歸國爲暇也所勞不能謁獻土產遣染筆
幷包物

一石井使來廿七八日頃大炊御門始被招候ニ付可行向招請厚念忝侚一両日
之中可申謝少々所勞之旨申答了

廿日　癸巳　晴　昨今增寒

一不參申入如日々

一園羽林入來石井拜賀可用轅哉先日已來傍家慶歩儀多如何者於有望ハ被
用轅可無子細又童二人召具所望之由近代各一人也可爲一人答了

一細川上京之由從士揮暴由有風聞
　廿一日　甲午晴　寒　所勞減昨訪
一告不參於議奏
　御書謹承仕候彌――此間御簾中光來畏入候――
一正三事尚又御聞も候ハ、御示希入候種々説有之氣毒千萬ニ存候――
一大樹一橋抔上京ニテ事定候ハ、彌　朝廷神棚ニ可立置恐入候事共ニ候
　殊越前春嶽去春一條皆被免被召候段如何之　思召ニ候哉長々歎息之義ニ候
一去月廿日議奏へ御申立之義于今無御沙汰候間兩三日之内斷然と御理被
　仰上候由此義暫御見合ニ而ハ如何可被爲在哉　朝廷正義之臣段々無之
　成行候而ハ實ニ　皇國之御大事此時ニ候間一人ニ而も減候てハ難相成
　と長州よても各申居候少々伺度義も候へとも難書盡候間無據見合居候
　兎も角も先當月中御見合希入候追々切迫ニ可及ト申候者も有之候へと

も今暫ハ此分ト奉存候併宣嘉此頃但馬へ登來候由少々事起可申哉何分
箇様之形勢よてハ所々事起可申哉よ奉存候扱々恐入苦心之義共ニ候｜
｜
一來廿七日春日社同若宮社等立柱上棟遷宮等日時定陣儀自廿六日晩到陣
儀訖御神事來廿三日巳刻賀茂社假殿立柱上棟遷宮等日時定陣儀ニ付陣
了迄服者參　内可憚等之旨武傳有回章

廿二日　己未　晴

一不參如日々
一佐竹守衞士下部無出門之時人數減少内問尤可減示答
一實德卿へ遣狀返狀如左———
一大樹上京御受未申上候一橋同上
一横濱拒絶應接之次第未申上候
一宣嘉丹州ニ上來何カ内願義有之趣ニ而及戰爭候トカ申事言上有之ノ寫

正心誠意上

明日上候

一當時在京大名之名前明日可上候

一今度今川上京一年詰トカ申ヿニ候へとも子細未承候――

一松浦豐後守來狀先比上京彼是世話且入來初謁馳走等事被謝示

一勸修寺ゟ藤大納言退出隱居于聖護院宮里坊之旨吹聽

一藪新大夫入來息叙爵申上又親王小兒ニ御內定之旨被示

廿三日　丙申　晴

一不參申入如日々

一正三來狀明日休日之旨申來（去月廿五日六條久世國事御評席被加旨自議奏被示心得之處無之由爲念被示由之）遣返狀

一植木賣持參　買百株植所々

一左大辨宰相議奏加勢之旨有觸章

廿四日　丁酉　晴陰不定

一佐竹守衞士へ自今日再遣酒肴（四番到廿七日）

一實德卿來入來廿七日春日社若宮社等立柱上棟正遷宮日時定陣上卿ニ付被示合又談世事

一舊女院御舊地（下立賣）敏宮御殿（中造之處桂宮御相續ニ付局向皇子降誕之所ニ御治定）今度尹宮拜領云々可恠可歎又息朝臣之一件甚不服之旨被歎息

一公董朝臣遣狀又送伊丹酒一壺過日再保命酒到來之謝之

一一條殿來使堀川園羽林申請網代輿堅サン之事之

（此文九月廿日ノ條ニ見えタリ　校訂者識）

闇愚之（忠能）去月十八日結搆蒙御沙汰恐懼畏存候然處痔疾再發不勤恐入候未全快候へとも漸ヶ成ニ步座出來候尤何之御用ニも不相立候得共從來攘夷一件ニ付而ハ　皇國之御爲數年之念願ニ候間可盡誠勤心得ニ候然處眞僞も不存申候得とも和州浪士一條俊齋も立交居候旨風聞且武邊觸流ニも有之由尤（忠能）一切不存申義殊義絕も仕候上者可有關係筈無之候得共一分心得迄ニ去月廿八日三條前大納言へ内談候處右觸流ニ同人

名も有之候間右觸改トカ又義絶之事觸出ニ而も武傳ゟ可被命候間一両日出頭見合可然内々尹宮前殿下被命候由同卿ゟ被示候但其頃ハ痛所難扶籠居今月五日承候ヘハ俊齋義祖父已下義絶之者之由觸出も有之尤忠能ニハ　朝議親疎ニより善惡ヲ相混候所存毛頭無之候間此頃出勤ニ而も不苦義とハ存候ヘ共爲念相伺候呉（々脱カ）も御役ニ不相立愚質強而出頭ヲ希望仕候所存ハ一切無之既昨年正月已來度々退役出願之通之義ニ候間御差支之筋も候ハヽ一端被　仰付候御用勤仕之義御差支之子細ヲ被　仰出斷然と被免候樣希入候乍去萬々一重て御用等も被　仰付候義ニ候ハヽ引繼キ御樣子等覺悟不仕候てハ其時ニ當り万事難辨解既八月十八日後も春來之御次第一向不存申候ニ付事々件々難分唯當惑而已仕候右ニ而ハ大切之御用差掛り御用辨ニ不相成却而不都合之義も可出來候間中絶ニ而大切之御用向俄ニ被　仰付候義ハ兼而御免希上置候呉（々脱カ）も攘夷一件ハ實ニ生涯之存念一命有之候限ハ可盡力兼々之心得ニ付一應ハ愚存

打明言上御様子奉伺候此由宜御伺定御示命願入候也

忠能

九月二十日

正親町大――殿

日野中――殿

右衛門――殿

追申先日正親町三條へ談候へ共所勞之由乍御面働相願入候也

御揃益御安全恐賀候抑甚御面働（マヽ）恐入候得共不外御義内々御様子相伺御
内談希上候他事ニも無之小子参　朝之義ニ候先月差入從正三卿御内談
被申願吳候處暫先達已來之通稱所勞居候方可宜御考給候由御命之旨同
卿被示候間其分仕居候右ニ付何等之御疑ニても被爲在候次第ニ而九月廿
日以一封申伺候御答も不被爲在御事ニ候哉何ソ御様子候哉内々心得ニ
相伺度存候元ゟ出頭ヲ願望候所存ハ一切無之候へとも痔疾ヶ成ニ歩座

も出來仕候間相伺候ヿニ候攘夷一件精勤ハ從來之念願ニ候併何ソ御疑ニ而も有之義ニ候ハヽ所詮攘夷周旋之念願も是迄ト存切內存ニ候間何卒善惡何レニ而も御返答相伺度存候ヿニ候何ソ御疑ニ而も被爲在候義ニ候ハヽ御尋調ヲ蒙明白ニ仕度候右等九月廿日申立候義も候間矢張御同役御連名ニて申上候方宜候ハヽ早々同樣ニ仕可申立候仍愚存ハ彼書取ニ申上候通聊無表裏候へとも樣々之御時宜ニて可否之御沙汰も不被爲在候事哉と深心痛仕候貴君之御事故打明申願候何卒御樣子御內命給候ハヽ畏入候併凡際限も有之候事ニ候ハヽ見合居候へとも無限義ニてハ打明候處難溢仕候先極內々相伺度乍御面倒以書狀希上候何卒御一筆希上候也

去八月被　仰付候御用勤仕ニ付忠能參　朝之事九月二十日以一封相伺候御時宜如何被爲在候哉ヶ成ニ步座出來候間相伺候併吳（々脫カ）も出頭ヲ希望

仕候所存ハ一切無之候愚存ハ以一封申上候通ニ候ヘ共御疑念も被爲在
聊ニ而も御差支之筋有之候ハヽ何卒右御用被免候樣希上候元より愚昧
之儀出仕候共必治國攘夷之見止メ者無之攴ニ候間小番御免一通り之勤
仕ニ而他行等も仕度候仍此段更相伺候宜預御沙汰候也

忠能

十月十四日

正親町大納言殿
日野中納言殿
右衛門督殿

去八月十八日被　仰付候御用勤仕ニ付忠能參　朝之事九月廿日以一紙
相伺候御時宜ハ如何被爲在候哉於攘夷一件去戊午已來日夜無懈怠精々
可盡國忠存念ニ付痛所もヶ成ニ步座出來候間相伺候事ニ候誠心有体ハ
右一紙ニ申上候通ニ候得共其上御疑之筋も被爲在候御時宜ニ候ハヽ强

而言上ハ恐入候間右御用速被免候樣希入候元ゟ出頭ヲ願望仕候所存一切無之且愚昧之質ニ候へ𪜈出勤仕候共必治國攘夷之見止も無之義故旁以以來ハ小番御免一通り之勤仕ニ相願候此段尊公方迄申願候也

十一月　日　　忠能

正――
日――
右――

廿五日　戊戌　晴暖如春入夜小雨

一不參如日々
一野宮來狀來廿七日講被催由也後剋返狀送金一圓
一正三遣狀義弘劔入　叡覽之事等も申入
一董ゟ來狀返書也其中長州へ幕ゟ討手差向ト申說有之候由ニ候如何之ヿニ候哉眞僞も不分候

一來廿七日酉刻賀茂別雷社假殿遷殿ニ付自廿六日晩遷宮了迄御神事之旨
右武傳廻文

廿六日　己亥　晴　玄猪申出第三度之

一不參如日々　自今日學院御會被再始云々

一昨日御細書拜承候御揃御安全恐悅存候扨兩三日先變候義も無之先達後
ヶ條明日可入覽候扨珍劔今日入御覽候處兩三日御熟覽と申義ニ候此段
も一寸申入置候仍――　實愛受

一再書明日休日之旨申來

一基祥朝臣入來來月下旬息藤丸可加首服爲加冠行向之義被賴彼一門當時
無納言參議之人懇請之領掌了

一今川侍從使上京ニ付爲土產半紙三百枚到來

一戸田大和守入來回所勞不面

廿七日　庚子　晴　大雪十一月節

一依吉日北祭宮公董朝臣歸京立願御礼千度夫人已下終日參詣　妹能子正
　親町侍從幷妹姫弟丸等同伴
一基祥朝臣來狀網代輿基福公自桃花到來之由堅算古物修覆一件之
一今夜酉刻別雷社假殿遷宮之
一石井へ遣使大炊御門招ニ付予被招處所勞不能行向仍相拶申遣了
　廿八日　辛丑　快霽　巳前刻地震
一告不參於議奏
一基祥朝臣入來網代輿一件也
一正三へ遣狀一昨日入天覽義弘太刀申出事申入
一野宮へ遣狀（返狀今川刑部大輔上京事承候當春ゟ始り高家一両人在京ニ候横瀬ト替明年一ヶ年在京ニ候）
一藤波へ遣狀舊冬借用齋宮部類五册（亨保奥書）返却了
一廿九日巳刻中川宮一乘院宮里坊ゟ西院參町新殿に引移之旨道筋之家々
武傳雜掌觸有之

一入天覽鄉義弘太刀身自正三返給了

一友君ゟ今日不行向ニ付祝飯被送――

一一條亞相來狀園願申綱代與堅算事昨春清閑寺同樣事ニ而願濟ニ付再懇願之旨清閑寺舊證不分明ニ而被免候上者可爲同樣全體先例年月等不分明之義申立候時ハ無際限義ニ付慶長已來准槐ニても有之候家は格別其餘ハ得と先例被取調之上可被免許申答了

一來月廿四日新嘗祭ニ付自來卅日晩御神事從來月廿二日晩到廿五日朝御潔齋候重服幷法中輩到廿六日朝參　內可憚――右傳奏直觸且自廿三日暮六時至廿五日朝五時佛事類鐘止自廿四日朝六時至廿五日朝六時御築地內僧尼法體不淨輩往返停止但俗體ニこしらへ穩便往反不苦火用心尙更可入念ヿ等雜掌觸有之

　廿九日　壬寅　雨

一辰半過尹宮門前通行殿上前驅三人各直衣梅溪小倉等帶劍步儀地下前驅

五人（四位一人五位三人六位一人各衣冠歩儀）連轅冷泉中納言野宮宰相中將等也前陣會津厩上下士五十人計劒付炮二三十人炮筒四五十人列之後陣薩藩士厩上下士五十人斗無飛道具非常之警衛歟不普通列也如何々々

一告不參於議卿

一紀伊使手扣　紀伊殿先般參　內相濟候ニ付目錄之通以使被致進入之候

十月　（紀伊殿使）木村條右衛門

中广竪目六重二枚　白銀七枚　紀伊中納言

一友君へ昨日謝禮生肴遣了

一去八月十八日脫走人々奸計之旨虛說專流言之由右等之儀爾來決而不信用妄說抔一同可相心得　御沙汰候事

隨心院准后宣下ニ付麝香間參入座次可爲內大臣上之事等昨日被　仰出由有長卿廻文有之

三十日　癸卯　晴

一告不參於議奏
一通凞卿來狀明日御休日之旨也
一戸田和州來使予所勞尋肴靑籠一到來
一石井ゟ友姫弘メ强飯白黒豆生肴一折送物到來
一五條拾遺入來先頃壬生相繼人一件配慮之禮也菓子一箱到來謝
一新中納言議奏加勢之旨有回文
十一月小建甲子
朔日　甲辰　晴
一今川刑部大輔へ遣使上京悅且過日爲土產半切紙三百枚到來挨拶滯京中見舞有用事も可被示由申遣送交肴靑籠五種一樽代銀二枚等了一昨冬東行中入念之故也
一野宮昨答來御書畏拜見候參內中失敬可被免候彌御揃御安全恐悅候抑紀州ゟ進上物事承候諸家一同ニてハ無之候內々家來ゟ承合候處兩役加

勢之由正三ハ不被受其餘加勢等ハ被受候由ニ候御受納ニ而御宜存候御
答禮ニハ不及様存候仍早々――也
十一月一日 當賀　定功受

一正少返状――抑御出仕之事今に御決答無之由扨々歎息仕候假令一々御
所意不被立候とも正義之御論一ニ而も相立候様と存候間家公へも實ハ
両度申入候事ニ候御狐疑之御事ニ候ハ、實以恐入候御所置ニ候此上者
無致方思召通ニ御取斗其邊よて埒明御採用ニ相成候ハ、重疊存候全體
御一身之義而已ニテハ一切不申上候忠臣追々被疎遠候てハ　朝廷御危
難且萬人氣合此時ヲ失候てハ挽回之期實無之候間苦心仕候事ニ候――
公董受

二日　乙巳　晴

一告不参於議奏
一日野黄門へ遣状彌御安全――抑甚乍御面倒不外御義内々御様子相伺候

小子參　朝之事先月差入從正三御內談被申呉候處暫先達已來通稱所勞
居候方可宜御內示之由ニ付其分仕居候愚存九月廿日申入候通ニ候へと
も何ソ御疑被爲在候御樣子哉內々伺度候攘夷一條ハ精々可盡國忠所存
痔疾もケ成ニ歩座出來候まゝ伺候事ニ候元ゟ出頭ヲ希望仕候所存ハ一
切無之候併何ソ御疑有之候義ニ候ハヽ所詮攘夷周旋も是迄と存切候內
存候或ハ御疑も有之候ハヽ御尋御調ヲ蒙リ事理明白ニ仕度候右等御相
役御連名よて申入宜候ハヽ可申入候呉（々脱カ）も愚存九月廿日申上候通聊以無
表裏候へとも何樣之御時宜よて可否之御沙汰も不被爲在候哉と深痛心
仕候貴君故打明申伺候併際限も有之候て見合候方ニ候ハヽ見合候へと
も限無之候而者實ニ迷惑存候――

忠能

日野黄門公（內々）

右大意文面有違カ不覺

一親王御方女中ゟ盛來春來初度也遣盃話〆內御用掛虫鹿織部正俄死去替

渡邊上總介之處和州一條ニ付十津川撫育之爲執次二人渡邊東辻下南ノ處堂上ニても下向可有之由ヲ申立一向不埒明滯南國之旨

一過日石清水社社僧尹宮館入亭へ遠國士來面會ヲ乞直ニ首ヲ打落行方不知由

一紀州へ遣使先般御參　內濟ニ付御目錄之通御送添被存候爲御答禮目錄之通被致進入之候

十一月　　中山前大納言使

竪目錄中广　白銀七枚二枚重不注名字

[右取計候旨以狀野宮へ申入置役邊關係無之之身之故也]

一桂峯院殿來狀春來所勞不被自筆賀茂川產小魚煎付稱不知鷺到來進大體一切

一昨日公董朝臣返狀之內大樹來月上京之旨御聞候へとも大樹橫濱談判中出京も不安心存候間先一橋上京申付候間委細被　聞食候樣願度候事箇樣ニ申來候由ニ候

一公董長州ゟ引出物風聞ニ付御尋承候一切理申一品も不受候先方ニハ種

々用意有之旨ニハ候へとも一品も落手不仕候種々珍敷事共有之尙拜上
と存候
一暫見合居　親王御代御扶助精勤之義巨細御命恐入承候此義も兼苦心仕
候當節之如キ御政事ヲ御見習ニ相成候而も御成長後乍恐如何可被爲在
哉と深御案シ申上候諸事公私共恐縮之外無之候萬々拜上可申上候　右
一番」
一通熈卿來狀明日休日云々
一藪新大夫入來去月中借与廿枚來十三日迄延引頼之
三日　丙午　晴寒
一桃花來狀日々寒氣增長候彌御揃御安全珍重存候抑去日申承候園申立堅
さん輿之事先代ゟ遣候年月吟味候へとも不分候併甚懇願候へ共猥相成
候てハ差支困候此度之處何トカ申答一紙ニても可遣哉御面倒恐入候へ
共今一應願入候――

正心誠意上

敬承仕候如御命日々寒氣加増候彌御揃被遊御安全令渡給恐悦候抑園願之事承候先間拜見候書付ニ而者基福准槐中御送被爲在候間再用度由ニ付年月可注進御命ニ相成候處昨年二月清閑寺ゟ同樣之申伺ニ而被許候由（先例年月不分）然ル上ハ可爲同樣候併已來之處准槐ニ而數年存命候家慶長年中後有之候方ニハ若願候ハヽ可被宥許左もなき方ハ得と先例年月等も御考合之上可被免申入園へノ案文進入了

此三首十二月十日ノ分カ

（ふまきらし）
白妙よ降つむ雪の中ゝよ煙いろ𛀙ふ〻ねの炭らは

峯高〻雪〻れ雲に立添て松より奥よ煙る炭らま

降うつむ雪に煙を立兼て一筋はさき峯の炭ゐは

枝垂る六田の淀の柳ゐ〻深く成行春の色らな

乗駒の鈴もミ雪もふりそへそ小忌の色そふ歸立らん〔歸さ色そふ小ミの袖かな〕

床冴るねての朝きよ聞ゆ之雪〔鈌〕◎以下

四日　丁未　晴寒小雪

一告不參於議卿

一一昨日返答日野黄門催促追〔而脱カ〕可有返狀由之夕景來狀云森俊齋一件未落著御差支之義候間被免當役同樣候旨被　仰出候尤厚志之儀ニ付追可被仰出儀も可有之旨右府公被命候仍申入候也

十一月四日　光愛

中山殿

右四折到來承候ト加墨返了

一佐竹藩士へ右被免ニ付不及守衛旨申渡武傳ゟ可有示ヿ之間其旨も申合了

一作州〔欠ヽ、〕　進小刀卿〔鄕カ〕延重作來祈〔所カ〕願所所望家司書下云

五日　戊申　晴　雪午後晴

一佐竹士傳奏未申渡由ニ付詰合五人面謝了十五人傳言挨拶申述了又飛鳥井へ使ヲ以申遣了

一同士之內賀藤吉郎願申予詠哥色紙短尺

一園羽林入來謝網代輿事

一巳刻前詣吉田春日社同若宮等公私之義祈願春來未能參詣午刻後詣北野宮同上申上剋歸宅

一董朝臣來狀

六日　己酉　晴

一佐竹藩士今朝自傳奏申渡ニ付退散之旨屆申云々

一自庭田黃門來狀ト（イ申）合ニ付進退被尋一閉四冊自醍醐殿返九日借進了

一佐竹へ遣使守衛之義挨拶申遣了

七日　庚戌　雪寒

一今夜戌刻春日社正遷宮降地上且可遙拜處依桃花事不能其義
一辰刻計橋本來狀曉來左府公急變之由予へも可有傳被示由也小時以使同
斷被示早可參入亞相被示〇日拜等了卽參入醍醐黃門橋本宰相中將等先
是參入於亞相居間萬事有示合正親町大納言久我三位中將醍醐少將等追
參入內々謁遺體落淚了夏已來大病止飲症八月以來平臥有增減先月下旬後
追々衰弱但昨夜無殊事今朝養鳥之義抔被命一睡子過欠氣五六度其儘泯
衰追々衰弱終ニ絕脈血冷之由之自幼若予殊懇意公事私用無內外被示合
予又不存別意述所存今及永離之條可悲々々
一新甞御神事中且今夜戌刻氏社正遷宮之凶發如何之處故基前云欠マヽ年
四月十八日薨依所勞被辭左府已下同日凶發有之祭廿四日ニ付被示合于
殿下內覽右府前殿下等彌今日發覺一定之
一藏人辨勝長此辨之外識〔聯カ〕事各差支也以使左大臣隨身兵仗等辭退幷　勅問御人數豐明神社
等依所勞御理被申上　聞食之上以醍醐息兩辭退御禮被申立卽初度容體

書被差出引繼二ヶ度容體被出藏人辨依不心得被聞食義及深更被申告之
間既及子刻仍三ヶ度容體且薨去屆亞相暇服穢屆等明早朝可被出治定（七日）
（亥刻過被薨去之屆也）子半剋歸宅了

七日　麗和

一過日親王女中內話八幡僧災難事實事（稱中川宮懇意寺田中坊菩提所毎度有往反）士二人出頭長密
談中不意之音ニ付家來出席之處彼僧首級斬落士不知行方處有證據二品
一（一ハ山鳥羽矢　一ハ矢ヽ）是尹宮乘御ヲ呪詛之件云々然處知其子細之者一人有之水藩
へ召捕有之由言語同斷事之此事帥宮入聞深憂正親町へ內話之義有之
上ニも聞食有之由也
一宮中親兵候所二ヶ所（百廿坪余）撤却兩役五人分配拜受候よし也不及職奉行
由不當之義之
一凶具不僃末樣事武家行列不可增加于故准后度事

八日　辛亥　雨雪寒

一進桃花溫飩蕎麥等尋申凶事安否○同亞相內々一封密棺十三日戌刻入棺十八日酉刻葬送廿一日酉刻自廿二日晩御潔齋也幸德井勘文被見各無子細內棺一日も早方可然哉由申入內棺強ゟ不及勘文也申入了

一昨夜亥頃左府辭退且又大切之旨度々爲知有之

一昨夜亥半剋前左府薨去之旨今朝有爲知

一實愛卿昨日來狀被借箇條書二閉寫取今朝返却

一佐竹家來大野隼治來先達已來守衛入來度々酒肴頂戴且退散ニ付詣合五人へハ面會殘十五人へ傳言挨拶深悉由爲惣代申來

一詣桃花實母事陽明沙汰之由ニ候處入江保田伊地知申事ニ付陽明へ麗ゟ申入事

一中園事被申松宮申渡

一內棺十二日ゟ早不出來事

一松宮院号東福寺勘進口松宮事

一同宮袴借進事

九日　壬子　雨雪　午後晴入夜又霙

一橋本へ遣狀今日桃花へ可參申遣

一庭田へ遣狀過日返書也

一母公御廟へ代參式部

一向一條家於亞相居間面會

一實母被召出事上﨟中園是迄通勤仕事等有內談旨中園御受申上〇依實母江州高宮邊之者故左府被遣永暇出入被差留近頃內々亞相方迄折々出頭一人扶助遣アリ實麗卿被參前殿下此公有示之旨由亞相被示之故ニ入江保田伊知地等內々有申旨再勤薙髮等ハ不服之由ニ

一野宮ゟ來狀肴三種到來先日詠歌染筆禮也明日返書謝申

一董狀一橋黃門一兩日前浪花著船之旨慥ニ承候へ共今以屆尤（无カ）上京も無之由不審之コニ候

一尹八幡僧祈禱一條慥成事共ニて誠苦心仕候併掛居候有志も不少候間何

トカ其內ニハ可相成候――

十日　癸丑　雪解如晴

一慶子依月事下宿未刻

一實德卿へ遣狀男山異說一件之可有入來由之

一實麗卿へ遣狀一條亞相實母歸參薙髮上臈次座可被申付由昨日被示是前殿下被勸申之旨被示處入江保田伊地知昨夜內話ニ而者亞相極意ゟ出趣ニ付陽明へ今日兩人可同伴約置昨夜同卿ゟ前殿へ被申入置處予昨夜來痔不工合未能正座之間先同卿計今日被參入候樣賴遣予所存ハ父公被咨置女故今度被免出入棺前奠香扶持米五石或ハ七石被遣又々追々ニ被申付可然由申入了

一本阿彌七郎右衞門江戸ゟ為御研上京一昨々日申付鄉義弘太刀身研出來寔寶劍也

一園羽林來狀ト合兩日衣體并進退尋敎諭了

一一條殿來狀東福寺廟所被談又十二日夕可參入被示

无所存旨申入了

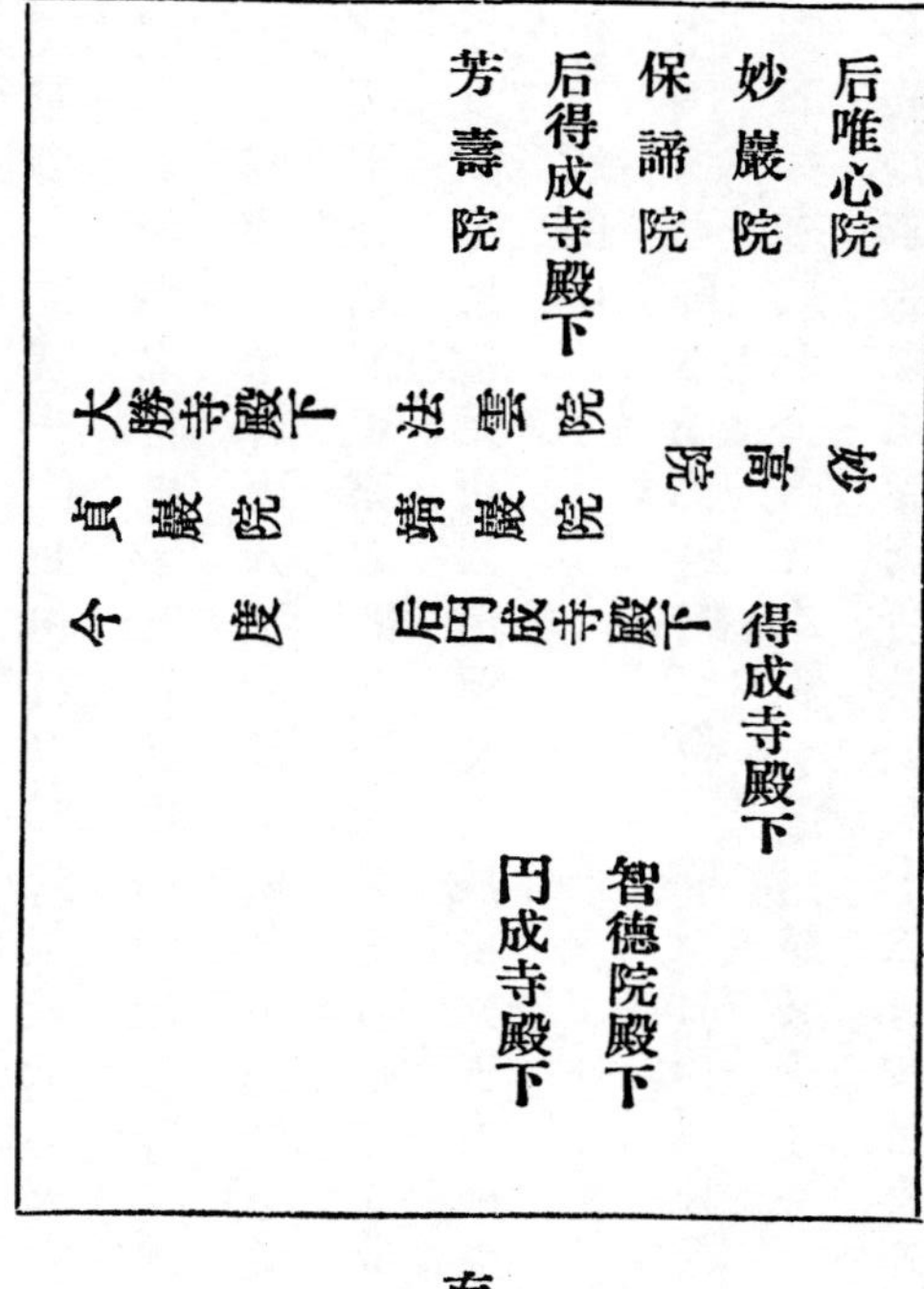

南

一實麗卿入來被申前殿（依用事以進藤内談云云）細事被申入ヿハ理表向棺入奠香宜哉一應可被申入由也

一實德卿入來一件帥宮內談櫻田ノヿ御神事後ノヿ參　內理ノ事

一董歸宅卽一件內話事（土因兩藩士專申）薩士中村源五專尹腹心周旋ノヿ田中坊菩

（法圓寺忍海）提寺ニテ長谷寺抔へも關係ノ寺僧ノヿ細川藩水戸藩二士僞爲尹使行向
內談歸掛一封言傳途中開封之處得證ニ付立歸彼僧殺害ノ事既以證書士
落訴出實德卿ゟ內々言上事正三へハ內密之樣土士申事此上以何藩
叡慮御依賴之思召候哉伺度申出由ノ事
（山鳥羽矢ノ事　雉生膽供物ノ事）

十一日　甲寅　晴

一實德卿遣狀息同上
一醍醐へ九州申合一紙返却
一准后里殿へ渡給月事之
一俊長州益田右衛門助領分ニ潛居ノ由

十二日　乙卯　陰雨寒冞　冬時十一月中夕七時五分

一未刻計參桃花今夕密棺也酉刻亞相始女房燒香了令諸大夫侍等舁入船於
棺中予實麗卿等候傍加下知女房等裝束已下雜々具蓋裏亞相執筆云　前

左大臣從一位藤原朝臣忠香公柩　棺欠マヽ之間欠マヽ七八歩引廻之　蓋上
ノ方ニ上ノ字前ノ方ニ前ノ字書博士書之
一追号寺門注進五号之處不宜ニ付大勝寺忠良公号後ノ字ヲ加被治定又簾中松宮
院号松壽光院同注進之内粗治定之由ニ候處是迄簾中三字号無先例ニ付松壽
院治定來十八日入棺之日薙髪戒師東福寺長老治定也松宮面會被謝此度之勞○過日依御賴
朽葉色女房袴同宮へ借進了火急ニ難出來之故之○亞相實母已來被免出
入於棺前奠香爲扶持米三人扶持可被遣治定○葬送列書諸大夫已下人體
治定
一妹定光院入來慶子面會逗留
一中川家來小原隼太昨年來在京今度歸國ニ付來
十三日　丙辰　霽
一實德卿來狀十五日休日之由也　實方両度入來勘解由小路延丸來
一一條家ゟ前左府追号後大勝寺殿廿一日酉刻葬送出棺之旨有知

十四日　丁巳　霽

一本阿彌光圓廿日迄太刀身申出事頼出請書ヲ取承知ス

一實德卿來狀明日休日可行向被示

一入夜妹被歸

一藪新大夫父子公董朝臣女園息入來○親王女中照女來

一有馬中務大輔使堀江但馬今度中務大輔上京ニ付鮮鯛二尾樽代五百疋等被送之一昨夕上京云々明十五日以使悦見舞且挨拶等申遣交肴一折樽代銀二枚遣了

一右府出行掛會津ノ守衞士ニ紛レ進寄欲打取之處守衞之輩生捕之雖及糺彈不述其實唯閉口風聞後聞本願寺邊有此沙汰但若虚說歟

十五日　戊午　晴

一未刻向正親町被差茶菓一盞長談ハ法園寺忍海一名雙樹院如雲瀧本坊同居北坊○小松帶刀姫路藩へ内話ノ了○綿分配ノ了サ中村源吾イ勝部

靜男ト能勢達太郎九廿　廿四　廿五打　十朔可出頭　秘事書一冊借用予

秘書借遣了日本橋張紙寫借用

十六日　己未　晴

一准后十一日辰半御歸參之旨有武傳觸

一藏人中務少輔入來新掌螺鈿細太刀借用被頼可借與返答了

一佐竹藩士過日（欠マヽ）染筆物禮生肴一折進入十三人

一定國朝臣來　參勤事被届示

一差次藏人送地下次第一冊先頃執筆頼置之

一實麗卿書狀實良卿實母一件前殿下ゟ被申入之條々以進藤式部少輔被示
合由之被聽館入於棺前奠香可遣扶持米過日申合之處中陰中ハ無何被留（置カ）
主中陰了退散ト前殿ゟ可被申入ニ付両人所存被尋由之元來內事予等強
而不拘事也但表奥共家來不服之事ハ爲家亂之基ニ付一應ハ申入中陰後
必速退散候ハヽ無所存旨申入了

十七日　庚申　晴　甚寒入夜小雪

一早天慶子歸參

一午刻參神樂岡氏社同若宮今日春日祭之祈念玉體御安泰儲君親王御安寧家族無事安全等了

一南都參向上欠々、辨

一實德卿へ中條侍從建白且在京大名交名等

一董朝臣へ男山秘事之書付返却了

一陰陽助呈明年曆一卷如例

十八日　辛酉　晴折々小雪

一實德卿へ賴越之新嘗祭當日議奏備志予安政六年新作一帖借與了

一基祥朝臣へ紅梅日蔭糸借與了

一就　神武帝山陵使發遣日時定來廿八日卯刻陣之儀了迄重輕服者可憚參內由武傳觸有之

一同雑掌觸攝家宮門跡堂上へ用向有之節別紙名前之輩罷出由心得觸有之

細川越中守家来　有吉将監　有吉市左衛門　沼田勘解由
長谷川仁右衛門　片山多門　青地源右衛門
中山平左衛門　右田才助　道家角左衛門
嶋莊右衛門　櫻田覺助　藤本兌三郎
安岡辰之助

戸田采女正家来　戸田權之助　竹内松左衛門　安田又右衛門

岡部主計頭家来　大森操兵衛

松平土佐守家来　福岡宮内　下村鍵太郎　武山吉平
小原典一郎　國澤四郎右衛門　下許武兵衛
生駒清次

松平伊賀守家来　石川敬藏　赤座壽兵衛

松平伯耆守家来　森田重兵衛　有本九八郎

松平修理大夫家來　小松帶刀　川上式部　島津主殿
伊集院平次　大久保一藏　伊地知正次
内田仲之助
松平隱岐守家來　吉澤勘助　井上半七郎
松平下總守家來　伊藤作三右衛門　佐藤江揚之助　平野俊吾
市原義兵衛　鷲尾友衛　平野桂之丞
以上

一同觸四條芝居帶刀仲間體之者大勢無錢ニ而立入役者藝場所往來道迄塞
芝居掛之者難澁之趣申出候無餘義聞ニ付官武共向々ニ而取締有之候樣
之回文等之
此事薩州周旋之旨日來有沙汰今果而有此觸可怪世形也
一江戸本所岡本辰之助東家來成
十九日　壬戌　霽陰不定寒

一八月六日江戸日本橋張紙寫返却于實德卿同卿醍醐中院等へ三夕染筆頼
遣
一勘解由小路雲州入來父朝臣被賴木地螺鈿劒被申出由卽借與紫檀地螺孔雀カ
一董朝臣文通烏丸拾遺母土州實德卿室姉公董朝臣姨也昨曉卽中風頓逝之由之前大
納言薨九月十八不遠凶事何咎哉烏丸侍從八月十八日已來御咎差扣之處
父卿葬送日之夜歎願ニ付爲葬主加行列由也今度如何
二十日　癸亥　霽冱寒先日已來夜ハユルミ晝甚寒硯氷難書記程也
一丹州銀山一揆ハ分散元澤主水正爲首長由之處和州再一揆有之由風聞又肥州天草へ
も一揆起由風聞但各不慥若虛說歟
一依有存旨先日已來實愛卿不書通處尚有所存今日遣狀
一實德卿來狀過日ゟ御書中之處參　內中不捧御答恐入候彌御揃御安全
｜抑朔日張紙寫返給令落手候且大樹上京ゟ言上無之候去十五日本丸燒
失候且此度上洛ニ付國守幷准國守等被召候由ニ候一寸申上置候新甞御

備忘拜借畏入候仍乍延引――

實德

十月廿日

中山殿
内々

二白三梨堂書付内々入御覽候也

一夕召平戸兩士於前一盞

一先日嶋津三郎亭招請右府尹宮前殿下内府左大將六人饗饌盡美又有相撲之興云々極意難計右内両府被隨之條如何朝家重臣如奴婢長歎々々

廿一日　甲子　晴

一正三昨答來昨遣狀加墨也

彌――抑　一長州一切何も不申出候哉此儘よて治り可申樣子ニ候哉○此頃井原主計とゐ申人大坂へ御辨解ニ登居候由以京留守居可申出(上カ)旨被仰付候未申上哉と存候何も不承候

一全體世上先靜ニ候欤何分治平ニ候ハヽ差當恐悅候○靜否不分明ニ候何

事も御同様不承候色々申候事も候へ共慥成義不承候

一攘夷拒絶應對追々言上と存候何程ニ相成候哉内々承度候○攘夷ノ一言上無之候大樹上洛申上候事哉何も不承申候

一有馬中務大輔上京候右ハ所存内願先頃御面倒希入候通之義ニ候處又々被召候由ニ候何等之御用被　仰付候義ニ候哉内々承度候○押而被　仰下候御請之處又此頃國内一揆有之進上伺有之候處精々手當之上可上京被　仰付候上京之上御用向ハ心得不申候御評議無之斷然ニ候

一大樹上京いつ頃ニ候哉一橋ハ上京候哉○未承候へとも十五日本丸炎上ニ付延引哉と存候一橋も未上京候由ニ候

一和州再一揆起候旨風聞候實事ニ候哉○未承候

一當月朔日トカ下立賣門外張紙有之右内々忍海トカ申僧之義有之由右ハ眞僞如何候哉間違之說ニ候歟○何歟承候へ共委敷事不承候書付も不一見候バツト張紙之事計ハ承候文中迄ハ不承候

右等御面倒御加筆希上候也

十一月廿日

荒々御受申上候任仰加墨御斷申上候此頃一向御用も無之御評議も無之何事も多分不承候昨日少々取込候義有之御請延引御斷申上候猶又替候事も有之候ハヽ、可申上候只々浩嘆而已ニ候御推察希上候也

下成大公ミミ極内々　上固大公叟

一前左大臣忠香公今夜葬送于東福寺也遣使於寺門備葩忠愛同上未刻向桃花凶議紛々悲哉戌前剋出棺了歸家雖御神事中葬送實德卿有近例也予實麗卿等依兼命訪申又於棺前奠香了親族大名見送代香之使者行列等先日已來十分可爲減少申行之處矢張前後合及千餘人爲之如何

一實德卿云自今冬御煤拂之時殿上人所役之事彌可停止但每御間二人宛殿上人爲撿知參仕御內定云々衰代之失體改正珍重々々

廿二日　乙丑　晴　入風呂

一 一昨極密一橋來本願寺也旅事又依火急之御用高家一人俄關東ゟ被差下由
有風聞眞僞如何

一 嶋津三郎申脫走堂上歸京可被復本位又長州被召登不存異心樣可有御所
置段內々言上之由有風聞秋來之所置ヲ以テ考ハ甚以無覺束說也但爲事
實ハ頗可云正義之直論ゝ可尋

廿三日　丙寅　晴

一 自一昨日大坂火事未消由辰下刻風聞例之增加之說歟可彈也

廿四日　丁卯　晴

一 新嘗祭也　今朝高倉萬壽寺出火云々

一 龍松院用人稻垣藤左衛門來開化帝山陵御修復ニ付庶人墓所改葬一件也

一 中院行幸御親祭被爲在如例冬子刻還幸云々曉神饌之稱無實歟莫言々々
在京大名數靈參內行幸拜見云云於
會可被許也御親祭之重祀神廬難測節

廿五日　戊辰　晴

一豊明宴也無　出御云々　予所勞平臥
一正親町北方并羽林引籠見舞送野菜湯葉等
一難波羽林拜賀以使賀之招請理送物如例
一日野黃門へ遣狀龍松院賴一件也
一新宰相局ゟ來狀先日下宿禮申來且　親王少々御風氣一昨日御發汗昨夜
ハ夜更無御動御當分御輕症之由申來明朝以狀伺御機嫌又去十五日江戸
本丸二ノ丸不殘燒失之旨漸昨日言上云々十五日於和宮御方大樹被催茶
饌宰相典侍能登抔も饗應之處宮御表方ゟ火起三方ゟも萠（マヽ）上り言語之間
をあく御道具一品も不出上下命計遁候由申來旨又春嶽今明日之內廣橋
家へ向候由扨々長歎息之書狀也女子猶此朝議之輕薄反掌之政事實可歎
ヿ也
一董ゟ返狀執要
九州藩申合一紙之實否探索未分候分次第申上候〇十五日江戸本丸二ノ

丸燒失御命之通無言上不審之處一昨廿三日言上吹上假居之由玄關前ゟ出火とも申何分付火之由ニ申候○一橋明日上京ト申コニ候○過日高家俄下向ハ燒失候共無遲滯大樹是非可上京由ヲ被　仰遣候由ニ候○大坂火事別紙入御覽候廿二日夜抔自愚亭も見申候○大樹上京ニ付國守准國守被召候旨何等之御用ニ候哉如御命國中之疲弊と恐入候コニ候定ゐ天下之高論被聞食候義と存候○吉田邊薩州尾州大屋敷出來之由可否如何ト存候○過日三郎亭へ右尹近父子内等招請之由も承候密議難計困苦之世ニ候○先夜極密申上候諸藩之内眞實御依賴之事内々伺之次第別書極々内々入御覽候先達已來之情實得と御熟察ニ相成候ハヽ夫ゟ正邪之辨別も相立候間巨細言上も致度候コニ候得共此御様子ニてハ急度御分兼之御事と實ニ恐入苦心仕候國守一同被召候ハヽ長も可被召候へとも當時之御様子ニてハ夫も如何と存候――

一一昨日御用被爲在昨日被　召御前段々申上置候何も御承知ニ被爲在候

へとも何分御内　勅之邊急ニ御採用ニも難相成　御沙汰又諸藩之内御
登用何レノ藩へ御依頼と申邊も只今誰と御決定も難被遊其内大樹上京
國司面々并准國司も各被召上御沙汰ニ相成候間一二藩ヲ御登用ニも難
成次第故又々各之存意も可有之所存被聞食候上御決定ニも可相成欤之
御沙汰候猶又見聞之義ハ無隔意可言上御沙汰候事（本ノマヽ）
内要書
大坂出火廿日　刻（マヽ）荊出舟場ニ而
北ハ本町通　但農人橋 久寳寺橋
南ハ長堀迄　安堂寺橋
東ハ東堀迄　末吉橋
右焼失仕候
上町へ飛火　南ハ唐堀迄北ハ新町迄東ハ玉造殘らも二軒茶屋迄夫ゟ今
里村本庄村へ飛火致申候廿三日申刻火鎮申候

右

一前左大臣薨去ニ付從今日到廿七日三ヶ日廢朝ノ由武傳觸示之（傳聞節會了去七日薨奏有之云々）

廿六日　己巳　晴寒　予所勞平臥

一稻垣來一件柳原差圖今日戸田和州へ出頭委細ニ申入返答不惡由今日直歸南之由之遣一品龍松院へも一品遣之

廿七日　庚午　晴陰不定小雪入夜積寸余入塞平臥

小寒十二月節朝五時七分ニ入

一召大邑泰輔服藥

一戸田和州爲尋寒中鴨一番以使到來

廿八日　辛未　晴時々小雪入夜雪

一董内狀俊義長州益田右衛門助領潛居之處暴行有之附添人困日下義助行向加諷諫候處其後自分剃髮一先九州へ渡り伯父方ニテ潛候ト申渡海長

ゟ色々心配候へとも暴行も近國へ噂ニも相成有之爲方不宜ニ付路金井
兩三人付行候由專想寺カト考候平戸カ暫長ニ陰[マヽ]居候へ者安心之處如何
ノヿニ候哉昨夜內々申來候間內々申上候也

一實德卿遣狀

一實愛卿同上明朝返狀來昨日御細書退出拜見候彌――○此頃御時宜一變
如小生輩盡力周旋出來候譯ニ無之相見候拜上巨細申上候御神事後先御
同樣ニ候○永井主水正急出府ハ大樹上洛ヲ促シ下候由尤　朝命ニハ無
之候今度上京ハ公武眞ノ御一和皇國御國是ヲ被建候大策ノ爲ニ被召由
ニ候○國守准國守被召事不承候尾前大囙備阿等ハ被召候由ニ候○一橋
上京候へ共風邪困之由昨承候鎖港ハ追々談判調大樹上京よて可然被申
上候事有之哉ニ昨日承候へ共不慥候○江戸斬殺多由ニ承候○薩藩下坂
ハ左幕下簾中上京ノ迎ト承候○有馬被召上候ハ越土之類同樣と承候自
國一揆有之進止伺候處矢張上京被仰出候○鍋島末家ヲ以テ建白昨日差

出候趣意ハ夷狄之論ハさし置春來公武之御間柄不審とても夫でハいら
ぬと申趣意哉ニ相見候攘夷論とも不聞候――總て此頃ハ何も不承候事
ニ候意味深長筆舌盡兼候――

一今川刑部大輔在京中ニ付寒中見舞鴨大さゝ（本ノマヽ）一籠遣之

　廿九日　壬申　晴陰不定時々小雪

一實愛卿返狀來以再答謝面倒
一今川ゟ寒中答謝生肴一籠到來又入來被尋寒中
一藪行丸昨日從五位下中務少輔正五位上等宣下吹聽以使悅申入
一日野亞槐以狀親王御方御肝煎歲末早春之商量尋問以箇條及返答

十二月大

　一日　癸酉　晴和暖　拂臥臺沐浴理髮

一自裏松前黃門來狀孫　親王御方兒無異退出明後日元服大典侍殿長々世
話之禮且依里方予被招之處省略且時節柄ニ付理之由ニ遣返書謝入念又

典侍殿へ申入了
一董へ遣狀
　二日　甲戌　晴
一實德卿ゟ先日返狀來國守准國守召之事御止メ尾因備等召由且鴨社正遷
宮十二日今日被伺定由也
一董返狀來昨日者御書――然者御內建白極密拜見至極御尤千萬ニ伺候併
納り方如何可有之哉掛念仕候寔ニ存よらぬ事共御坐候間自然行違候て
ハ折角之御忠誠も却て如何御聞取ニ可相成哉難（計脫カ）甚苦心仕候先篤と家父
へ御打合之上希入候今日者少々樣子可分義も有之尙又內々申上候○正
三御內答之內此頃御時宜――此義如何ニ存候今日之形勢故彼卿存念通
ニ成兼候義ハ有之候筈ニ候盡力不出來と申義ハ如何之事哉難分不審千
萬存候如仰日參も無益之事ニ候○永井主水正――此義小子も御用ょて
高家下行と承候處其後自他承候へハ御用ょてハ無之幕役申合下行と承

候此書狀之様子よてハ家父高家と被申候方間違と存候〇國司准國司｜｜廿一日御評議ニ各被召候方御決定廿三日ニ俄ニ止ニ相成候由三人計と承候〇有馬――自外承候へハ一揆ト申よてハ無之由彼國足輕已下町人百姓等大憤發よて俗役共取押ニ大困と承候〇鍋島建白――始て承候如何之文體候哉困候様子ニ候〇過日內々申上候義ヨモヤ近邊ニ出候様事ハ無之存候猶承候ハヽ早々可申上候〇八幡一件世上よも風説有之付尹よてハイカヌト申處ゟ此頃薩ゟ又々勸門ノ古手ヲ大取込日々彼方へ出入候由苦心候者有之未慥候へとも御勘考ヲ奉希上候〇極密之義家父へ御申合候ハヽ何卒休日一應光車奉希上度候餘程六らしき次第と存候御深考奉願上候――

十二月二日　　董

內答

書集一閉今度建白三枚等被返――

一拜領米殘代金銀ニ而來八日辰刻ゟ申刻迄於勘使所可被渡間受取名前印

鑑六日同所へ可出由傳奏雜掌觸有之

一近比堂上地下乘馬ょて混雜之地猥ニ往來殊乘切之人々も有之趣相聞候自然怪我或無禮異論等も出來候而ハ甚不宜候間已來急度其法相守可爲乘馬之樣御沙汰候事

別紙之通一列可申傳加勢日野大納言被申渡候仍申入候御回覽可返給候也

十二月一日　　有長

三日　乙亥　晴

一來月三日辰刻　神武帝山陵於東庭御拜重輕服ハ可憚參　內由十一月廿九日武傳回文一

一明三日東庭下御御拜御延引追而被　仰出由十二月二日同廻文一來

一先般衣服制度變革之內　勅使下向之節城內ヲ始伺候之面々畧服ニ被改處　勅使下向之節ハ惣而如先々衣服著用之制ニ被復由雜掌觸一

一燒失ニ付差出置候諸願伺等未タ不濟分ハ今一應可差出不急義ハ當分之
内可見合由被觸一
一西賀茂靈源寺修復五畿内勸化之事同一以上三通回文有之
一實德卿入來世事内話十五日明年年號勘者　宣下之處御煤拂被　仰出宣
下延引歟
一廿二日内侍所御神樂之由
一今日神武帝山陵御修復後奉幣使并　御拜之處御風氣ニ付御拜一昨日御
延引依之以早便　勅使日野中納言ヘ奉幣延引被達由之
一尹宮大逆男山一件内々被言上之處今一段無御頓著由若言上之方御疑歟
之樣子云々然處從來青門祈禱寺備後國欠本ノマヽ　寺僧先達已來上京之
處何カ尹宮深願祈禱受合出立之旨内々右僧探索得惡事之證再可言上由
一長州家士欠マヽ　主計伏見迄上京自宰相父子言上之子細有之可入京不被免
ゟ一命相捨由申上處於前殿下被召子細可被聞食被申上候之處右府尹宮

正三阿野之類不同心終ニ於伏見執奏勸修寺雖掌ヘ可申由被　仰出一定云々於尹宮右府ヘ無論正三同之極意不審千萬〻近日尹宮ヘ頻ニ出入往返之由〻

一一昨日殿下辭職頓ニ被差出若有時ヿカ一説ニハ齊敬公關白宣下忠房卿右府直任同定云々殿下罪條何等哉不分明之世形也

一頭辨入來天保六年御祖社正遷宮奉幣日時定使定陣申沙汰予〻留記借用被頼吟味一冊後刻借遣了

一實德卿面會中予議奏役所參入如先日不苦由御沙汰有之由也

一裏松ゟ元服ニ付可被招處省畧且時節柄ニ付理交魚三種被送挨拶申入自是も交魚一折送候處入夜又爲挨拶一折被送

一親王御方寒中御機嫌伺以狀申新宰相獻菊屋霰酒一陶鱧一尾海老五等

一來五日辰刻鴨御祖社河合社御蔭社等正遷宮日時定陣儀自四日晩到陣儀訖御神事之旨傳奏廻文有之

一實德卿來話中山陵御用正三裏松野宮廣橋等被　仰付由也

四日　丙子　晴

一參內寒中御機嫌伺了御帳本ノマヽ親王御方表使准后表使依同便前殿下先日桃花一件謝申置

本家前右面會被惠菓茶一盞大炊御門等午剋歸宅

一夕志自岐來平戸士一盞夫人附両士同召前

一新宰相來狀昨日御答謝大雁一羽頂戴了又今朝御表迄參上被　聞召御殘

多被思召近々可參上可有御對面由之恩愛之御深慮感泣了

一十一日神宮御法樂詠進被觸奉行冷泉中納言之嶺炭竈

五日　丁丑　晴

一基祥朝臣來日蔭糸被返謝又長州ゟ有便壬生ゟ明春ハ可歸京ニ付室家四

辻家へ可預置若困ナレハ領分へ可預置申來由之三條同明春可上京申來

由之

六日　戊寅　曉小雨朝晴午後雨有風

一勘使所八日拜領米受取名印中山家大口主水印差出了

一董へ遣狀返狀來拜見候――過日以來御樣子內々可申上之處過日內々家父ゟ被申上候由付扣居候事ニ候如御命男山一件も此比ニ而ハ始之御樣子ニ違存外之義ニ伺扨々苦心候今日今一應自家父被申上候筈ニ候此間之御建白類先件ニ付暫御見合之由御宜存候甚六らしき御樣子只今ニてハ役々不立と奉存候男山一件誰よりも一言不言上由實ニ不審之至候長使伏水ゟ不被入義も筋々不立ヿ共ニ候此體御押付ニテハ目前大亂ヲ引出候義度々言上候へとも如何被聞食候哉情實不貫困苦之ヿニ候備後ノ事分次第可申上候九州申合之義探索候へとも未慥候へ共四藩之論凡一紙之趣ト申事ニ候間實事ニも可有之候也

十二月六日　董

御受 内々

一行朱書
一松浦豐後守來狀二拜領物ニ付世話之禮家士借用念謝候欤

正心誠意上

一重胤卿來狀來九日尹宮隨身兵仗井帶劔宣下消息上卿被仰下奉行經之朝臣所置
被尋昨冬伏見兵部卿宮之例粗申答但宣旨受否等能々奉行可被申合答了
一口上覺　去ル八月中御家來御召抱之儀委細被申入置候間彌御如才無之
与者被存候得共當節長州脫藩之輩京師へ入込候趣相聞候若御召抱且御
搆內へ被止置候歟又者御家來宅等ニ留置候樣之義有之候而ハ不宜猶又
御取調御坐候樣自然右樣之義有之跡より相知レ候ハヽ急度御沙汰ニも
可相成候間呉〔々脫カ〕も嚴重ニ可被仰付候來八日中御答書野宮家へ御差出可被
成候此段可申入兩傳被申付候　以上
十二月六日申刻出　　兩傳奏雜掌
七日　己卯　晴陰不定寒晝後雪
一重胤卿來謝昨日尋問消息　宣下之事尚又有尋問且新嘗ト合上卿留被返
了
一一昨五日尹宮東築地南角有長文張紙奉書三枚計五辻家來禁中へ使一見

歸路撤却カ無之云々

一同日一橋尹宮へ出頭數剋面談云々

一長浪士變體京入込之風聞有之由

一近頃所々到來馬三疋（欠ヽ）居世話難届ニ付自紀州到來者近々可預置由口又南幸德井（井）石山等地面借用凡廿七八間馬場相搆云々不知可否及數疋口家ニハ不相應候（イ歟）

一家諸大夫藤祀善申大和守從六位下申文附顯左中辨

一予今年殊惱嚴寒（從來惱暑不厭寒）又意外白髮繁生春來意外災難殊忠光一條深苦心彼是疲勞之故歟公私唯長艱息之世態之

一親王御方御煤拂九日ニ付終日御三間御座之間可有御對面ニ付可伺候御沙汰之由　幼君恩顧忝畏之至也但辭役後省中御時宜難計爲近習小番御免之間在役前可爲同樣心得ニ候へとも尙執時宜可令伺候申入新宰相書狀往反之

一入道准后依哥師進生肴一折尋申寒中安否

八日　庚辰　晴雪解寒　入夜西南有火　小時鎭滅

一夕食鶴丹頂雌云々

一六日日附傳奏觸來八日巳刻東庭下御御拜被　仰出重輕服者可憚參　內
事　十二日御祖社正遷宮自十日晩至十三日朝御神事　十七日河合社正
遷宮自十五日晩至十八日朝同上　十九日比良木社貴布禰社三所社等正
遷宮自十八日晩至廿日朝同上　廿三日御蔭社正遷宮自廿二日晩至廿四
日朝同上等之

一實德卿へ遣狀親王御方御機嫌伺參上是迄之通御對面有無御時宜承合了

一十一日御法樂詠草入見中書王乞添削卽被返無所存旨也

一夕實德卿返狀來今日依御拜下御混雜明日遂評議可有返答由之予所申者
被伺定候樣申遣親王自當家御歸參以來之義ニ而上ニハ次第モ被知食候
へとも御表役ニも追々相替候義自然取違存外之評ニ相成候而ハ却而困

入ニ付難被伺義ニ候ハヽ評議ハ暫可被見合明朝再書遣了

一加祿今年分悉皆於勘使所受取大口主水出頭米百十六俵代七貫七百廿四匁五分七厘九毛此金九十六兩二分ト四匁
五分七厘九毛米百十七俵[代カ]□七貫七百九十一匁一分七厘二口〆金九十六兩二分ト銀七貫
七百九十五匁七分四厘九毛今日受取去八月十七日百十七俵代五貫七百十八匁二分四厘
拜受也合三百五十俵四斗入俵云淺草俵忠愛四十石領度申出方領合八十石於出仕別居者可爲其分之籠居之身
過分他聞如何といへとも強而望申依似恪惜其分領掌但八月分ハ各變事御用用途ニ宛用
了先當冬而已事也

一大典侍殿煤拂進家士一人

九日　辛巳　晴雪解塞　一昨雪北側等未解散

一一昨年十一月九日幼逝孫女三回回向广山寺去月差支又母公御忌日細井參詣

了

一浪士難押盡欲二條城可付火由風聞紛々

一實德卿來狀親王ヘ御機嫌伺之事被伺處兩三日中御返答之旨被仰由之不
知其奥旨長歎云々口狀從來暇服之儀表向之外屆無之候得共以來子細所
勞も同樣屆可有之候仍申入候也

十二月九日　　　　　定功

　　　　　　　　　　雅典

一口上覺　近來堂上供之内襠高袴著用之向も有之如何之事候警衛之武士
ハ格別自餘右樣之異體相用間敷候事　右之通被仰出候此段可申入旨兩
傳被申付候以上

十二月九日　　　　　兩傳奏雜掌

○子細所勞顯然屆之義甚不得心事也

十日　壬午　晴

一神宮法樂明日ニ付詠進附爲理卿嶺炭竈
　ほまきらし降つむ雪の中々よ煙まかせぬ峯の炭かま

一夕景新宰相依月事退宿

一一條家參入一昨日有御招故也東福寺參詣御留守空歸家

一祭主二位來入息言忠叙爵申文内談也實胤保卿二男十二歳爲實子申請由

之
一來十五日御をゝはらひミあ〳〵御見舞ゐう長橋以回文觸示
一裏松前黃門入來孫大典侍殿御せて無滯元服忝由被示也（一本十一日ノ條ニ收ム）

十一日　癸未　霽陰不定

一去春閑院家來山口將監借十五圓金（予別莊隣家也）今日無異返納返拳（券カ）證
一一條殿內々御招ニ付參入種々有內談旨忠愛出仕事右府へ出し有之由
一坐摩宮大通寺御撫物引替日限事注二紙附武傳伺置尤大通寺ハ御神事解之間宜商量賴申了
一實德卿來狀親王へ伺御機嫌之儀有思召之間可見合御沙汰之旨申來予有何罪被遠哉不明之叡斷雖君臣之間遺恨之至也（爲外祖父無子細被遠之條難堪叡裁之）
一祭主二位來狀勢州鹽鯔一尾到來以返狀謝遣
一連日寒威難凌候彌御揃御安全奉賀候抑長之樣子追々承候處惣體人氣も甚切迫之趣其上此度（欠マヽ）主計入京も又々是ト申譯ナク被止候付再願之處

又執奏ゟ子細御尋之段種々重ナリ候付而も尚更迫リ此上御沙汰之御次第ニより主計進退も其場切と覺悟之由只今右樣相成候而も再勤王之志ヲ立候者一人も無之と悲歎仕候追々之御樣子も伺候處少も筋之立候御所置無之如何之思食哉一切難解候實ニ苦心之至ニ候長寂初ゟ之奉勅始末一册指登有之候得共少々難出尚拜上入御覽候――大樹當月下旬彌發輿之言上有之候由昨夜承候――講本鬮御當ニ候間八圓差上候通ハ破却仕候――

董
極々密々

臘月十一日

十二日　甲申　晴陰不定時々小雨夕屬晴

一昨夜出町　斬人五人云々近日之斬人全盜賊剝衣服云々在京武士之下﨟歟云々

一明年甲子革令當否之儀雖諸道勘進未決延喜已來嘉蹤多改元候被因准外記勘例可然歟

宜在　天裁奏　　　　　　　　　　　　　家　厚

御安全令賀候抑別紙　勅答案御相談申入候其上恐入候得共直様申出度

存候今日中可申上昨夜傳達ニ而甚火急恐入候へとも如此候也

十二月十二日　　　　　　　　　　　家　厚

中山前大納言殿

右到來普通之説ニ而尤可无子細進返狀了

一今夜酉刻鴨御祖社正遷宮也同剋行水下地遙拜

一坐摩宮大通寺等御撫物引替日限伺二紙以使月番傳奏座摩宮四五日　前

被　仰出候樣大通寺御神事解之間伺定之事申入

一實方入來去十月借與銀廿枚被返謝

一供並使其外主用之節ハ襠高袴無用之事去六日傳奏雜掌觸浪士事家來一

同到下部可守義引受人等へ令申渡ヿ襠高袴元來見惡キ物之勿論々々

一來廿二日內侍所臨時御神樂從廿日晚到廿三日朝御神事之旨有武傳觸示

一忠順卿來狀幼少濃裝束之事　濃單同大口表袴裏濃　襲裾裏同横目扇狩衣袖結等官位ヨも不拘十六歲元日ゟ改宜哉紅梅小袖ハ春中惜ミ著用可然哉――返狀云若年濃裝束事承候御示之通ニ候十六歲春中ハ濃裝束ヲ用横目扇凡同斷ニ候高官之人ハ相違も有之候下襲表袴ニハ花田之ヲメリ有之候狩衣袖結雲客裡ニ候ハヽ十六歲中ハ幼少之話宥用候是も全體ハ紅裝束之裡ヨリ組交之薄平ヨて十八九歲迄用候ヿニ候紅梅小袖も十六歲春中ニ候也

御答　忠能

一董ヘ遣狀返書云拜見仕候彌御安全――然者長昨年已來始末一册速陽明ニテモ所々ヘ差出候方可宜今一段ニ相成候ハヽ留守居往反も可六借思食候由拜承候尤主計ゟ表向差出候心得ニテ持登居候得共入京御差留有之候間彼も態々登來此度も人傳ニテ歸國ハ難仕趣尤之義と存候再願之處上京ニテ誰ヲ以テ惣テ言上哉執奏ゟ可尋御沙汰之由扠々闇昧之御沙

汰ニ候此度者何レ迄も入京願立諸書付並父子心底委細言上之積之由候

得共右一冊先極密入御覧候去上京も眞實自上可被　仰出ト内々差越候

得共少も正邪之御辨別無之事故甚恐歎仕居候家父ゟ差上御覧ニハ可成

候得共筋之不立所へハ何ヲ持參候ても不埓明苦心無此上候○親王へ御

機嫌御伺之事實ニ存外千萬之御沙汰扠々長歎仕候左樣御疑念深候テハ

万事人望ヲ被失實ニ　朝廷之御危難不遠尹之姦計ニ御落入と深悲歎仕

候扠々無是非御事尙拜上万々可申伺候――

十三日　乙酉　晴陰不定　大寒十二月中今曉八時四分

一早朝慶子歸參

十四日　丙戌　快晴月明

一野宮へ以使執奏御撫物引替日限伺之處両方共十八日被　仰出由即下知

了

一家信卿入來一昨日野宮ゟ有沙汰來廿三日左大臣已下有任官此卿右大將

兼任御沙汰之於拜賀ハ後日ニても不苦御時宜之旨內々被示依之有內談之條候（條カ）

一實德卿來狀予役中官位御沙汰日留年始或（式カ）中留被借度由鴨一羽到來了

一藤波息拾丸叙爵宣下吹聽有之

十五日　丁亥　晴　早旦微雨

一御煤不參之事告長橋局議奏

一內府ヘ昨冬借用議奏官位御沙汰當日備忘（基豐公留・資善卿留）二冊幷安政五年內府言渡案等三冊添狀返却了

一實德卿ヘ送返書官位御沙汰留別不記置先文借用ニテ相濟候間可被借受且年甫記今春三條ヘ借遣儘之旨申答蒸菓子一筥返謝了

一送歲末祝儀於諸向

一夕新宰相下宿月水中御神事之故也親王賜打毬遊人形一筥感戴明日獻末弘扇二握自御幼稚令好扇御每々所獻也

一今夕申刻准后里殿へ御下之旨傳奏有觸示
一左金吾入來友姫君緣組入輿後彌和睦大幸之由有懇詞
　十六日　戊子　晴
一家信卿入來大將兼任廿三日　宣下ニ付如近例實萬公翌日可奏慶內定ニ
付預內々向々へ被賴置之義內談之所存申答
一連軒左衞門督（平行光新親族也）息侍從飛鳥井少將等前驅諸大夫五人一員本陣著
陣櫛笥中將（年預）飛鳥井少將同日著陣大辨代已下惣体頭左中辨（職事方各同人）廿五
日直衣始連車息侍從計
　十七日　己丑　午後雨　今夜（欠ヽ）剋河合社正遷宮也
一早朝慶子歸參　親王へ獻庭前臘梅一枝
一自大炊御門拜賀一件有聞合
一柳原修復中三寶院里坊借用之處自明十八日歸家之旨有示
一自桃花若松播磨守內々來狀右府家西村雅樂頭書狀被回忠愛出仕一件也

十八日　庚寅　晴嵐

一新宰相局煤拂如例冬借一士一僕

一坐摩宮大通寺等御撫物引替依執奏添使

一本願寺ゟ新々門大僧正去十四日　宣下之旨有吹聽此事去年已來結搆東本願寺新門超越歎願有之（於東寺例年齢頗早於西不叶寺例）終　宣下但於東有例之上ハ可云理運者也明日以使賀之送太刀馬

十九日　辛卯　陰　冱寒夕雨雪

一今夜（欠マヽ）刻比良木社貴布禰社三所社等正遷宮之

一流水掛月番ニ付二條家水掛家來へ如例冬一同ゟ遣祝義了

一交野三位被免非常御前綾小路按察使野宮大夫被加非常御前候御一列へも可被示傳候也

十二月十八日

右之通被觸候仍申入候御回覽可返給候也

同月十九日

源大納言殿　坊城大納―　中山前大―　三條前大―
權中―　菊亭中―　八條中―　德大寺中―
裏松前中―　山科宰―　新宰相中―　前源宰―
左兵衛督―　太宰大―　池尻三―　長谷三―
錦織三―　民部卿―　北小路三―　頭辨―カ
頭左中辨―　三條西少―　山科少―　愛宕侍従
高倉侍―　園少―　菅少納―　飛鳥井少―
梅溪侍―　右兵衛權佐―　藏人辨―　藏人左少辨―
藏人少輔―　右少辨―　左衛門佐―　萬里小路大夫―
坊城大夫―　綾小路侍―　中務權太輔―　越前權介―
野宮大夫―

一董所望苧三把送之

一忠愛手釀清酒持參美味也白米一升麹三合水一升之割合也先米ヲ蒸シムシロノ上ヘマキ陰干ニスホシノリ暖リノ有時カウジ水ヲ入レ交セ晝一度夜中両度ツヽ交コセニス凡三十日計ニテ絞ル

二十日　壬辰　陰微雨曉來積雪寸餘寒殊甚從辰半過雨下

一武傳雜掌觸二通有之今般御上洛被申出ニ付而は御留守中御取締向一際｜｜一御代官手附｜｜一御代官領主｜｜御料私領寺社｜｜一御供ュて上京｜｜一御留守中ハ都而｜｜一江戸出口｜｜右一通　今般御上洛被申出候ニ付テハ｜右一通等之

廿一日　癸巳　陰　微雨

一依故殿御忌日詣广山寺御廟今年早春無實災難籠居之處八月十八日被召出議奏再役被　仰付有所存固辭同月下旬痔疾再發引籠之間忠光一件有之到十一月再屈居之間春來未參詣頗懈怠恐縮之至之母君御廟旦英｜卿篤｜卿兼｜公榮｜卿愛｜卿忠｜卿舍兄君曾祖母祖母兩君御廟前參拜各供華水自餘連枝各雖可爲別拜陰天欲雨雪仍於墓所入口遙拜了篤｜卿已來當广山寺奉葬埋英｜卿自元广山寺奉改葬由之定｜卿已前中山御廟所之事見广(應カ)永卅三年七月十四日御記自親｜卿至元｜卿七代不知御在所可

尋事之（新善光寺御代之内御墓之事有耳底此寺當時泉山寺中歟可尋求了之）

一家信卿入來今日有召參　朝之處明後日右大將兼任御內意被　仰下由議奏加勢被申渡（非小除目御内意稀代之例也）御禮言上否之事被尋野宮處今日　宣下之時之通被申入（勅問衆議奏）明後日　宣下ハ御所計被申上可然返答云々諸事今案之進止可歎々々又大辨代已下惣而頭左中辨被豫賴承知之處頭辨明後日任大臣爲奉行一事不被賴義不得心之旨有示仍（欠本ノマヽ）之義賴之旨之是又頭辨申條甚不得心雖即日之拜賀可有慶人之所存況後日奏慶不可依申沙汰之職事之萬事今案之暴說流行可歎々々明日習禮行向被賴領掌了

一正三へ遣狀彌御安全——一長州以別使申上候義ハ御返答等も相濟此上彌平穩之事ニ候哉色々風聞有之甚不安心御樣子御見込之邊も內々伺候且彌伏見限ニて引取候哉

先穩候書取三通以執奏雜掌差出尙又入京申上度由歎願候ニ付被禁入京勸修寺ヲ藤森邊迄被遣面談被　仰付候行向否哉未承候去廿日右被

仰出候

一脫走人々明春ハ歸京之旨被申登候由風聞ムサト歸京も難出來哉何ソ被仰出も候欤

何も不承候中々左樣之樣子ニハ不承申候

一廣幡巳下年中被免候哉御互ニ引中何ソスマヌ事有之候欤ハ不存申候へとも一通承候處ニてハ此衆中ヲ餘ニ嚴科ニ相成候てハ攘夷ノ　叡慮御輕易ニ相當歎息候其說御採用否ハ兎も角も餘り嚴ニてハ右思召浮キ候樣被存候如何哉

去比一應申出候共不被行候何カ不所存等被申居候哉之說も承候先急ニハ不被免哉ニ存候御說ノ如キハ當時一向齟齬之御時宜哉と考候

一明後日任大臣關白も辭替　宣下と承候是も一通承候テハ先達之儘殿下辭退ニてハ先件同樣ニ相當不申哉ト掛念仕候何ソ無據子細出來右之通ニ相成候事哉唯幕へノ御追從ニ重職ヲ被打込候樣ょてハ攘夷御決定ニ

相振申候御内議伺度候

御内議如拙子迄ハ不承申候深キ御子細有之哉一向不心得候凡此頃之

事ハ如小子參　內候へとも拱手仕居候何も考慮も無之候

一大樹彌何日發輿上京候哉

未承候

一右等ハ差置第一攘夷拒絶應接一件ハ何樣ニ言上有之哉此頃ニてハ枝葉

主ニ相成肝要ノ拒絶之方大綏ミ之樣ニ被存候左樣之義ニ無之哉

如御示と相考候言上等ハ不承候

一右等甚以恐入候得共又々內々奉伺候御加筆希入候全體方今之御評議ハ

昨年三郎申居候通六七年も相立（此邊御論ハ大樹上京之上哉一向御論無之候）斷然と拒絶之方ニ候哉或両三港ハ其儘

之方ニ候哉何レニも仕攘夷監察使も御見合之義一向右之條ハ御靜謐ょ

てと今年も暮候てハ何ょも歎敷事と存候御深考之邊承度候

前條申上候通り迚も如小生周旋盡力之時勢ニハ無之先木偶ニ御坐候

一此頃所々殺害流行多分ハ盗賊風と承候箇様之事守護面々制度ハ不行届
ニ候哉何も被　仰出も無之哉萬事隱者之可申出義ニハ無之候へとも熟
考候へハ實ニ　皇國之御浮沈いらよも歎息數年之苦心も専攘夷一條ニ
候間閉口ト存候へとも跡より心頭ニ掛り無據度々御面倒申入深々恐入
候其余替候事も候ハヽ御内命奉希入候也
守護職已下不行屆哉御説之通り沙汰も有之候へとも御沙汰未承候
先替候ヿ無之唯替候ハ世上景色計ニ候迚も巨細難書取拜時可申解候
甚略答御仁恕希上候也
十二廿一　上
下　固大公
成大公　叟
内々御答
一向大炊御門明後日拜賀一件相談也
廿二日　甲午　晴陰不定小雨雪
一自董　彌御揃御安全恐悦――過日ハ苧拜受願試候處澤山拜受被仰付千

萬畏――此頃替候義御聞及も候ハヽ、伺度存候長主計も一先歸國よて御
沙汰可待被　仰出候由ニ候へとも父子申合筋も御聞取不被下而者難引
取是非入京願上候處伏水へ執奏可行向聞取被仰付候由何故左樣ニ被忌
遠候御事哉實ニ恐入候御所置ニ候關白　宣下も明日御一定之由是よて
又々有志之人心一段急迫之事と被存候不遠變事出來と歎入存候――此
品小柄長船（備前長船住横山祐直作）ニて到來且革袋（摺忍卿註古哥打ミても思ひ出よと故郷の忍草して摺るとけり源公忠朝臣）旅長
櫃ゟ出候御慰ニ入御覽候一品ハ唯今到來任幸便指上候也

十二月廿二日　　　公　董

○右到來之中自此方遣狀行違再書加筆如左御安全珍重存候抑乍御面倒
内々申入候
一長ノ使主計被禁入京昨日執奏并傳奏雜掌等伏水旅亭へ行向之由承候何
ヲ申承ニ行向候哉も長も其邊よて納得ニ相成候樣子ニ候哉
過日已來數度入京歎願候處以執奏雜掌上京之子細度々御尋ニ付無據

書付類ハ渡候宰相父子ゟ申合候義ハ難書盡候間何分入京願立候處一先歸國御沙汰可待居被　仰出候へとも父子存念未申上歸國ハ難仕是非共入京押而願立候處尚入京ハ不相成由執奏伏見へ行向父子之存念可聞取被　仰付候由ニ候何故左樣ニ御疑之義哉一切不相分主計ハ最早先日來覺悟ヲ極日々大迫之由ニ候色々と申一日送ニ見合居候由ニ候執奏言上之御答ニより候てハ實ニ可及大事扨々恐苦之至ニ候

一會津城浪士打取候由實事ニ候哉且先日承候安藤對馬守居城水藩ゟ可打事ハ其儘ニ候哉

此義一向不承候安藤義も其後無沙汰候水戸國堺ニ水浪集居候ヿハ實と承候

一實美已下明春歸京之旨被申登候由實ニ歸京事ニ候哉

未承候長息上京ニ候ハヽ引續歸京と兼て承候

一長息明春押て上京隨士廿万余と風聞候實ニ候哉且此頃國ヲ脫走之輩ハ

不論理非國堺ニテ長〻打取候由實ニ候哉

此頃國論右様一決と承候隨士二三万之由ニ候國内へ入候者ハ一切不出由ニ候先入國之節右可相守否詰問之上入國由諸國〻追々入込餘程之人數之由ニ候

一此頃所々殺害所々押込ハ全ク在京之大名末々家來殊ニ會津藩と風聞候如何哉

御示之通ニ承候會ハ下人先達も土へ捕候無譯切捨候事實ニ不便之至ニ候

一男山一件ハ其儘ニ候哉帥も其まゝ被捨置候事ニ候哉

其儘ニ候何分無御頓著御様子取付所もあく候帥も役々不立候有志中ニハ追々申合も有之欤ニ候

右等内々承度存候外御聞も候ハヽ可示給候也

十二廿二

下
正羽公ゝ

荒々御受申上候過日ゟ江戸苧澤山畏入候此頃馬引入候若御社參等御
乗馬候ハヽ何時成共爲引上候御命奉願上候且長ゟ此度上候奉　勅始
末一冊極密入御覽候外ニ差出候寫ハ一寸外へ遣有之跡ゟ入御覽候也

上
篤（齊カ）系君

一長州奉勅始末一冊手書抛身捨國盡忠之處却而受大難之條不思落涙了但
可見後日之末者之

廿三日　乙未　晴陰不定家中煤拂如例冬夕入風呂

一今朝於護淨院令轉讀大般若經此事自　親王御逗留中毎年一ヶ度於當家
令轉讀今年世上混雜一身災難未遂其義過日已來所招請處御星祈禱等御
用運々節分前無日次由理申依而於今年ハ於自坊可勤修所示仰也祈禱之
趣意　儲君御安泰御開運福壽當家安全繁榮子孫無事安全出世之義之彙
仰含僧正了

一輔熙公辭關白齊敬公關白左大臣等公純公右大臣（辭大將）忠房卿內大臣家信

卿右大將兼任等宣下陣上卿四辻大納言奉行經之朝臣云々忠房卿已上即日
奏慶云々公純公直轉任近代稀之事ニ以使賀之未刻殿下被經予門巽連車
三軒殿上前驅欠々、人地下欠々、人轅左右著布衣帶長劔俗大小數人連行非常用害
欤似囚人忌々敷事也
一家信卿へ遣狀故經久卿大將拜賀家司次第一通手書遣之昨日所一見異字
且錯亂ニ付正之遣又借息朝臣料蒔繪劔了
一二條近衞德大寺等拜賀以使賀申
廿四日　丙申　晴大寒
一辰半頃向大炊御門右幕下奏慶之依賴終日在彼亭未上刻參　內奏慶了著
本陣借用左仗坐次將中將隆詔朝臣今朝更補年預少將雅申次望朝臣今朝著陣一分等著座如
例了直著陣不著宜陽殿座祖父公例也　右大辨經之朝臣頭辨著陣頭左中辨下吉書即召止
下之了出宣仁敷政等門經廻廊外自諸大夫參　內之方御對面天盃等如例
今日歲末御祝儀且殿上直衣始右府同上內府殿下宿侍始等頗混雜事ニ候及遲

滯黃昏退出再回礼歸家戌刻予同頃歸宅了連車左衛門督行光卿（新親族）息侍
從（里亭井車杏所役）雅望朝臣等之祝義有返答如例右大將來謝苦勞
一自當冬小番奉行銀廿枚御褒美御祝義云々又秋來彼是繁勤三番所公卿金
二百疋ッヽ殿上人近習五百疋本番所三百疋陪膳之勞御祝義云々此外非
藏人奉行御會奉行拜受有之由之
一殿下宿侍始内々退出（明朝内々參上退出之儀有之欤不知之）明日著陣之由也
一雅望朝臣正四位下宣下吹聽
一專想寺ゟ佐藤榮太郎來不克面會曰留主之
一田中村田地之義ニ付今日山田主計田村式部立會撿地了
一前右府來駕寒中見舞
一戶田和州來寒中且先達返謝送物礼也
廿五日　丁酉　晴時〻陰微雪寒增昨有嵐
一右大將直衣始連車息侍從計也雖有招大寒難堪之間理申了

一左（佐カ）竹右京大夫使留守居長瀬隼之助寒中見舞

　廿六日　戊戌　晴寒（午後雪）　節分也散豆以豆數年齡如例

一親王御方へ內々願置寶船紙頂戴――臥下敷之

一鷹司前關白座次可爲近衞前關白次由有觸四辻中將被免非常御前由　別當被加同御前旨同上

　廿七日　己亥　雪甚寒　自曉餅（欠ヽ）、來奉仕早春料也

一官位御沙汰云々

一明春年始御盃

　元日　二日　三日　七日　十五日

右日限之內何日御出座哉承度存候仍申入候乍御世話早々御回覽明後廿八日中可返給候也

　十二月廿六日　　　　　　有　長

右四辻以下十四人（到西洞院）予三日可令出座加墨了

一自頭辨過日借遣天保六年三月御祖社正遷宮奉幣使申沙汰留一冊以狀被返又被送酒一樽

一柳原大夫自明春出番被加近習由吹聽

一難波前中納言小番御免被加近習小番御免列由同上

一橋本宰相中將權中納言　宣下同上

一野宮宰相中將從二位同上

一二西中納言大納言　宣下同上

一當家諸大夫大口出雲守守善男祀善申從六位下大和守　宣下職事俊政

一實愛卿公誠卿通煕卿等議奏復役有容卿議奏御役等被仰出由有回文　宗弘卿被免小番被加近習小番御免列大原入道被復近習小番御免列由同上

朝夕反手之政事可長歎世之

一入道准后ゟ來使寒中歳末等進物被謝了

一忍侍從來使上使登京ニ付太刀馬代銀五枚忠愛同上二枚到來

一難波前中納言備後權介等被加非常御前由有觸

一難波中納言備後權介等被加非常御前由有觸

一武傳雜掌觸二有之近頃浪人共水戸殿浪人或ハ新徵組――一通別紙之通

被　仰出候ニ付而者諸家――一通之

廿八日　庚子　晴

一自正三議奏御役再勤昨夜被　仰出旨有吹聽（去八月固辭若被同予欤人情難計者也可恐可歎）

一自藪新大夫息　親王小兒被召出ニ付過日送眞綿五屯挨拶肴二種被送同

二品返謝了

一自桃花今日除服出仕復任被　仰出後狩衣等可爲如例哉以一封御尋尤可

爲如平常但於寺門一周之間可被著重服欤可爲近例之通申入了

一正三へ遣狀明日返狀來

一東使松平下總守中條中務大輔參　内稻葉長門守同伴云々

廿九日　辛丑

一一條亞相ゟ來狀舞踏傳受五條願申雖重服无子細哉御尋尤无子細凡神事之外不苦由申入備前產鱈子漬鹽辛惠投謝申了

一重（マヽ）松ゟ一昨日返狀來入念之至也

一沍（澁カ）谷八十八近藤勇三郎爲歳末祝義大鰤一尾進入

一桃花ゟ如例歳末祝義金百疋來

一平戸助勢米代五十六兩三分百四十穴來（三斗百俵之）

一有馬士弓場幹兵衞過日詠哥染筆礼白砂糖一笥進上

一若宮八幡宮神主佐々能登守歳末祝義進鹽（欠マヽ）一尾執奏如例冬

一裏松へ遣狀先達孫元服等毎々入念之示命送物殊黃門入來自此方可行向處所勞氣見合及延引歳末之義依（イ現）事可越年哉理申入了

一新大納言忠順卿入來今日元服理任獻上若元日宴於出仕拜賀（イ之）・事示談且內辨之事有示談關白內辨之由之

一雅典卿所勞子細ニ付五日之間引籠之旨被知

一流水月番正月清閑寺へ順達了

一大口大和守初官位口　宣案今日於坊城辨亭被渡了

晦　壬寅　晴未後陰　敷寶船安睡

一广司前關白座次可爲近衞前關白次回文(廿六日)來

一以書狀申上於歲末御祝儀於親王御方新宰相へ申入了

一園羽林出雲權介歲末祝入來ニ使數多

一二酉ゟ元日巳刻拜賀二日辰剋直衣始伺之通且拜賀ニ付招請之旨之

一大炊御門ゟ舊冬拜賀世話忝由肴一折被送(入魂百疋)

一或云野宮大講取結登京之大名へ頼加入(六年限)多ク當時一時ニ掛置頗得大

金云々如此世形結搆況上京大名頼込爲致加入之條是實無心之魁首也諸

有志隱身閉口之當節右等之行條不受天罪可恠可疑莫言〻〻

一年ハ夢のまもなく過れとも扨もさは〳〵のとハ有きり

一年にうつり替るる世のさまハ夢うつゝとも分かさのよや

イ文久三亥年

幕浪之記

一松平上總介　右者去戌十二月浪士取扱被　仰付浪人有志之者とも有之
候ハヽ御扶持方被下候間取調可被申聞候事
一鵜殿鳩翁　右者松平上總介代被　仰付候
一講武所鎗術師範役ゟ兼(欠マヽ)高橋伊勢守右同斷其節浪士取締役三人同並出
役七人被(欠マヽ)仰付候右ニ付去年中ゟ諸國之浪士追々相集り當春ニ至り三
百餘人ニ相成　大樹公御上洛之節鵜殿鳩翁取扱ニテ被召連京都壬生村
ニ被差置候右浪士共攘夷之儀ニ付學習院ヱ建白仕候ニ付關白殿下ゟ被
爲召御目見御賞言之上　叡慮之趣攘夷之儀等委細被　仰含御盃頂戴御
暇被　仰出候付三月中旬關東へ下り本所小笠原加賀守屋敷跡ニ罷在猶
小石川傳通院巣鴨大日坂ニも罷在候處幕府ニテ御召抱ニも無之壹人ニ
二人狹(マヽ)ニ一日銀六匁宛被下置候事故一同不快彼是申立も有之此度攘夷

御一決ニ付浪人共働を以江戸町人共ゟ金八百万兩爲差上度旨町奉行淺野備前守へ願書差出置未何之御沙汰も無之内所々富家へ罷越し万一御用之節者何時成とも金子差上可申旨之證文取置候由其內惡浪兩人有之私欲相働候ニ付去十日浪人共之內ニテ右兩人之首ヲ打切兩國橋へ梟首いたし其外手荒之事とも有之候故市中見廻り御取締旁御大名方數家へ被仰付置候處浪士共頻りニ攘夷之儀を役頭鵜殿鳩翁高橋伊勢守始へ説得致候故鵜殿者病氣申立其外一同何レも同意ニテ三月十四日惣評之上御老中へ嚴重ニ申立候處御老中方大ニ仰天有之爲取鎮十四日夕刻ゟ諸家へ御達有之夜四ッ時ゟ相馬大膳亮松浦肥前守酒井繁之丞大久保加賀守松平右京亮阿部播磨守等ゟ人數被差出候右人數何レモ甲冑抜身鎗等ニテ出張酒井家千人計相馬家二百人余其外右ニ准シ莫大之人數ニテ本所浪人屋敷を取卷申候門前ニハ車臺之大炮四挺居置唯一打と相見へ候勢を以掛合ニ相成浪士之内右一條頭取候者差出候樣申入候處漸々十五

日晝九ッ時浪士之內二人罷出應對之上直ニ評定所へ同道傳通院之浪士押出し候哉難計ニ付不取敢御近所水戸家ゟ御人數被差出候處及深更阿部家へ引渡ニ相成申候其外馬喰町ニも止宿之浪人有之是ハ松平右京亮手ニテ應對評定所へ被召連候右應對中甲冑之騎馬武者御老中を始め諸家奔走致候ニ付市中殊之外動搖唯今ニも事起り候樣ニ申唱大混雜ニ御座候十五日晝九ッ過一同引取但甲冑著用無之者大久保家計り之由酒井家ハ足輕以下具足著用諸士ハ著込鎖帷子陣羽織其外諸家者皆々具足著用ニ御座候鎗者夜中拔身ニテ出張夜明候而鞘へ納候事

一鵜殿取扱浪士之內武井仁之丞津川知三郎四月十一日吟味中者本堂內膳家來へ御預ケ

一同斷取扱照山儀右衞門津川彌三郎清川八郎同日松平兵部家來へ御預ケ

一松平上總介四月十四日浪士取扱再勤被　仰付候

一中條金之助同取扱被　仰付候

一御徒頭次席講武所鎗術師範役浪士取扱高橋伊勢守重キ御役人に對シ過
言申立候上不取締之義有之ニ付御役御免差扣小普請入被　仰付候
一浪士取扱役三人御役御免小普請入
一同並出役七人御暇可〔被カ〕申渡候
一浪士二十八人諸大名方へ夫々御預ヶ
一元浪士取扱高橋伊勢守詠　御叱之日慷慨の餘りに
君に仕ふ操も鎗も一筋ふれくあるをもて心とをさ〔をカ〕む
一元浪士取扱山岡鐵太郎詠
もろあしれ門ょかけある眼より猶明らけき賤ゟ一言
山岡氏の同役松岡氏も獻言の時にハ熱涙を流して諫争なりし由両人言
葉を揃て今に　御覽被成よ下より起りて夷賊ハ誅戮すへし然ル時も上
の御政事ハ不相立其時御後悔ハ御無用と言捨て座を立たる由右両人と
も御目見以上之人也

一四月十五日鵜殿鳩翁松平上總介中條金之助右者今度浪士之內人物宜者相撰新徵組と唱替酒井繁之丞に御委任被　仰付候間得其意繁之丞に申談可被勤候尤浪子取扱之儀已來新徵組取扱と可相心得候

一町奉行淺野備前守四月十六日町奉行御免御作事奉行被　仰付候

一御作事奉行佐々木信濃守町奉行被仰付候

一四月三日松平上總介殿內話ニ當時幕浪と唱候者共ハ實之有志ニ無之候畢竟祿を貪り候爲に幕府之召ニ應し候也

先頃より眞之有志者多分長州侯へ被召候而附屬いたし候殊ニ鵜殿鳩翁と申人ハ浪士之事情抔心得居る人ニ無之候間程なく混雜可出來と被申候果して此度之始末に及申候事

一五月十九日京著一橋中納言殿書狀採要

此度攘夷　聖旨を奉東下仕候處關東閣老并ニ大小之有司同心仕候者一人も無之　勅旨貫徹仕候事中々以不相成關東情實并宇內形勢不相察短

才無智之身を以重大之攘夷奉命仕候段不堪恐懼罪を闕下ニ相待候間當
職御免ニ相成候樣　天邊に御內奏伏而奉願候

五月四日　慶喜

償金之事去ル九日於橫濱表小笠原圖書頭以獨斷償金差遣候旨書狀を以
申越候事

昨廿日松平肥後守水野和泉守板倉周防守等參　內前件之次第對　天朝
申譯無之何共深恐入奉存候此上者老中歸府應接致候而も迚も難及申大
樹自身小田原驛迄罷越奸吏共相罪シ一橋水戸等呼寄セ關東之事情篤と
聞正し候上急速攘夷成功可奏上何分ニも大樹自身發向願度候事

一去ル五月十二日夜銀座四丁目中程板塀ニ張置候書面　皇大國攘(醜カ)夷爲ふ
蔑如汚穢を蒙る是ら爲に日夜寤寐切齒痛歎する事數年然處ニ今年二月
中英夷之軍艦渡來して其齎したる所之書翰嶋津三郎一族を於不引渡ハ
五十万トルヲル外(イニ)・三万トルヲルを可相渡若兩條共不相成ハ長崎箱館其

外諸港共亂妨致し且江戸を燒拂可申樣其書大畧如此――――我國をして婦女子の國たらしむ誠以恕〔マヽ〕微發憤之至ならすや蓋是ハ本我を騷擾して膽を冷さしめ數多の大金を貪んとの姦計而已實ニ首を伐肉を喰ふ共猶なるへからす老中井上河内守松平豐前守等之如き臆病腰拔之輩其姦計たる事をしらす大に恐怖狼狽して重大之事件として松平春嶽公ゟ速ニ打拂可申旨申越せしに相用ひ無之暫期日猶豫申入候處彼益增長し一刻も猶豫不相成と及斷候ニ付二老等深く恐懼し底頭平身して佛夷之「ミニストル」に取扱賴入剩此節ニ至てハ四十萬餘の大金を英夷に相渡候て及談判誠以悲哉血涙不可止然共右兩老共素より犬馬同樣之腰拔成ルハ論するに不足とも水戸一橋等現ニ歸府罷在如此之所置ハ如何成故そや故前中納言殿下之神靈に對し何之面目有之哉又其臣下一人も諫言を入さるとハ水府之武威既ニ盡たり嶋津如此之國辱を面皮に輝して何そ少も恥るの心なきや都て國〔マヽ〕府大小之役人ハ國賊にして神罰を蒙る輩也假令

如何成深案遠慮有之よもせよ無禮傍若無人の書翰を持參し其使首を刎
る事不相成數十萬の大金を相渡し候上ハ實ニ　皇國之大耻辱ならにや
永く志〔青カ〕史〔ニ脱カ〕止て後年英國之口實とならん豈不悲哉凡耻を知らさる是を禽
獸と言ふ我　皇國をして禽獸の國たらしめ嶋津如此ハ君父を殺〔弑カ〕するの
罪いつをら重きや然して初めより臆病未練の兵事を恐大金を出し濟せ
んとならハ諸人を騒かし天下を動搖さする迄も無之候己等の周章慌〔マ〕忙
せてより諸人ニ迄是ら爲大に金財を費しめ豊〔農カ〕民の時を奪ひ天下を困窮
せしめ嗟呼何の面目なつて上天の日を拜するや下萬民よ對せるや然し
て自分ハ寸尺も報國の志なく因循苟且ーー而已を事として自の錯〔マ、〕飾而
已ならゝ唯人ニ而已報國を盡せや國恩を忘にへらに鼠輩とならん哉
ゝゝ忘をさらむや英雄義膽の忠子に普く觀せしめ水戸中納言老中以下
此度取計候者の首を切肉を喰んと此所よさらし天神地祇〔マ、〕の宸〔マ、〕を慰ス

文久三年夏五月　　皇大國之忠士

正心誠意上

一五月二十日江戸日本橋北詰張紙

今般夷國者共不容易難題申立於　朝廷ハ深　叡慮被遊候ニ付水府幷一橋　勅命之打拂仕候儀ヲ金銀ヲ以內證相濟し候義誠に　皇國之國賊是ふ過ゑるハなし依之水府一橋幷加判之老中不殘之其外これよかゝる者とも首級を不殘相刎攘夷之決戰可致事

薩州ゟ出ル

一今般嶋津三郎儀去戌年秋東海道筋生麥繩手ニおゐて夷國英吉利無禮致シ不得止事切捨候處此度三郎一族首級幷金銀等多分可相渡旨難題申立上へ對し奉恐入候儀ニ付三郎儀ハ差扣申付置候間金銀等御渡之儀ハ決而有之間敷三郎首於横濱戰爭之上急度相渡可申候

松平修理大夫內

嶋津彈正

二階堂某

中川宮ゟ出ル

一謹而申上候短才不德之尊融國事御扶助歸俗之乍蒙　命寸功も無之恐懼之至ニ候頃日之形勢攘夷之期限も打過候へとも未掃攘之形も不相見因循ニ日を送　叡慮奉洞察苦心仕候依之不肖之身を不顧恐入候得共攘夷先鋒之蒙　仰度懇願ニ候自然　勅許之上ハ普く天下之有志ニ布告其助力ヲ盡シ共ニ戰死を遂國恩を報し候一端ニも仕度速ニ　勅諚謹テ奉待候恐惶謹言

六月二日　　尊融

議奏中

傳奏中

六月二日長州ゟ申來

○コノ文前ニ出ヅ

一去月廿三日曉六ッ時頃佛朗國蒸氣艦一艘上筋ゟ颿來長州豐浦郡赤間關

港内令通航之處同所へ差出置候大膳大夫警衛人數井末家毛利左京亮警衛人數共一同大炮數發打掛彼方ゟも致手向大炮兩三發打放終ニ玄海灘に乘出し遁去申候段同國同郡赤間關出張家來ゟ逐注進候此段御屆申上候樣大膳大夫申付越候ニ付申上候以上

一去月廿六日蒸氣船一艘何國船共不相分下筋より颿來長門國豐浦郡赤間關港内令通航候處同所差出置候大膳大夫警衛人數共一同大炮數十發打掛候處異船ゟも致手向大炮數十發打放候得共怪我人等も一向無之終ニ上筋に乘通遁去申候段同國同郡赤間關出張家來ゟ不取敢御屆申上候樣大膳大夫申付越候ニ付申上候

六月被　仰出

一外夷拒絶期限之事先達而天下布告ニ相成候上ハ於列藩夷船攘討之儀ハ勿論ニ候處傍觀ニ打過候藩も有之趣被惱　宸襟候既ニ於長州兵端相開候就而ハ　皇國一体之儀ニ候間互ニ應援掃攘有之　皇國耻辱ニ不相成

樣闔藩一致決戰盡力　叡慮貫徹致候樣　御沙汰之事

一禁裡御所四方御固之諸侯

南　門　藝州　　東　門　上杉

北　門　奥平　　西門 唐門　會津

清所門　所司代

一九ノ口御門御固

堺　町　長州　　清和院　土州

寺　町　肥後　　下立賣　仙臺

蛤　　　會津　　今出川　備前

乾　　　雲州　　中立賣　巨州

石藥師　阿州　　坤　角　一柳

新在家　藤堂　　○非常之節乘馬不苦

一六月二日夜子刻飯田町五丁目ゟ出火南風烈敷追々燒廣り西久保通り不

殘新下谷町不殘只今溜池赤坂邊風下よて火口三方ニ相成丑剋未タ火鎮
リ不申候
一三日巳刻西御丸大手内ゟ出火御玄關御殿向不殘炎上坂下御門内よて火
鎮り申候御本丸紅葉山御靈屋等無御別條午剋火鎮り申候
一二番便り西御丸御炎上ニ付御本丸火移り　時計間ニ而漸消留申候
一小笠原圖書頭　思召有之御役御免之上御城代松平伊豆守へ御預ケ被
仰付候
一牧野備前守内願之趣も有之御役御免帝鑑間席被　仰付候旨大坂表ゟ御
達有之
當時武家之風俗
勤王笠チキ　攘夷羽織チキ　拒絶紙入チ入
探索杖チツキ　周旋袴チハキ　因循下駄チハク
文久ミつのと亥れ年の　葉月の中れ八日ある
一擧をいかよと尋るゐ　昨日ハきふの祭とて

上下のいとあみおほかるふ
丙丁童子の振舞と
立出見歩といつ方も
炮の響も此比の
又ハ丁打打試ミ
寅も過つる比やらん
具足小具足火事装束
とりそへ鑓の鞘もつし
道路を奔走群集する
ことゝハ更に思ハれす
殿下へ兵士の打寄共
紛々として其事の
知人さふにあらりきり

暁丑過計よや
人々走り騒しさに
烟ハ見へす大小の
よの有様の數打ら
先安心と打伏ぬ
追々人勢騒き立
縄に火をつけ鐵炮に
太刀拔もあし武士の
卷の有様ハよの常乃
街の説に鷹司
又ハ官軍向ふ共
譯も分らす眞僞さへ
抑暁丑下り

先中川とり申きふ　薙髪僧衣の破戒人
走せ參りつゝ一番に　著到よ（イ御所へ）こそ着れゐり
つゝいて右府前殿下　左幕下内府一條の
亞槐や宮ハ有栖川　辰の前後よ參上す
いかゝの事よや公家衆等の　參内武士よとゝめさせ
かゝる時節よ宮中ふ　堂上參上止らること
宦よ稀代の珍事よて　君臣異心の基ふり
又兩役や參政も　國事御用の掛りの衆
寄人抔ハ出門を　他人の面會止らるゝ
在京の諸藩抔ハたゝしく　追々召れて集らる
會津肥州よ淀長州　思ひかきふき薩藩士
早速の參上心得す　抔も諸藩の親兵ハ
當番ふふてハ九門も　出入ことゐに止らる

茲に堺の町御門
俄に発し所司代淀
子細を尋申せとも
只速に退けと
無念を包ミ鷹司
是より先に武傳卿
譯を聞とも此殿も
兎角のいらへもあらすして
尋申さる使たに
十方にくれて分散す
吉川監物益田彈正
松平淡州參入す
共よ國事も云合す

兼て警衞の長州を
是ニ替れハ長州ハ
分明の御沙汰一向なく
仰三度に及きり
殿へ一先引取ぬ
長谷三品殿に出て
寔に不意の事なれハ
諸大夫扶して宮中へ
御門扶閉して入されハ
殿よハ毛利讚岐守
一藩集會其席に
殿の親族先比より
同志の士なれハ同殿に

参るといへと程もなく
参朝とこそ聞へきり
東の久世の少將や
權の大夫や錦小路
是等ハ殿ふ参りつゝ
三條の中納言ハ
親兵出勤止ふし(れ脱カ)
いさおひ殿下ょ出頭す
西三條以下叡慮ふふを
又長州も反逆ょて
無實の事と後ふこそ
故有事ょやいさ玄ふも
先柳原中納言

召ふ應して淡州へ
西三條の中納言
四條侍從や壬生修理の
右馬の頭澤主水の正
長州諸友ゞ談合す
元來親兵掛り故
歎訴の爲ふ來し㳄
此比風説紛々と
會津薩藩手を下す
追罰をふると流言す
玄ふれゐきとも流言も
扠両役已下無人とて
召れて議奏の加勢をも

同様勤仕有へき由
三條前の大納言
又其後に中山の
是ハ先頃長州へ
疑ひ有つる故とかや
柳原して殿汝召
勅語と聞と今更に
扨中山や正キ三
復役仰有きれを
同様勤を仰らる
已下長藩へ仰らる
勅使鳥飼數十人
さもいらめしく鷹司

仰付られ本役ふ
つゝいて召ハ正親町
なのゝ宰相中將や
前の亞相も召を蒙
下向の庶子に關係の
漸午の下よや
やかて參　内御前よて
何と仰の有つふん
阿野の三卿議奏よと
固く辭れハ本役に
又柳して毛利讃州
御趣意有とそ見へよきる
親兵五十の士を具して

殿よ走て向つゝ
讃州始謹て
敢て不礼の進退なく
退散すへしと申きり
何分叡慮を安んせる
再應說得止被得す
退出すへしと勅答す
引取由被柳原
此比三條両黄門
巻纓朝衣の其下よ
長門の藩と一時に
各妙法院室𛂦
二更比とや同伴し

仰の旨をのへ傳ふ
是を敬承露程も
違勅の子細を伺て
無罪を愁歎すといへとも
爲ふ早速退去を[よ脫カ]と
所存を申その上よて
追々人數をくり出し
歸りて言上有とかや
已下流言よや惑ハれきん
小具足乗馬玉襷
鷹司家被立出て
立寄談合有と云
兵庫れ浦よ急き往ゝ

思ハぬ舟ようきねして
周防の國の三田尻ゟ
此火變は子細攷ハ
委細攷える人更よなし
參政國事寄人は
餘りふ事の激烈の
同心あれハ取計ひ
顧ミをさること〳〵の
殊更去ル十三日
時いさふさる　叡念攷
よきあく夫に從ハれ
元の起りハ長州の
堂上迄を勸こみ

下の四日と六日よは
下著と後に聞へきり
いかよ〳〵と尋ねても
夫是考へ合るに
血氣壯の盡力の
議論ハ元來兩役も
思召よも振〔觸カ〕る攷ハ
少かふさるその上ふ
御ン親征の行幸ハ
一同遮り言上し
夫是上の御不快も
暴激論の藩
上へ押張及すとの

御いきどふりも有處へ　奸曲私意の或藩等に
のせられたりし人有か　國事掛の輩恥
今ハ退け親兵も　參政國事寄人の
稱號さへも止らる恥　長州烈士の助力よて
若も異變の生すかと　かれ是事の混合し
頓に起りて一時よ　退きられしとゝかや
いか成故か薩會と　合體せしも一不思議
何ハともあれ御攘夷の　決議も漸成る處
かく反掌の政事ては　勤王有志の輩も
人心瓦解し朝廷を　離れ散するあさましさ
ことに一入恥かしきハ　殿下ハ御咎差扣
議奏退役遠慮よて　參政國事寄人も
同し罪科の差扣　脱走人ハ官階を

止めふれしもせぬあしや　いかなるゑこの御さたよや
両傳奏ハ其まゝに　置も置るゝ居るもゐる
不服の有志もたまつてゐる　扠々ひやうき御世あれハ
倘速ふ人心の　一致一和ハ外なふに
不遜不敬の夷人等汝　倭魂堅固のますら（武）男り
應接談判やり付て　彼犬羊にあ［　］（欠本ノマヽ）
追返さるゝにしくハなし　夫て聞すハ斷然と
大つゝ　小陸ゝ　鑓　長　刀
面々たしあむ其武具汝　用ふ立るは此時と
思ひ定て神國の　汚穢をそゝかん外ハなふし汝

文久三亥年九月藤堂和泉守殿へ元中山侍従殿使者袖扣書寫

今般此表發向之趣意ハ去月十三日　御親征被　仰出候ニ付義兵相募り鳳輦守護之所存ニ有之然處同十八日松平肥後守逆意ヲ以企不法　御所

内へ押込恐多も　主上を奉押込僞名を四方へ号令致し候段相聞不堪痛歎此上者同士（志カ）諸大名申合右逆賊追討いたし奉安　宸襟度所存ニテ精々盡力致居候折柄有名ノ諸藩ヨリモ使者ヲ以テ近々大擧在京ノ逆徒可致征罰段申越候於其藩ハ兼而勤王之志有之趣承知致シ候逆賊追討之疇（マヽ）策可有之ト奉存候然處此度五條表へ被相向候樣子ニてハ官軍ニ敵對被致候樣相見候一應（イ及）掛合ニ（イナシ）及候存意之趣急度致承知度候事

尙々五條代官支配村々既ニ服王化候處此度御加増ニ相成候哉（イニ承候）何𛀁ら拜領被致候哉致承知度候事

中山侍從殿使者
澁谷伊豫作

右使者伊豫作義藤堂家ニ留置有之候よし

右同月藤堂侯ゟ上書之寫

今般和州五條表ニおゐて及乱妨候諸浪人共追討之義奉蒙　勅命速ニ人數差出去七日ニハ兼々御屆申上候通和田井ニ大日川口攻寄其後も先手

之者ニおゐて種々軍議を盡し今日よも再び追討を加へ最早退治仕候も
難計候得共先日召捕候澁谷伊豫作存込篤と相調候處元來見込者致相違
候得とも尊　王攘夷之義ニおゐてハ擲身命飽迄存居候事故眞之亂臣賊
子ニも無之ト奉存候殊ニ今般攘夷之儀更ニ被　仰出　帥宮別　勅使被
蒙　仰候間此度社關東ニおゐて違背も有之間敷左候得（イ時）者　皇國勇敢之
士共養置度候折柄彼を一時ニ打潰候而ハ如何ニも無慚之事ニ奉存候間
矢張鎭撫之御沙汰ニ相成候ハヽ浪士共へ急度被　仰諭夫々生國へ引取
候様ニ相成其上ニ領主地頭へ是非曲直相糺候様被　仰付候而ハ如何可
有之候哉追討之任を蒙候而斯之儀申上候ハ奉恐入候得共前條ニも如申
立候彌攘夷拒絶之機會ニ既ニ人民を損し其上畿内之地よて干戈を動し
候義無勿躰次第旁　皇國之御爲と奉存候間不顧恐ヲモ（イナシ）奉申上候儀（イ事）ニ御
座候乍去前條之通先地者遠隔之事故彼是通屈（届カ）も隙取且者先鋒之者共一
途ニ奉　勅命其上先日勝利も有之事故勢ニ乘し（イナシ）追々進撃可致必定之事

故此儀尤ニ被　思食候ハヽ速ニ御施行有之候様呉々も奉願上候以上

（イ九月）　藤堂和泉守

和州一揆浪士近村ニ申渡觸書之寫

今般逆賊會津肥後守無勿體も　御所内ニ無法ニ押入理不盡ニ　天子ヲ
奉押込（イ籠）僞名を以勝手ニ紀州其外諸大名ニ申觸（イ已ニ）奉服　王化（イナシ）ニ五條御政府
ニ軍勢被（イ爲）差向之（イ候）段其罪不容（イ於）天地之間長州（イ因州イ土州イ上杉）・備前・肥後・等正（イ義）・大名不日ニ大擧
（イナシ）シ右様之國賊（イ等）・令征罰可奉安　宸襟御治（イナシ）定ニ候間三ヶ村之者共何國迄も
天朝ニ精忠相勵（イ盡）候様可仕候右之段（イ趣）小前末々（イノ者）迄も不洩様可申聞（イ候）もの也

亥九月七日　天ノ川

御役所

五條村（イ三ヶ村共村ノ字ナシ）
須恵村
新町村

役人共に（イ中）

右三通津藩近世事略ニ據リ校訂
校訂者識

八月十八日曉前中川宮先御參前ニ會津幷ニ所司代に御家來を以肥後守長門守即刻參　內且御警衛人數差出候樣被達置會津兵士多人數被　召具御參　內直ニ唐門始九門ニ至迄堅固ニ開門不相成堂上たりとも召ニ無之輩ハ一人も參　朝不相成旨嚴重御下知之上近衛殿御父子二條殿徳大寺內府公火急ニ御用召ニ而參　內同時ニ兩役幷國事掛之向々參　內被差留囙備以下在京諸大名に主從必死之覺悟ょて即剋參　內候樣被仰出長藩ニおゐてハ毛利讃岐守始一藩一人も參入不相成旨御下知非番親兵是又同樣參入被　差留（但三番所宿直ニ親兵ハ前日ゟ相詰居候ニ付其儘ニ被差置候）此時分最早肥後守長門守ハ參　內右二藩幷ニ薩藩御警衛人數甲冑或ハ大炮等備之七ッ半時頃迄ニ人數悉く參着於凝華洞大炮一發放之（人數相揃之相圖也）（マヽ）然ル處長藩人數毛利讃岐守吉川監物等を初め非常之樣子ニ付人數操出し候處諸門稱勅命嚴重ニ相拒一人も參入難相成候ニ付不得止事鷹司殿裏門臺所門等

ゟ殿下へ參入御殿之內外重滿（充カ）關白殿ニも召無之ニ付諸大夫を以御樣子御伺ニ相成唐門參入難相成依之無據御參御見合セ朝六ッ時過ニ及ひ諸手筈相調候上先會津兵士を以柳原中納言殿火急御用召參　內御前ニおゐて中川宮前關白右府公內府公左大將殿等御列座中川宮被　仰出候ハ此比議奏井國事掛り之輩一同長州入說之暴論ヲ相用　叡慮をも不被爲在事件を御沙汰之趣ニ申成候事共不少一體御親征　行幸之事ニ到（於イ）而ハ即今未其思食ニ不被爲在を押而　叡慮之趣ニ施行致候段　逆鱗不少一體右樣過激疎暴之所置致候義全長州不容易企ニ同意致事　上ニ奉迫候段不忠之至三條中納言始追而御取調ニ相成先禁足他人面會被止候旨御演舌次ニ柳原殿に議奏加勢被　仰付置本役依無其人專ラ本役同樣ニ相勤候樣被　仰付且先達以來國事ニ就而ハ不都合有之解役ニ相成候中山前大納言殿正親町三條大納言殿阿野宰相中將殿等御用召途中爲守衛會津兵士三十人被差遣　參　內之儀（マヽ）議奏復役被　仰付候處三卿井堅辭退ニ付議奏格ニ

被　仰付其外正親町大納言庭田中納言葉室左大辨宰相以上議奏加勢借
御前ヲ被退中川宮始メ以前之公卿并肥後守長門守上杉彈正大弼等四人
席よて長州野心之企有之不容易奸謀相巧ミ　御親征　行幸等押而御勸
メ申上候由を肥後守頻ニ申上中川宮始メ御同心長門守彈正大弼等尤同
意よて專ラ長州ヲ野心之體ニ申出就而者先不取敢長州御固被発人數悉
く引拂候樣御下知此時關白殿ニおゐて御參無之此時ニ至り柳原中納言
殿關白殿亭江　勅使被　仰付御參被成候樣被　仰出先是長藩一同關白
殿江推參不存何事候得共諸藩非常之出立ニ而馳集御警衛申上候處長州
ニ限り一人も參入不相成との御沙汰一圓會得難相成長州ニおゐてハ何
等之御疑惑在之候哉旨身命を拾關白殿江詰問申上候處於殿下も今日之
事拵實ニ何共不相辨御參被遊度候得共　禁門參入之儀攝家宮方ゐりと
も嚴重相拒ミ候付被成方無之旨よて關白殿亭殊之外御混雜於親兵も是
又參入難相成長州ニおゐてハ何等之御疑惑有之候哉一同御用掛ニ付三

條殿へ推參（諸藩親兵當番除之外凡千五百人）御子細相伺候處於御同卿も今日之事柄何共不相辨其上不意ニ禁足被　仰付候ニ付何事も不能所置旨御申聞候處親兵一同惑亂正義精忠之三條殿何等之御不審ニ候哉其義ニ候ハヽ押て殿下へ推參子細御伺可被成樣遮而申立押て中納言殿御供申殿下へ御推參此時分　勅使殿下へ御參向無程　勅使御同伴ニ而殿下御參　內直ニ御前へ被爲召　勅語被　仰下候御旨被爲在其後別紙一印之通り被　仰出㊀扨長州御固メ被免之旨再應御沙汰之處一圓不伏依之柳原中納言殿長藩に　勅使被　仰付候ニ付毛利讃岐守吉川監物益田右衞門助等屋敷に引退キ　勅使御請待申候樣被達候處只今此儘引退キ候義幾重ニも迷惑之旨吉川益田等申立候ニ付於其義ハ關白殿亭ニおゐて　勅使請待候樣被達無程柳原殿被行向㊁印之通り　勅諚被　仰下演舌ニテ萬一長藩疎暴之輩在之自然於御膝元騷亂等相生候而ハ深被惱　宸襟候ニ付押而人數引退候樣段々御說得有之候處吉川監物於長藩一人も右樣

疎暴驕亂ニ及候心得決而無之旨種々致苦訴候得共何分人數其儘有之候
而ハ實ニ不被爲安　宸襟候間押而　勅意尊奉候樣依御利解終ニ御請申
上次ニ三條殿御始メ御咎之義呉（イ是）も不堪悲歎何卒是非共御咎メ被爲解候
樣只管歎願之上㊂印御請書差出此時最初ゟ薩會兵士長州人數相屯候上
手ニ隊伍相立大炮等長州人數へ筒先ヲ向即今ニ打立べき形勢ニ付吉川
益田等何故長藩相手取不穩勢を相示候哉依之益々一藩不堪奮發旨両使
へ被申立候ニ付柳原殿御下知よて薩會兩藩ニ筒先ヲ外ニ向ケ候樣被申
達其上長藩人數引拂見屆候樣　勅命被爲在候ニ付御請之上ハ直ニ引拂
候樣長州へ被達候上人數引拂候△（長州御固跡所司代長門守人數入替）依而　勅使歸參
三條中納言殿以下へハ此時　勅使清水谷宰相中將殿ヲ以犯禁殿下ニ推
參之條不容易速ニ退散無之候而ハ全　違勅ニ可相成旨被　仰遣候此後
三條殿以下ハ長州人數ニ打交り妙法院室へ御退散親兵共多人數是又隨
從妙門へ參著此時既ニ黄昏ニ及ひ深更決議之上增（イ益カ）田右衞門助（マヽ）ゟ殿下ニ

㊃印之通書付差出四更前追々伏見へ出立親兵ニおゐてハ隨從之義申立
候へとも三條殿　勅勘之身分之上　禁中御用之爲被召置候親兵ヲ私ニ
召具候而ハ尙々上に對シ無申譯候旨是非共引退候樣御說得ニテ妙門ゟ
親兵共退散之由其內是ニ相從候輩在之歟翌十九日朝ニ至り三條殿等長
州下向之事ヲ未タ朝廷へハ不相聞依之　朝議被爲在一先三條殿等參內
候樣里亭へ被　仰遣之（イ候）處前夜ゟ妙門へ御出之旨申聞候ニ付妙門へ被
仰遣之（イ候）處冣早御出立之後ニ相成然ル處肥後守長門守等始三條殿被犯禁
足違　勅之所行ニ付速ニ被處罪科候樣頻ニ申立候得共　朝議何共不被
爲聞候哉之事
以上十八日曉より十九黃昏迄事實ニ如此候也
以上四枚亥十十三忠愛持參
文久三十一十二忠愛持參
中川彈正尹宮昨年來　天朝之御厚恩を蒙り禁錮被免出格之　思食ヲ以

て還俗親王ニ御取立ニ相成候も全ク　天朝之御恩ニ御座候然ル上ハ身
命ヲ拾て　皇國之爲　天朝之御爲ニ正忠を可盡人情ニ御座候を無其義
奸吏會津ニ與シ去ル八月十八日之大變を引興し候段不埒之事ニ御座候
其他雷同致シ候近衞父子二條德大寺其外附属之堂上等朝威之衰候事ヲ
不顧是又幕府ニ阿諛シ私欲之爲ニ名義ヲ失ヒ其罪難遁候會津越前尾張
其外家門之輩　天子を尊奉候得共幕威ハ衰へ蠻夷を掃攘致候得者幕府
ハ滅亡と相心得候段大成間違ニ候家康公天下ニ覇る（た脱カ）や陽ニ正義を唱候
を以武威大ニ振ひ二百年ニ近き太平被保候方今蠻夷猖獗之時ニ當り益
以正道正義を唱へ名實を正し　天子を尊奉し蠻夷を掃攘致し諸侯ニ名
義を示候（しカ）武威を張候得者德川氏之德中興致シ可申候を無其事奸曲邪僻
を行ひ　上ハ天子を要し中ハ諸侯ヲ欺き下ハ庶民ヲ誑シ葵の蔓（萎カ）候を憂
て愈蔓（萎カ）候様ニ致者也　天子ニ對シ不忠諸侯ニ對シ不信幕府ニ對シ而も
不義自己之私欲ニ迷ひ五万石も十万石も家（加カ）増致度存念ゟ大義を忘れ天

下之正義を倒し　皇國を左袒せんと欲す其罪天地ニ容られさる者也彈
正尹固ゟ私欲ニ迷ひ會津ょ與し奸邪を働くのミならす八幡ニおゐて律
僧忍海と申者を頼み厚く贈物等致し　主上を咒咀し奉る處忍海薩人ふ
欺かれ密事一々相語り其上證據を被取其身ハ殺され候由天罰可懼事ニ
候且又横濱たきを先つ鎖し長崎箱館二港ハ追而と申事ニ候　主上を欺
き彈正尹己レ魁首ニ而近衛二條德大寺其外奸智邪行の堂上を誘ひ　主
上を無理やりに仙洞御所ょ勸め可申密計相顯れ誰謂となく天下に公然
候右等之奸曲を相止メ會津をして正義ニ寫（マヽ）し幕府をして正道を行ハし
め三港皆鎖し候樣致し候得𪜈天人之震怒も止可申候哉無左ニ而𪜈一港
鎖候而も二港開置候得𪜈交易ハ彌々益盛ニ相成可申候又町人直交易ハ
止メさせ幕吏の手ょて交易致し入用之物ハ不遣不用之物計を遣候法則
を相立候得共立（マヽ）寄ト申候得𪜈最初之時法則不相立候然ル處今ニ而法則
立候事此理萬々無之候實ニ攘夷成功ヲ遂候迄ハ　主上万乘ヲ御遜リ被

遊様致候而も當職人(イナシ)ノ罪也近衛二條德大寺其他附属之堂上者申ニ不及
彈正尹汝心ヲ虚ふして耳を浚て是を能く聽ヶ如此申者ハ
天朝へ忠ニ幕府へ義ニ愍下民有志何某也
右霜月一日下立賣御門外ニ張紙　十月廿九日中川宮西院參町屋敷拜領
引移り後第二日也

長州使者口上

宰相父子於國元去月十八日　輦轂之下騷擾之趣尙堺町御門御警衛被相
除候之邊奉承知候ニ付而も　叡慮之程如何可有御座候哉深奉恐入候ニ
付不取敢家老之者差登赤心之趣申上候心得共ニ御座候　宰相父子年來
尊王攘夷ニ心ヲ盡シ殊ニ昨年　蒙　天勅候以來彌勉勵日夜寢食ヲ忘レ
乍不申(及カ)只　叡慮貫徹仕候様苦心仕偏ニ　天威之難有を以家來共皷舞致
シ被　仰出候期限外夷及掃攘候處　叡感も被爲在尙此度攘夷之儀弥御
依賴被爲在候段　天勅奉感拜候然ル處去月廿九日御達之趣有之候事ニ

付家老之者滯坂仕上京之儀相伺候處家來減少罷登候段度々御內意をも
奉承知左候而ハ屢被差留候而ハ宰相父子ニ御疑念被爲在候御事共ニ御座
候哉實ニ宰相父子千辛萬苦微忠ヲ盡シ候段家來一同ニおいても深勘辨
致候處不計も目然ニ一朝之讒を以存外之疑を受候而ハ家來共ニおいて
も若辱（君カ）之儀難忍至情も有之於私共深掛念仕候ニ付何分之御樣子御內々
被爲伺被下候樣奉願候事

書翰之寫

今般夷狄　御親征之儀未其機會ニ無之　行幸暫御延引被　仰出猶堺町
御門之警衞被成御免候段被　仰下謹而奉畏候然ル處私義多年　尊王
攘夷之心を盡し追々　叡感も被爲在監察使共被差下奉感（脫アルカ）・不計（もカ）候此度御
警衞御用被　差除候ニ付而ハ　叡慮之程如何可有御座候哉何共降心不
仕深恐入候早速私上京赤心を以理解申上候筈ニ御座候得共夷船防禦方
精々心得共候ニ付家來之者へ申含差登候ニ付是迄之寸誠被　思召出御

憐愍之程伏而奉歎願候此段可然様　御沙汰所仰候 慶親 恐惶謹言

八月二十七日　長門宰相慶親

勸修寺右少辨殿

一九月十九日夜左之通武傳ゟ御達しニ御座候得とも御取らへし也

根來上總　上京之儀去月廿九日御沙汰之趣も有之候間人數減少上京

可有之候事

九月

一九月十七日長州へ御沙汰書寫

去十八日之一擧之儀ニ付毛利讃岐守以下御不審之次第も有之候間早

々取調御理申上候様被　思召左候ハヽ是迄宰相父子之忠精も顯然候

條厚致勘辨言上可有之候事

九月

一根來上總歸國ニ相成候様御願之事

一江戸留主居役小幡彦七ト申者近々歸國ニ付爰元同役申談有之京都立寄
相成候樣御願之事
一國元幷江戸ゟ來候飛脚之者之義ハ京都入込二三日滯留被　仰付候樣御
願之事

長州留主居 乃美織江

右一枚十十忠愛持來

奥州南部森岡	自光坊	石州	豫州
尾州	田中權之右衞門	相良內記	

文久元冬

西洞院椹木町近江屋久次郎口入狩野秀信

一手丸　五　一馬提灯　三　一箱提灯　五
一小田原五　一高張竹共四　一丸高張竹帊共二

一傘　九

右此度改ゐ相渡置候間數無足無之様猥之取計無用事但若無據儀ニ付何方へ借用候とも翌朝取調へゐつめ取揃可置事

八月廿日　奥ら

右之通慥ニ請取申候

出雲守

式部

越前儒者安井忠平壚谷甲藏眞野甚藏

（安井仲平號息軒日向飫肥ノ人　校訂者識）

三人建白

天（大カ）意者日本者小國之儀故外夷ニ従候儀者其筈之事迚も異國江合手ニ致し候ゐも勝算有之間敷外様大名京都へ御味方申上候ちハ京都ハ京都江戸ハ江戸ト相分ニ成候ゐも可然御普代始麾下之士京都へ弓を引候ゐも不苦交易費（疲カ）弊之義京都ら被　仰出候得共交易始候已來町人共多分之金子這入迷惑之筋無之費（疲カ）弊相（マヽ）成不申故攘夷ハ出來不申事詳細ニ候京都へ

御申上之上御聞入無之者征夷之号御返被遊關東限り御所置被遊可然奉存候三條様へ右大意之所阿州人差出候由御見を被成候間寫置候

筑後久留米領山播州明石山丹波境備後尾之道山江州觀音寺山丹後丹波境山濃州尾張境寺院山右等へ諸浪肥浪長浪土浪柳川郷士藝浪立花浪水浪會浪因浪紀浪等備後播州等ニ楯籠奥羽上州邊之浪濃尾州ニ楯籠○幕府（マヽ）者八十人ニ而江州楯籠是者和州討手東國勢路止○肥後菊地浪五百餘人出船行方不知菊地隨衆大村島原五島二千五百人計ニ而豊後ゟ出船征東義兵組ト書シ大幟夜船ニテ紀州浦へ着船其後不見由大幟筑後備後等ニ見へる由

此半枚十廿二東ゟ持參寫置

和州浪士役割　九十八自局來寫

總　裁　藤本伴（津カ）之助　松本謙三郎　（土州）吉村寅太郎

側用人　（久留米マヽ）池内藏太　監察　吉田重藏　那須眞吉

（久留米）酒井傳二郎

銀奉行　磯崎豊

小荷駄奉行　水野（郡カ）善之助

武器調方　安藤（岡カ）嘉助　伊藤三弥

兵粮方下役　福浦元吉

鎗一番組長　（土州）上田宗見（兒カ）　土居佐之助　（久留米）荒巻牛三郎

伍長　中垣謙太郎　原田龜太郎　和田登一

鶴田陶治　江頭種八　森下幾馬

市川清一郎　永野一郎　保母建

伊澤（吹カ）周吉　（熊本脱土）竹下熊雄　水野榮太郎

島村省吾　（合圖掛）宍戸弥四郎　森下幾（儀カ）之助

（兵粮方）林兵吉郎　（三州刈）島川清三郎　（此人法隆寺町人キセルヤ光平門人之由）牧岡鳩齋

小川佐吉

正心誠意上

此人京都へ上書致シ候和學者哥道和學講譯（釋カ）南都毎月十日計參リ居奉行所宮樣方へも罷出候人光平ト申仁

記六方 伴林六郎　執筆方 辻幾之助　小性頭 澁谷伊與作　尾崎崎（濤カ）五郎
石川市　小荷駄方 前田繁馬　松本傳兵衛
同下役 森楠馬　山口松藏

炮一番組長 半田門太（吉カ）　田所鶩（騰カ）三郎　田中弥三兵衛
田中楠之助　菖（葛カ）目清右（盛カ）（馬カ）　澤村幸太（吉カ）
島浪間　安岡斧吉（太郎カ）　鍋島米之助
磯崎寛　兼役 小川佐吉　長野市郎
兼役 土居佐之助

文久三十一二借寫但虛實不分
九州申合之大意摘要
叡慮深遠之御居りを相伺公武御一和攘夷之御所置一轍ニ出候樣御座有

度依ゐ　皇國之御爲メ致上京盡力周旋致度旨

右筑前

攘夷之儀者是非々々關東ゟ御委任ニ相成不申候ゐハ　皇國之御爲不相成最早片時も傍觀難相成時節と國論一定ニゐ早々上京周旋可致旨

右肥後

公武御合體之基本相立候樣斷然周旋致度隨ゐハ　輩下ゟ相集居候浮浪之輩悉掃攘不致候ゐハ御一和之御爲ニ不相成最早時勢切迫ニ付近々上京之合ニ候間御同意ニ於テハ御一同御上京ニ相成御戮力被下度旨

右三郎

條理之正敷ヲ踏ミ　皇國之御爲ニ只管公武之御合體ニ相成候樣各國戮力周旋有之度との儀則御同意ニ候間末家之者上京爲仕候旨

右肥前

右二酉ゟ同月八日借寫

正心誠意上

九十五自東來寫

今度此表發向之趣意ハ近來攘夷被　仰出候得共土民を預り候者共専ラ己之驕奢之為めニ御民を害候上却而攘夷之　叡慮を妨候族多く且近日御親征被　仰出候調之ためニ候既ニ當地代官鈴木源内ハ尤惡しき者故加誅戮候已後五條代官支配所之分　天朝御直之御民ニ候間　神明を敬し君ミをおもんし御用體を可致拜承候此度本へ歸し候御祝儀として今年の御年貢是迄之半通り御免ニ被成遣候向後取筒[箇カ]之事手輕ニ致遣度候得共猶奏聞之上可致沙汰候事

右之旨小民ニ到迄不洩樣申聞難有拜戴可致忠勤候

亥八月

前文畧之然ハ此度中山中將樣御下向被爲遊候ニ付而ハ御用被爲在候間此飛脚着次第急速御越可被成候尤御用之儀者別紙之通被　仰渡候ニ付無御心配可罷出被　仰渡候間此段可得御意如此御座候

五條
すゑ
新町
三ヶ村役人

八月十八日
惣代中
連名宛

以下町觸寫
近來藩臣浮浪之徒堂上方へ立入正義之士ト唱種々入説致候ゟ　叡慮貫徹不致事往々有之隨テ不心得之者共横行致シ無辜ノ者ヲ殘害シ或ハ火ヲ放チ家屋敷ヲ毀チ或ハ張紙をいたし町方を騷し遂ニハ不容易巧ニ及候聞も有之言語道斷之義深被惱　叡慮右等之廉御改革被遊取締方屹度被　仰付御吟味も有之候間一同安心可致候猶又　叡慮之難有を不知往々心得違之

者有之公ヶニ申出も無之無根之説ヲ申立人心疑惑を生候義甚如何ニ候若又存意有之候ハヽ無忌憚可申出旨兼而松平肥後守殿御沙汰も有之候間以來心得違無之樣可致候

右之通洛中洛外不洩樣可相觸もの也

亥八月

浮浪之者一宿又ハ同居爲致候義不相成段先々ゟ相觸置候處近來猥ニ相成殊ニ當節柄諸藩或ハ正義之士抔ゟ僞名ヲ唱止宿致居候者も有之哉ニ相聞以之外之事ニ候依之町役人共日々見廻り此上右樣之者有之候ハヽ聊無斟酌速ニ月番御役所へ可訴出候若等閑ニ相心得候者有之候ハヽ宿主ハ勿論町役人等迄嚴重ニ可申付候此旨可心得候右　御所ゟ御沙汰之趣も有之候ニ付洛中洛外不洩樣早々急度可相觸者也

亥八月

中山家公達之由浪士相交多人數具足著拔及鎗長刀等ヲ携河州路ニ而　勅

命と僞武具馬具等ヲ借受和州路へ立越御代官陣屋等放火及亂妨輩ハ全徒
黨一揆企候者ニ付取鎮方嚴重大名へ被　仰付候事ニ候間右徒黨之者寺社
在町所々に立入如何様申なさむきいさなひ候共まとはされ間敷候若心得
違右之徒黨いたし候者有之候ハ、嚴重可及沙汰候
右之趣急度相守違背有之間敷候此旨早々山城國中可相觸者也

亥八月

元中山侍従去五月出奔官位者返上祖父以下義絶當時庶人之身分候處和州
五條之一揆中山中將或中山侍従与名乘無謀之所業有之由ニ候得共　勅諚
之旨相唱候故斟酌致候者も有之哉ニ相聞候當時稱官名候者全僞名且不憚
朝權唱　勅諚候段國家之亂賊ニ候而　朝廷ゟ被　仰付候ニ而も一切無之
候間早々打取鎮靜可有之討手之面々に不洩様可相達候事
右御書付松平肥後守殿御渡ニ付此旨洛中洛外ニ可相觸もの也

九月

三條西中納言　三條中納言　東久世少將　壬生修理權大夫

四條侍從　錦小路右馬頭　澤主水正

右者去十八日已來同伴及他國候段　朝威甚如何ニ被　思食被止官位候和州五條一揆之中山之如く何方へ手寄僞名ヲ唱諸人ヲ恐惑いたし候も難計候何方へ罷越僞名を唱候共聊無斟酌取押可有之　御沙汰候事

但若亂暴ヶ間敷有之候者臨機之所置召捕可有之候

右御書付松平肥後守殿、、、、、同上

○和州十津川鄕士共市中晝夜廻り候間爲心得組町限相達候樣被　仰渡候

亥九月

○六孫王（イ西八條）大通寺修理ニ付助力勸化御免　山城　大和　遠江　駿河　伊豆　下總　常陸　越前　近江　下野　丹波　丹後　但馬　播磨　備中　備後　阿波　讃岐　伊豫　肥前等寺社奉行勸化帳持參亥四月ゟ卯四月

迄府内大坂御料私領已下巡行之由　亥三月
右從江戸到來候條洛中洛外不洩樣可相觸もの也

八月

十津川郷士之内先日以來亂暴之者有之候風聞候元來無罪之所元中山侍從等組し候得者違　勅之名を免きかさく其罪不輕右等之心得違有之候ニ而者無據可被罰左候節ハ甚不便ニ　思食候間此　御趣意厚相辨　朝敵ニ不相成樣可致旨相諭候樣与之　御沙汰候事

右御所表ゟ難有　御趣意之趣近國御料私領寺社領共市中迄も不洩樣可相觸旨稻葉長門守殿被　仰渡候條洛中洛外可相觸者也

亥九月

○諸色潤澤物價引下之義ニ付而者毎々相觸候趣も有之候處兎角一己之利欲而已相謀り時節柄を不辨小前之者難澁をも不厭此節又々追々物價引上候者も有之哉ニ相聞以之外之事ニ候諸仲間問屋共ニおいてハ此段

別而厚相心得一同申談弥以手狭窮屈無之際立物價引下ヶ候様心を盡可
申候□以後疎畧相心得利欲を謀り物價引下を妨候ニおいてハ嚴重可
及沙汰候條急度可相守候此旨早々洛中洛外へ可相觸もの也

亥九月

一十五日十六日十七日等參　內攝宮人々之事
　十八不審
一二條へ何方ゟ申參ルカ又囘州ト□□□（欠マヽ）へ二ゟ申遣事イカヽノ事
一會士云十七日夜用人宛ニテ中川ゟ申來ヨシ實カ
一陽へ何方ゟいつ申參ルカ內同上
一兩藩トノ一封ハ凡薩士ノ手トミユアノ混雜當朝既ニ御前ニアリ誰持參
　ニ候哉アノ內越前守衞ノ事アリ甚アヤシヽ若両三開港申合下地カ
一會ゟ早天阿へ廿士推參唯今可有參　內可守衞申來由何方申付哉猶豫之
　內有召よし甚アヤシヽ

新嘗祭儀奏用一帖大忌公卿留一冊正親町へかす
天保六奉幣社遷宮奉幣陣中沙汰留一冊中御門へかす

當時滯京之諸侯方并次男三男ニゐ上京名前

松平春嶽　　立花飛驒守
南部美濃守　　松平下野守
丹羽左京大夫　　松平下總守
伊達伊豫守　　松平左衛門佐
阿部播磨守　　本多主膳正
京極佐渡守　　戸澤上總介
加藤越中守　　關　備前守
織田山城守　　松平近江守
池田昇丸　　島津三郎

長岡澄之助　長岡良之助
蜂須賀大和　松平出雲
右亥十一月九日

十月十四日
誠恐言上因去月ノ形勢殊更當節御事多御忩(マヽ)忙相成候義ト奉存候然時ハ
速(マヽ)至御居間鋪御両役の方々御用御多忙ニテ自然御參政ノ御施行モ御回
循ニ相成可申況粂々被　仰出候攘夷
叡慮モ不得止被費日月候義ト奉存候元來攘夷ノ　勅諚ハ萬代不易ノ御
聖謨天下奉畏伏處ニ雖御座候何卒實地不行往々御爲筋ノ御所置御勘辨
被爲在度奉存候從來時態人情和協不仕當其機圖ハ直ニ討拂不當其機圖
ハ姑見合一定無之討拂候ハ驍勇果敢ト賞見合候ハ遠謀思慮ト稱相互ニ
柔軟不振又無謀過激ト誚合或両端不決傍觀ノ屬(マヽ)モ不少公武内外和睦不
仕結黨ノ害モ有之被惱　宸襟候義深寒心奉恐入候不肖信礼當春來在京

世狀監察仕候處諸方知彼者無之不知己所置多諸事行違耳夫ヨリ種々害
ヲ生申候殊去月非常ノ形勢俄生御事柄不相分天下愕然疑惑仕無象(マヽ)ノ義
故恐多モ關東秘計有之表向御用心ノ姿ニテ內實ハ欲暴行抔流言不容易
義申觸巷議等區々折柄五條ノ事忠奸曲直混淆　皇威ノ御輕重ニ關係關
東ノ名義惡鋪此世狀ニテ因循仕候ヘハ憤言激論公武ノ御爲不容易儀共
出來難計然時ハ　皇國ノ亂階外夷ノ所望術中落入奉恐入候即今ノ形勢
譬ヘハ四支ノ疾ヲ欲治テ病積聚腹心拘彎(攣カ)仕候樣御座候此時ハ速ニ寬本澄
源ノ御神策最御急務ト奉存候其謂ハ　皇都ハ天下ノ腹心　皇居ハ神明
精靈ノ腑ニ御座候得ハ被　仰出ノ御旨清一ニテ天下ノ心耳ニ行屆候時
ハ氣血循環仕候樣ニ世體安寧ト奉存候凡尊卑各體度有之候　天朝ハ神
代已來ノ御典憲存在ニ付專照神祇之道彰御國體被爲興御舊規ハ　御當
務歟宮家ノ方ニハ各御家業御勵御礼容優裕ニテ以御文德令服天下ノ思
食御大本ト奉存候御武備ノ御義ハ公武固其常則有之候得共於武家モ兵

制ノ著服不明猥慕蠻夷ノ陋習候程ノ義ニ付正大公明ノ兵紀軍權御調相成御定策照然御立相成候ハヽ被為向万方御指令候共御遺算無御座ト奉存候官家ニテ御親衛御手薄ニテハ不相濟候間武官ノ御方刀劔弓矢ノ道御心得方御研儀仗ノ分モ御差別可有之御精造御所御間近ニハ火機危殆ノ品ハ御入不被遊御府官人瀧口武士等巡警守內宮方御門跡方官家ノ方々御殿等ハ諸大夫侍雜掌青士ノ面々弓矢太刀薙刀ノ技ニテ御事足可申如何樣ノ變動有之候共洛中洛外御肅靜ニテ唯御守護職所司代以下戒不慮不得止義御座候ハ諸侯守非常義ハ可有之凡一日路二日路程ニ形勝ノ地活見撰山川控帶ニ要相原埜堤坊田澤ノ險屯兵々搆營秣場等被下其外海防等禦候定策等御立假令ハ　御親征ノ御大擧御座候共　皇都ハ彌御鎭綏ニテ万民安堵奉浴　皇恩候義ニ被遊人心和協第一ノ時柄御嚴責ノ公卿殿上人其罪ハ御嚴責有之候共御仁惠ニテ御赦免天下有志ノ徒ハ御撫恤人心落涙感激ノ御所置被為有公卿百官ノ方々遠大之御良圖御神算

ノ御妨無御座樣御思量被爲在度腹心無病ニテ安寧ノ時玄思慮清明元氣
勃盛ノ樣被爲成候ハ、恐悅奉存候此寛中理本ノ御神策肝要御座候近來
武家洛中充滿仕候ハ御爲不宜他ノ動靜不相知万一ノ時狹隘ノ衢ニテ如
何樣ノ働ニ不相成一同鼎沸仕御安心ニ似テ御安心不相成其上武士横行
仕候體ニテハ貞士而已ニ無之傖（マヽ）邪ノ者モ入交遂奉脅高貴之方不測ノ變
無之共難申殊町人共ハ畏怖仕夜分往來モ憚苦々鋪且暴戾ノ俗目（月カ）蔓閑雅
ノ風日頽天下腹心ノ華洛殺伐ノ巷ト相成候且又列藩ハ追々御暇ノ御樣
子御座候得共一體練武齊兵器械ノ儲軍艦從碗（銃砲カ）可專造當節於各國許精々
世話不仕候テハ難相屆候處御奉公ノ爲ニハ雖御座候永在京仕居候テハ
多人數召連朝夕ノ賄往反之費莫大ノ義元來江戶表ニテハ數箇所ノ屋鋪
有之且諸方御固有之候上在京長詰ニ相成候テハ家中ノ扶助領內ノ撫育
不行屆百姓ハ夫役ニテ耕作ノ暇無之追年國力疲弊相極攘夷ノ　勅諚ニ
御受ハ乍仕自然背戾ニ至可申此邊厚御勘辨ニテ御仁惠且心得方被　仰

論度奉存候將又深奉心痛候ハ於　天朝ハ御偏頗ノ儀無御座候共列藩互競自瑣細ノ事懷不平起確執奉迫　禁闕勢ニ相成候義先例モ有之難測万一於御築地下動干戈其紛兵火ノ災延及千年ノ舊物古記一旦委灰燼ニ至候儀出來申間敷ニモ非ス且又諸藩屋敷造立數箇所ニ及多人數入込ノ經緯僅廿町許ノ京洛失火之變年々多人民不安堵物價低年（ママ）ノ期無之末々ノ亂階ニ奉存候依之万姓安息再蘇思徹心根ノ御所置被爲在度奉存候誠以恐多事ニ雖御座候列聖　皇祖ノ御神慮ヲ被爲體厚忝（ママ）惶被　仰出候　勅諚モ方今切迫ノ形勢ニテ無詮ニ相成御爲ニ相成候義無御座却而御累モ可相成其間世上外夷ノ交易倍盛不可防御國威日隨（イ々墮候）々段奉恐入候早御所置無御座時ハ是迄不決攘夷者ヲ因循姑息ト被難候方モ矢張因循姑息ノ御態ニ至　皇大御國ノ隆替ニモ關大機會御謬誤相成候而ハ誠以悲歎哀號震慄ノ至何卒世狀情態熟御監察尊卑共　御國體相心得天下二心無之實地攘夷ノ　御趣意貫通永々御規本相立御爲筋ニ相成候樣仕度奉存候

不辨一身ノ可非不肖ニ而言上仕候ハ深奉恐入候ヘ共赤心報國ノ存念難
默不包建白仕候不憚嫌諱不束ノ文面御宥免奉請願候誠恐頓首再拜
九月　　　　　　　　　　　　　　　　中條侍從上

當節御時務御大事ノ機會ニテ御多忙ノ義ニハ候得共寬本澄源ノ御急務
奉存候ニ付不顧恐建白仕候委細ハ長文ニ付以別紙奉申上候
九月廿五日　　　　　　　　　　　　　中條侍從上

文久三年十二月廿七日正親町三條實愛議奏ニ補
校訂者識

昨日御細書拜承候彌御揃御安全恐悅存候然ハ攝宮以下大夫侍等給祿ノ
事承候一向小生ハ未承及候若調有之候ハヽ可申上候先不承事ニ候扨今
年モ歲晚ニ相成明年萬民悅服ノ新春相迎度御同意ニ存候如何可有之哉
甚心配成ル事ニ存候先變リ候儀モ無之候小生モ昨日復役被　仰付甚恐
入候御互ニ被　仰下候以來既ニ及三度候儀故先前後不勘辨ナカラ御請

正心誠意上　　　　　　　　四百十四

中上候心事筆端難相盡拜時万々可申解昨日参　内掛取紛不能御答恐入
存候依先如之候也
極月廿九日
　　　　　　　　　　　　　　　　　　　　　　　　　　叟
固大公
極内御答

昨日王章給候處來客中不捧即答恐入候愈御安全令賀候抑孫以御蔭無滯
□萬事無滯相濟深畏入候元服ノ節拜領物御丁寧恐入候併幾久日
出度畏入候御丁寧賀給畏入候何レ御礼参上拜面巨細御礼可申上候處差
急御家來衆へ申置其内拜面万々可申謝且庵物進上御令示畏入候御礼表ヾ
候印迄庵物畏入御令示恐懼候御持病氣御困リノ由御保養専一ト存候段
々御令示早々光車忝と決シテ御無用願上候何モ拜面可申解候依御答迄
如斯候也

十二月廿九日

追申呉々もひた〳〵御令示深〳〵恐入候要用大乱書被免候也

拜見候御揃御安全奉賀候抑入御覽置候一冊御返給正令落手候扱惣体ノ御様子モ承候度事ニ宜義ハ無之實ニ憤愁（怨カ）ノ儀ニテ執奏行向ニテ其後モ矢張前同様ノ御返答ノ由右ノ次第父子相伺候ハヽ定而憤發押テ上京モ可致ト存候左候節ハ實ニ可及大事歎入候事ニ候彼内決ノ義ハ未慥ニ承知モ不仕候ヘトモ此度ハ定テ急度言上モ可有之哉ト存候正三巳下ノ事モ如何ノ事哉暫ノ處御受ト申事ニ候ヘトモ周旋モ不出來事ナレハ御受モ無益之事ニ候日々御評定モ國家ノ御大事ト申様成様子ハ少モナク只親族大名ノ取持ト長ノ用心計ノ由何共不忍事共ニ候呉々モ長ノ心中遠察氣ノ毒千万ニ候何分ニモ御基本少モ不立候間末ノ治ル事ハナク恐入候御時節候猶拜上万々可申承候藝息備前息阿息等段々申合長ノ爲ニ急

正心誠意上

度周旋ニ決定不遠上京ノ趣藝藩ノ者ヨリ申越候如何可有之哉長ノ為ニ
盡力ハ則　皇國ノ為ノ事故此度上京ニ候ハヽ手際ノ不見樣ノ事ニテハ
不相成ト存居候實ニ此儘ニテハ國家ノ危急不忍傍觀苦心此事ニ候外ニ
先替候事モ不承候仍先早々御受迄如斯候也
　即時

御火中へ

　　　　　　　　　　　　　　　　　　　　き堂
　　　　　　　　　　　　　　　　　　　　薑
御うゟ
　內々用事
極月
追申寒氣難凌御大事ニ御用心奉祈上候早々乱書眞平可被免給候也

八月六日江府日本橋ノ張紙文言

諷諫狀

當時屢御失政打續。天下ノ危急旦夕ニ迫リ候ト雖モ更ニ改過ノ御所置モ不相見。時々刻々ニ次第御難澁ノ場合ニ成行候得者。方今ノ御役人。皆不學短才ノ者ニテ御政務ニ豫リ。數代御恩祿ヲ忝スル。御當家ヲ覆サントスルニ至ル。依之不肖ノ我々共。得失申上候モヲコカマシク候得共。當時將軍家御明敏ニ被爲渡候モ。其下御補佐ノ良臣無之故ノ事。此ニ至ル誠ニ可悲傷ノ次第ニ御座候。夫明主賢者務テ誹謗ノ言ヲ求ムト申ス。又良藥口ニ苦キノ譯ニテ直（眞カ）ノ正道ハヲモシロカラヌモノニ候。其面白カラヌ事トモ二三ケ條書認候間深ク御勘考被遊。万一改過ノ御政道ニモ成行候ハヽ。上天朝ヲ奉始下四海萬民ニ至マテ　皇國一體ノ幸ニ御座候間憤然タル思召被爲在候樣ニ奉願上候

一天子ハ皇統連綿トシテ。四海ノ君ニ被爲渡。　天照皇太神ノ御子孫ナル事今更申迄モ無之。是　神州ノ万國冠タル處。又將軍家ノ義モ臣タルノ御身

ニテ。屢御違　勅被遊候。則何以君臣ノ名論ヲ天下ヘ御示シ可被遊候哉。彼ノ安藤對馬守執政ノ砌。和學者ヲシテ廢帝ノ舊例ヲ考調。又去年七月中元。何者歟毒ヲ　天朝ヘ奉ル此夜星飛ㇷ雨ノ如ク。此事不成。此事曖昧世間ヘ傳ヘズトイヘトモ。其罪又輕キニ非ス。是全ク奸賊共ノ所業ニシテ京師ヨリ被　仰越候時ハ。何共申譯相立間敷。乍去諺ニ云フ血ヲ以テ血ヲ洗フノ道理ニ至ル故。

天子幸ニ御英明タルニヨリテ。今德川氏ノ將軍職被爲削候得ハ。諸侯各雄ヲ張リ。一方ニ跋扈シ。又應仁以來元龜天正ノ如キ大亂世ニ可相成此時ニ當テ外冠（寇カ）內忘一時ニ競起。四海万民塗炭ニ苦ム事ヲ深ク被　思食候ヨリ。飽マテ關東ヲ御保護被爲遊既ニ先頃中川宮樣ヨリ。攘夷ノ御委任被爲蒙仰度トノ御願御斷被遊候由。誠以御當家ノ御爲ニハ重々難有　思召ニ御座候間。是等ノ旨趣篤ト御思惟被爲遊向後奸吏共ノ佞言ヲ被爲捨。公武御一和ノ上斷然征夷御職掌被爲盡候樣。奉希候事一上一人ハ下万人ノ心ト申候是ヲ少ク申サハ。家ノ主タル者妻子奴婢驅使候ニモ。先ツ己ノ身正シク。親ニ孝ヲ盡シ。家主ニ忠ヲ盡シ家職ヲ出精シテ見セ不申候而ハ。何程己ノ爲ニ忠ヲ盡セ。職業ヲ勉ト申候テモ。決テ聞入ル者ハ無御座候。乍恐將軍家ハ天下ノ眼目衆人ノ見習フ所ニ御座候間　天朝へ御不忠ノ御座候テハ。何程御臣下へ御忠節可盡樣御沙汰御座候共無覺束。又御招ニ應シ候諸侯御座候故(共カ)當時ハ下々ノ匹夫匹婦ニ至ル迄。大義名分ト申事存居候間。逆モ古ノ北條足利ノ逆意ハ難相成。能々當世摸樣人心ノ歸向。御推察ノ上御所置被遊度事

一天朝ヨリ當春中頻リニ將軍家御召被遊候ニ付。永ク將軍家ヲ京師ニ止メ。人質同樣ニ致サントニハ非ス。將軍家モ未ダ　御幼年ノ御事故關東ニ被爲在候テ。又井伊安藤ノ如キモノ出テ。御不義ニ陷入シ奉リ。事柄ニヨリ是節無御據御場合ニ及ヒ。公武御手切ニモ相成候樣ノ義出來候テハ。實ニ天下動亂ノ基ト。深ク　思食被爲計候ヲ(ヨカ)リ。關東御下向御暇モ不被　仰出候處。

右等ノ情實ヲモ不奉辨。小栗豐後守カ（二千五百石目付役ニテ）如キ。猿知ヲ以テ醜夷ニ替ンヤ。專兵ヲ集リ。金鼓ヲ鳴ラシ。京師へ押入次第ニ寄テハ。鳳闕銃丸ヲ打懸候テモ。　將軍家ヲ奪ヒ返シ可申抔トハ。是何事ソヤ。又小笠原圖書頭東下ノ砌ハ。英夷拒絶ノ任ヲ蒙リ居ナカラ。水野筑後守等ガ爲ニ被欺。外百司ノ儀ヲモ不顧。斷然トシテ償金ヲ遣シ。且又己ガ身ノ置所困リ。同類ノ奸物幷歩兵等ヲ引連。軍艦ニ乘シ京師ニイタリ。先ノ小栗カ策ニ出ントス。是何等ノ所爲ソヤ。實以テ言語道斷不届トモ可申程ナシ。盡ク圖書頭以下ノ者。速ニ嚴科ニ可被處。御沙汰モ御座候ヲ。彼ヲ罪スル時ハ同類ノ物輩。各己ノ罪ノ遁レ難キヲ恐ル、故ヲ以テ。又候佞言（佞カ）ヲ以テ君ヲ惑シ奉リ。未タ御暇モ無之ニ。無二無三ニ還御ナシ奉リ候ヨリ。果シテ其責ニ至ル。何ノ申譯モ可有之哉。又或ハ外夷ノ力ヲ借リ。薩長ヲ征セン抔ト議スル者有之由。是實ニ禽獸ニダモ劣リシ了簡ト可申。先ツ篤ト勘考シテ見レハ。薩モ長モ。アメリカニモイキリスニテモ有之間敷。矢張日本ノ内也。日本ノ内ナラハ。是同シク親子ノ如キ手足ノ如シ。夫ヲ外夷ニ打スル抔トハ。自ラ其身ノ肉ヲ食フヨリモ甚シ若シ。万一彼ノ二ケ國ヲ打取リ。押領シテ返サスンハ。其時ハ何等ノ所置ヲナサントスルヤ。可笑ノ至リ之。薩長ノ如キハ。少々幕命ヲ奉セザルニ似タリト雖モ。外夷最初渡來ノ砌ヨリ。頻ニ建白致シ。就中。長州ニ於テハ。御上洛ノ爲ニ。幕府ニ周旋スト雖モ。幕府廟議更ニ勤　王ノ御志ナクシテ。武道ノ本意ヲ失スルノミナラズ。第一　皇國ノ御國體ヲ過ツカ故ニコヽニ至ル。然ルヲ我非ハ正サズシテ。薩長ノミヲ惡ムカ。是諺云盜スル子ヲ惡マデ。縄懸ル人ヲ恨ムノ類カ。臣等ノ深ク恐ルヽ處ハ。薩長ニモ非ス。又外諸侯ニモ非ス。唯々　幕府ノ人望ヲ御失ヒ被遊有之。君。罪ヲ臣ニ得タルハ。千載不可謝ト申サレ間敷哉。此段御賢察有之度事

一六月下旬。外夷ヨリ長州戰爭一件申來候大意ハ。長州ト雖モ日本外ナラズ。將軍ノ麾下タルヿ明シ然ニ將軍ト親シク通商ノ五ケ國ヘ。無法ノ振舞イタスハ甚タ不得其意。是内々政府ニテ命ゼシナルヘシ抔ト申ス。川路左衛

門及應接候之。長州發砲イタシ候儀。努々政府ノ命之候ニ無之。乍併長州迚
モ將軍ノ麾下ニ候間。彼邦ニ對シ存知ラヌト申之候譯難相立。然ル方今場
合如何セン。我國中ニハ長州ハ師保マ、トナリ。是ヲ要マ、ヘキモノ一人モ無之ト
申候處。彼レガ申ハ。政府ノ命ヲ不用ニ於テハ國賊ト可言者也。左樣ノモノ
ヲ其儘ニ差置イワレナシ。爲責マ、彼ノ師保マ、ト成リ軍艦ヲ差向。其罪ヲ正シ不
聞則チ賊ヲ打亡シ可差上ト申候ニ付。何分宜敷相賴トノ趣ニテ。應接相濟
候由。又軍艦出帆ノ節。水先案內者是迄ノ通リ外ニ重キ御役人ノ內一人乘
シ。摸樣見屆ケトシテ乘込候樣掛合ニ及候處終ニ其儀ヲ許諾シ。重吏ハ乘
組不參ト雖モ。小吏ヲ差遣シ候樣子ニ風聞致候。其餘七月三日彌如先前。交
和無相違トノ盟約狀差遣候由。右等ノ始末。奸吏ノ外知ル者無シト思フヘ
ケレル。疾ニ世間ニ傳承ス。其外外夷應接ノ件々。　廟堂議論ノ次第。我々天
眼通ヲ得シニモ非レル。誠以　御國ヲ思フ眼力ニ逐一相知レ申候又唯莫
見于隱。莫顯于微。ノ道理ニテ。己等計リ秘シ隱シ世ニ知レヌト思フハ淺間

敷御了簡之。　天下ノ御政務ハ。公道ト申テ。億万人ヘ知レ候テモ耻シカラヌ。御所置コソ願シケレ。　一橋閣下。此度御上京被遊。攘夷ノ儀。迚モ難相成儀ニ付。

叡慮御飄〔飜カ〕シ被遊候樣奉陳爭ト申事故。會藩ノ正士共。種々御諫申上候得共。更ニ御聞入無之哉ノ由風評致候。右實事ニ候ハヽ。歎息悲心ノ次第也。夫攘夷ノ儀ハ

天子ノ思食ノミナラス。　皇國ノ意ニシテ。何程止メ候テモ相止候事ニ無御座。夫ヲ强テ止メ候テハ。却テ四方豪傑ヲ激怒シ大變ヲ釀シ候ハ可恐事ニ候。又一橋殿ハ故烈公ノ御種ナラズヤ。此節ニ至リテハ御身命ヲ御抛被遊候テモ。正義ニ御盡力無之テハ相成間敷。然ルニ右等ノ因循苟且ニ安シ候說御唱被遊候テハ。何ヲ以テ父君在天ノ靈ニ御謝シ被遊候哉。決テ不相濟儀之。必々　尊攘ノ御主意相立國家安全ノ道御憤勵被遊候樣乍陰奉懇願候

攘夷ノ事ハ第一ニ御國是ニシテ。右ヲ其儘差置候テハ。天下ノ人心戻リ候

而已ナラズ。終ニハ黠虜ノ術中ニ陷リ。年ヲ經スシテ被髮左衽ノ俗ト化シ。彼ヘ貢ヲ送リ。屬國ト成行ハ必定ノ義ニテ印度ノ前轍。（脫アルカ）有司并洋學ヲ爲ス輩。彼カ心術ヲ悟ラス。唯虚唱ニ眩惑シ。只管　皇國ヲ卑シテ。醜夷ノミヲ尊張シ。甘シテ奴僕ト成ルハ。悪ンテモ猶餘リアル國賊之。又廟堂ノ官吏。右等等ノ浮説ヲ聞違。戰ハ屹度負ルトノミ心得居。又自己ノ胸中ニ策ナキトテ。遍ク天下ニ必勝ノ策ナシト極ルハ愚ト云フヘシ。或ハ軍艦ヲ造ルノ。臺場ヲ築ノト。道具立計リ致シ。夫ニテ戰ノ出來ルモノテハ無シ。譬ハ名劔ニテモ。自分鞘ヲヌケ出テ敵ハ斬ルベカラズ。只持タル者之精神氣魂ニテ。鈍刀ニテモ莫大ノ働モ出來ルモノ之。戰モ其如ク人心ノ（向脫カ）背ト士氣振發トニヨルべク尤モ彼ノ可致モ捨ルト云フシノラサンル（懲カ）其眞似ノミ致シ我所長ヲ取失事共可憤歎事ナラズヤ或ハ攘夷説ヲ主張シ國家ノ事ヲ議シ候有志ト稱スルモノヲ召捕ヘ刑戮ニ處シ候ハヽ。夫ニテ攘夷致サズトモ太平ニ治可ク抔ト申族ハ（以下數字脫紛亂アルカ）己ノ身家ヲ不顧正氣ト可申難有人ナリ。夫ヲ殺シ。夫ヲ殺サス抔ト申ハ其身元氣ヲ削ニ等シク。狂惑ヲ出來セン。先秦ノ世ニテ御考合セ可被成。右等ノ邪説ハ斷然御止捨被遊。迚モ外夷ヲ其儘被置候テハ御國治ル事努々決テ無之風儀ニシテ。東照神祖大猷公ノ明訓深謀ニ御復古被遊　御國一致ノ場合ニ到リ候樣。御所置社肝要ト奉存候

右之條々事誹謗ニ渡ルト雖モ。方今ノ形勢此儘被差置候テハ。　神祖以來二百五十年。征夷御職掌最早地ニ落可申。實ニ歎息流涕長大息ノ次第ニ御座候當時ノ御役人ハ不申及數年來太平ノ御恩澤ニ沐浴シ居ナカラ高祿ヲ領シ候者。此際ニ至テ。皆默々然座視シ。君ヲ正義ニ奉導モノ一人モ無之。信（眞カ）ニ羞恥ヲ知ラザル腰拔共。人非人トモ可申樣ナシ。豈不堪憤激乎。我々共君邊近臣ノ身ニモ候ハヽ。死ヲ以テ正道ニ導キ奉リ。甫（マヽ）ニ祖宗ノ御洪業ヲ輝サンモノ。夫モ不相成儀ニ付。唯々日夜痛憤止時ナク。無餘儀當世ノ得失ヲ書記シ。于茲張置者也。少々忠義ニ改（マヽ）ル人ノ見聞ニ入候ニ於テハ。時勢ノ摸樣ハ右ノ趣ニ付。必々御宥（マヽ）ナク忠節ヲ以テ君ヲ奉諫。奸臣ノ首ヲ斬リ。

天朝ニ謝シ。斷然　勅意御遵奉。攘夷被爲決。上ハ　宸襟ヲ奉安。中ハ諸藩報國之者ヲ立シメ。下ハ万民ノ疾苦ヲ救ヒ。　德川御家ヲシテ。泰嶽ノ安キニ置キ。四海ノ人衆ト共ニ。國光ヲ仰カン事ヲ偏ニ奉祈者也

亥八月六日

別紙下札ニ云　往來ノ人々無遠慮披見可令諷諫者也

一筆申達候秋冷ノ候彌堅勝欣喜ノ至候抑比日京師御變動ノ由誠恐入候次第日夜不堪痛憤候其許兼勤　王ノ忠志達　叡聞先達上京ノ由被　仰付候儀モ有之候事故當今正邪ノ辨相立奉安　宸襟候樣於其藩盡力有之度偏頼入存候此旨密々申達度如斯候也

季秋念十　三梨堂

澤春川

矢野梅廉（庵カ）殿

原註　黑田家老隱居六大夫也

文久四年自正月一日至二月廿二日

正心誠意

文久四甲子年 凡三百五十四日 年徳寅卯之間 大月三五七八九十一 小月正二四六十十二

正二位忠能 五十六歳 本命武曲 當年土曜 衰日寅申 生氣卯

正月小建丙寅

元日癸卯 早天雪小雨巳刻属晴和暖 家諸大夫大和守 祀善始汲若水

一卯下刻於庭上拜天地四方已下諸神祖君家君母君御靈 次第存 笏紙 次日拜ノ所

々同遙拜次大福茶口祝鏡餅雜煮屠蘇次讀始 孝經 書始 詠歌呈ニ ｜年徳棚 一 一君臣

の世の憂事もことしよりあらたまるべき甲子年」〇新玉の年も甲の子な

りせバやたけき御世ュ立帰るらん」

一醍醐へ今日亜相拜賀招請之處因歡樂不能出賀以大和守悅申遣太刀馬 別段

酒五斤送之　○大典侍殿以使被示年賀（両局へ以和州述年賀）

一親王御方新宰相局以書狀申年賀（有返狀）

一關白舊職新職之處今日無小朝拜内辨勤仕陣以後早出續内辨新大納言（忠順）拜賀直奉仕云々無出御

甲子歳旦試筆

三代納言曜華門夫妻連席六人存况逢甲子新開曆屢酌屠蘇浴聖恩

右文化甲子曾祖父君御作之當時ノ沈淪奉對ニ祖先無申條唯恐縮之至之

二日甲辰晴寒小風今曉丑刻過地震不微　藏開大和守（納太刀）

一基祥朝臣入來年賀武傳両卿之内雅典卿内々故障ニ付引籠中坊城大納言代役勤仕議奏七人加勢三人之處又□□卿加勢合十二人云々未曾有之叓也○舊冬十二月廿□日（四カ）於長州打崩薩州之蒸氣船依此事去廿□日一橋土佐容堂會津等在京之武臣俄參内深更退出云々不聞細意由之

一一条家へ進太刀使大和守忠愛同上依重喪中今日進入（大典侍殿子年賀申入度）

一大炊御門へ借進蒔繪太刀一口被返了

一勅題寒過春來來十一日神宮御法樂可令詠進被仰下由奉行重胤卿觸示進

奉　前日申刻迄可詠進由有添書

一公董朝臣實之一男連丸廿五六日比ゟ違例之處一昨來增加今朝久野診察

隱症疫頗大患明日迄取繼不可叶申云々右ニ付見舞等往反度々戌刻過終

不勝由有内示祖父卿辞賀茂傳奏之後一ヶ日無服殤屆被出予忠愛等同様

一ヶ日所勞子細屆武傳又神宮御法樂稱所勞御理之義以切紙（各代筆）告奉行

庭田黄門○新宰相局雖同様入夜往返混雜ニ付明朝可申入實徳卿示之予

等屆差出之上ハ不告示義可爲不當再三申入之處尙以明朝可申入被示之

當時役中ノ人差圖之上ハ不及是非從其意了

舊年公董朝臣西國下向中兩三度入來毎度不離予之膝上殊可愛小男之悲

歎々々

○今晩御盃如去春第一賜天盃於廊下傳盃仍盃迄六位可有觸催處至其時

無催間无參合議奏共俄周章以五位殿上人爲其役云々七人之議奏格別之
者之

三日乙巳　晴時々小雪寒夜暖

一雖無服殤早朝行水清メ了○早朝昨夜凶事告新宰相服一ヶ日ニ付不下宿

一向一条家近衛家二條家ニ近舊冬拜賀等賀中石井舊冬友君縁組一件賀中年賀次參親王准后
以表使申年賀御乳人面會有御返事賜御祝准后上﨟於八百同上次參　內
御盃之進退不如流例昨春之通之賜末弘扇小土器如例退出亥刻

一自傳奏執奏大通寺來十日諸禮之事被示加筆返却明日下知

一松浦肥前守詮十二月五日文通來

一所勞子細出仕可伺御機嫌處依早春嘉時無何不伺御機嫌正親町亞相同樣
之

一省中光愛卿內啓之中去臘廿四日於長崎　薩州夷船形舟夜分通行之處
長臺場ゟ打拂綿類多積込火回五六十人死去遁死者不足廿人由長ゟハ兼

テ申合之合圖無之故打拂由薩刕表向未届候へとも高崎佐太郎昨日正三
へ行向甚憤怒薩ゟ届モ致置於帆柱上二度合圖之擧火候處長不應ゟ打拂
之条法外千万ノ旨申述由此上双方治方甚心痛之旨被示之

　四日丙午晴　開鏡餅如例　村方百姓年禮之面會祀善與口祝

一來十二日鴨社御法樂詠進被　仰下由奉行爲理卿配短尺池藤　○今日在
京大名各新春初參　內云々珍事々々　○正親町連丸於寺門葬送之同家
井寺門眞如堂法陽院遣使備葩

一近習へ昨日拜借文匣返上園羽林落手　○二西亞槐元日慶賀進物答謝太
刀生肴一折到來○在京大名爲年始御禮參　內賜口口(マヽ)廿三人云々倘可尋
稀事(脱アルカ)之不知可否○一家來田中權之右衞門尋寒中獻百疋

　五日丁未　晴陰不定時々小雪寒　風邪平臥

一今川侍從入來年頭慶申置　○橋本ゟ黃門來七日拜賀八日直衣始吹聽招
請音物等理之由之　○十二月廿九日三卿左大辨宰相被仰出由有觸文卅

日堤三位議奏加勢被　仰出由同上　〇廿九日六条侍從被加非常御前由
同上　〇新宰相有文通去三日参上御乳人面會聞食己モ為御乳面會シタ
イト被仰由之
一公董朝臣内々文通明日返狀　昨日ハ御書謹畏拜見仕候弥〻早春凶事中
上扨々恐入候御芳問畏入候先格別之義無之御安心奉願候
一新宰相殿ヨリ御文拜承候公董御深切御加筆畏入候右之通りニ候間無御
案事様宜く御申入希上候且親王御沙汰之義扨々恐入候事ニ候御心中ニ
モ御不審思召候義ト存候終ニハ御父子之御間ニ彼是之事被為在候而ハ
不安次第ニ候寔以如何之　叡慮難分恐入候事ニ候
一大樹上京未言上之由昨夜モ承候
一四日大名御禮
一橋中納言（直衣被許舊年着用）　松平阿波守越前前中將松平肥後守松平越前守伊達伊
与守松平下野守松平紀伊守松平下總守中條中務大輔稻葉長門守戸澤上

總介今川刑部大輔本多主膳正織田山城守關備前守稻葉右京亮戸田大和
守以上惣礼松平越前守伊達伊与守松平紀伊守戸田大和守等更獨礼松平
出雲池田昇丸長岡澄之介蜂須賀大和以上扨々珍事當事ハ武家ニテサヘ
有之候得バ何之差別子細モ無之濟申候歎息々々

一神宮勅題御趣意扨々愁悲ノ至リニ候ケ様ノ事ニテハ迚モ攘夷無覺束數
年英明之聞奉感拜候輩も一時ニ失望實國家之安危今日ニ候扨々無是非
次第何卒青天白日到來祈入候

一水浪兩三日前說彼國追々勸王徒蜂起凡千人計不遠出府攘夷申合中ノ由
ニ候

一舊臘廿四日長ニテ薩船打拂事長らハ不承候へ共何分夜中ノ義兼通行屆
モ無之全ク夷船ト存込打立候處丸焼ニ相成乘組凡百人計存命之者少キ
由元來此比ノ人氣故長領通船ハ當地ニテ三郎堅ク留置候由主命ヲ不守
右之次第ニ成候由申說モ有之候長ら屆ハ夷船焼拂夜中故何レ之船トモ

不分由屆申候由薩右ハ何共不屆申由ニ候

六日戊申　陰時々微雨雪　嵐寒

一自基祥朝臣明日宴紫緌平緒白張三人借用被賴借遣了　○大通寺弥十日諸禮參　內之旨告傳奏○惠恖寺使小玉豐三郎有文通來十一日可來示ー○今川刑部大輔旅亭へ以使申年賀又謝昨日入來

七日己酉　晴時々曇寒

一爲理卿入來改元出仕是迄光成公へ万事相談之處當時无其人ニ付万事被談度由之門流モ違候義甚以心痛但卿ノ內々談內存爲校合被示合不現他義ニ候ハヽ可及內談申入了○殿下舊臘辭退之時御示之事𠰥有之

一橋本黃門拜賀以使賀之送太刀馬如例

一梅花薰簾來廿四日御會始各可令豫參以回文奉行長順卿觸之五日附日

一後聞今日實麗卿請　勅授帶劔職事豐房朝臣奏之　勅許依之拜賀帶劔欲出門之處同朝臣走書狀云　勅許無之分可心得示之仍今日不帶劔出門云

々抑今春披露始明八日被　仰出依之其已前不可奏聞由時議出來之故此
往答有之云々元來披露始白馬已後之事不可然之如舊例ハ白馬ノ日可有
叙位之不知故實之世實難堪抱腹者之

八日庚戌晴

一向所々年賀　野宮　飛鳥井　有栖川宮　勘解由小路　醍醐（過日賀祝）拜　花山
家　大炊御門　九条家　（鷹カ）广司家　難波　裏松（舊冬孫元服毎々入念ノ事謝申）　正三　正親
町申入見馬今城等之帰家午半計

一今城羽林に十日執奏名代之義頼遣他出中明朝領掌之

一花山家ゟ孫侍従従四位下　勅許之由吹聴以使賀之○園ヨリ紫綟平緒白
丁三人被返了

九日辛亥　陰小雪寒入夜雨

一慶子去四日已來風邪咽腫飲食苦痛之旨昨夕申來大村泰輔に以使有申入
之旨

一野宮へ去七日尋遣大通寺尋出途中禮節之義僧正之通宜由返答有之但去
年定觸ハ准門跡已上之義之荒凉ノ返答不足信用政事以之可准知者之

一前右府春賀入來以使謝之○大原入道　以思召還俗被　仰出候御一列へ
も可被示傳候也

正月九日

右被觸候仍申入候御回覽可返給候也

同日　有長

右又反掌之政事悲哉　○平城宮大內裏敷地ノ圖靈龜亭北浦定政考正序
文文久紀元秋七月伊勢拙堂隱士齋藤謙一枚文久二冬大原被附置今日以
使返却了

十日壬子　雨終日不止

一早天大通寺來諸礼參內之面會與口祝昆布二枚執奏之義有家司帳面予自昨朝
痔疾不工合之間代定國朝臣昨日賴遣領掌之有御對面申半刻退出頗遲刻

如何々々依本願寺參內及遲々由之
一慶子所勞昨夜少々開口咽腫苦痛之旨聊安心於腫塞ハ必可用針發血之祖父公依此病症令薨給不用針殘懷每度歎息者之突咽喉之間其聞不輕終不令用給由母公每度令語給雖天運頗殘念之至之子孫可存耳底了之

十一日癸丑陰　神宮奏事始

一鴨社御法樂詠進附奉行爲理卿昨日乞添削於中書王池藤

いく春もさハかぬ水よかけとめて御池ようつせ岸の藤波　忠能

一定國朝臣へ以使謝昨日名代苦勞送肴代金百疋〇惣持院來遣口祝々餅末廣小鋏等

一回文　元勸修寺濟範多年謹愼且今度一橋中納言已下段々建言ノ次第有之誠難被默止之間以格別之思召御咨被　勅免伏見家へ復系還俗被仰出候事　右之趣以一紙加勢堤三位被申渡候仍――正月十日　有長

右到來抑濟範ハ伏見貞敬親王男文化十三二二誕生光格帝爲御養子文政
六十廿三爲親王同七五二得度天保八十一廿二品宣下同十二十二九遠慮
同十三七廿二依不法行狀被止親王宣旨二品位記等於東寺々中嚴重籠居
被仰付被止　光格帝御養子稱濟範法師是妹幾佐宮密通終同伴出奔下坂
之仰武家召捕幽東寺觀知院幾佐宮ハ幽實姨瑞龍寺　罪科ニ付先　帝御代先文御所置之處今被及此御
沙汰寔天魔横行之時節可恐可歎先　帝被仰出今如一橋武臣建言反掌御
沙汰實可長歎ヿ共之只恐　天位之安否者之
一例春之通獻末廣扇鳥子青地竹雀い彩色繪蘇芳骨ゐ六尺紫地白水玉扇形麻糸二粑日ノ丸　ウナリ　ワ
ク等之　於親王御方付新宰相局
一新宰相所勞同樣昨夕高階丹後守診察進藥由之遣細井訪之未刻計典侍殿
家士山岡來　親王御降誕之時拜借金舊冬返上金五兩是皆納也
勘使所落手書持參且唯今慶子欲向便所之處眩暈絕入無正氣局向驚動御
醫等數人出頭頗混雜早可告由典侍殿被示旨之大驚更遣大和守尋問暫歸

來相開先無殊事旨之今日大村泰輔可訪先時頼遣後刻案書差出　御病症
惡性喉風喉癬合病御藥劑ハ高階同按ニ奉存上候此上御緩兼被遊候ハヽ
外部蜞針發泡等可然哉ト奉存上候以上

正月十一日夕　　大村泰輔

十二日甲寅晴陰不定　賀茂奏事始　雨水正月中

一中川修理大夫内草刈敬輔上京ニ付安否尋問昨年預世話之條謝申云々

○董狀之序――

一薩ヨリ於長領船打破ラレタト計屆申候由

一大樹去九日大坂着來十五日上京之旨屆　○此比所々探索嚴重之由御示
畏候――可心得候

一新宰相殿喉風ノ由御困存候早御快復祈入候宜御申入希入候

一元勸門被免御咎還俗被仰出候義甚如何歎息仕候一橋會津等申立之由ニ
候表向計カハ不存候ヘ共殿始不同心之旨段々申立有之候得共御採用無

之難去御次第有之由御沙汰之由ニ候一橋建言ニテ被仰出候由何樣之人
不存候得共余リ　朝廷御不外聞と悲歎千万ニ候此末何ヶ樣之事可發哉
恐入候事ニ候

一大原同還俗被仰出是も去年段々有御評議入道被仰付直樣反掌之御沙汰
正邪辨別無之何共恐入候此卿ノ義何レゟ申込ニ相成候哉定而薩州ト存
候

一裏松入來年賀且過日行向申述之條被幷謝了

十三日乙卯　天象如昨時々小雨夕雨

一傳聞日光例幣使櫛笥中將被　仰下云々自去年羽林爲使元和已來參議爲
此役去年依改革被用雲客（油小路中將）今年可被復參議哉舊冬有沙汰矢張被用
雲客昨年被改正之上ハ勿論之但久續無覺束者之

十四日丙辰　晴陰不定時々小雨

今日又武家參內云々

一早天門前騷令尋處野宮相公羽林出門云々綱代車前驅花山梅戸（マヽ）息一人布衣隨身四人二藍雜色六人頗如木嚴重之後聞桂宮敏宮年始御礼御參扈從
勅別當右大將同連車云々寔以不思議之世形之御世話々々

一雜掌觸來

一來十九日舞御覽可祗候長橋局以回文示之

一一条亞相來狀越前ヨリ御袍所望一橋備前細川等以傍家之例遣之間雖舊緣同親族之間遣可無巨難者哉依親族備前細川被遣之上ハ雖舊緣可爲同斷之弥被遣ち殿下へ一應可被申入置返書了

十五日丁巳　晴陰　如例春千秋万歳來舞南庭垂簾見之

一今日大樹再上京云々

一島津三郎今日參　內云々大樹上洛迄必可參　內昨夕嚴重被仰出由之舊冬上京參內後未今日ノ事虛說云々

一正觀院來

一董朝臣來狀詠歌色紙二枚染筆所望菓子一箇到來明日書認返却
一爲理卿來狀注十七日　○松浦肥前守へ遣返狀了　○口上覺大樹公來十
五日上洛ニ付如昨年無御由緒方々ゟ御歎御使等之義不及候御由緒ノ向
ゟ十六日巳刻より午刻迄之内二條御城ゐ以御使者御申入御座候樣可被
成候此段可申入旨兩傳被申付候以上
正月十三日　　兩傳奏雜掌
○大樹公上洛ニ付御由緒方々ヨリ二条御城へ御使者被差出候方之御名前
承知致度旨稻葉長門守殿より申來候間御由緒邊よて御使者御差出之御
方樣御使名前并有無之義御書附今晩子刻迄野宮家へ御差出可被成候此
段可申入兩傳被申付候　以上
正月十五日酉刻觸出　　兩傳奏雜掌
十六日戊午　晴陰不定時々小雪
一董朝臣返狀拜見――

一願上候御染筆速給千萬畏倚品々先方へ可遣畏義ニ奉存候

一昨日三郎參內ト申事ハ全虛說ニ候薩船一条未御所置ハ不承候過日長留守居薩藩相國寺前屋敷へ見舞旁行向候處薩返答存外無難ニ而船燒失ハ全發炮ゟ起候事ニ無之自燒之由申張居候旨ニ候內心如何哉ト存候先一事ニ而も無異相濟候ハヽ宜ト存候——船ノ一条始ハ薩人大憤怒之様子ニ有之候處乘組ノ內早打よて上京自燒ノ次第巨細三郎へ申立候ト申說モ有之眞僞難分候

追而備前守浪花迄著トも申候虛實不慥候何卒早上京薩長之邊も盡力有之度ヿニ候土容堂も舊臘上京足痛申立未參　內候他所へハ度々行向候見込如何難分候

一兩傳行向大樹旅亭

一昨日入京隨從增昨春過半云々此行末如何無心元ヿ共之先年以來外寇ノ義ニ付而ハ段々苦心いたし居候處倘又內憂モ不少實ニ

治乱ノ疆ニ至リ扨々心痛候就而者聊之違より人命をも損候姿ニ而不容易時ニ候因之諸事不一方心ヲ付可取計候昨年來舊習之弊追々改正ニハ候へとも尚更私情并入魂事不被行候樣大樹ニも尊奉之道ヲ開キ上下之名分も判然と相成滿足ノ事ニ候乍去從來ノ弊風ニ者立戻リ安キものニ候間其邊能々相辨雖書付類不都合之品ハ取調候上披露可致候尤公武一和者屹度其筋相立候樣いたし度其代リ名義ハ嚴密相正し度所存候兩役共も右等之爲ニ差置候譯ニ候間評席ニ列リ候節者不及申左モ無之節而りとも厚く勘辨致し鎖末之義迄も篤ト可心掛候如才ハ有之間敷候へとも爲念申聞置候事

右極密入御覽密奏抔聞出シ如此ヿト存候　○三郎少將從四位任叙明日參內ト承候

陽明ハ宰相ニ被任候樣被申少將不同心と承リ候之

十七日己未　陰時々晴又時々雪入夜雪寒　三毬打

一三郎〔マヽ〕島津被任少將今日參　内云々御對面賜天盃又賜置鞍御馬藤堂　參
内御對面不賜天盃云々有和州一件御疑欤可歎
一去十五日爲理卿來狀先日來類伏議出仕之事有内問今日遣返狀了（爲村卿寬延寶）
（暦出仕之）
革令定詞
革令之㝡熟考諸道之勘文厄運之當否雖大同少異略同矣以詩説本朝積年
計之則當第七周自漢土上元推之既當陽乘四變雖然推法之説不應於聖經
者固不足懼也每遭甲子年改元号者昌泰以來之佳蹤且近有辛酉之例旁以
被革舊号者彌天下昇平寶祚無限乎自余任外記勘例可被施行欤
天静（テンセイ）陳
天静之號天下泰平四海静謐之有熟字加之天之字在上之例天智已往其數
及度々且方今万民所庶幾之美号不過之引文（茂）殊勝候旁以可被採用哉
右何卒御加筆希上候
正心誠意上

令徳（レイトク）　難

此号文久度難申之間難擧申願（此字ハ止ニテハイカヽヤ）可被用他号候甚覺悪候間難陳共可成丈短ク仕度候若又今一号難陳モ上卿御沙汰有之候ハヽ又々御面倒伺候宜く希入置候

年号定詞　文久之節如左候

従二位菅原朝臣勘申文久式部大輔菅原朝臣勘申永明可宜哉

今度

文章博士菅原朝臣勘申天静可宜哉　修長朝臣も同博士殿上人ニ付　従二位菅原朝臣ト申方可宜哉又ハ文章博士菅原爲榮朝臣ト申方ニ候哉予

返答天静之号天下泰平四海靜謐之字義殊勝候加之天之字在上例天長天暦已來佳蹤不少且按引文方今万民所庶幾之嘉號ニ候可被採用哉　○令徳難願字可被止右ニモ候欤天智ハ年号とも難申且天長天暦御先代御陳言ニも相見可然哉存候

年号定詞御先代寛延初度寶暦二度御參之處寶暦度別冊之通リニ候此御例ニ
候ハヽ年号被用何字哉之事文章博士爲榮朝臣勘申天靜宜候此通ト存候
又文久御近例ニ候ハヽ文章博士爲榮朝臣勘申天靜可宜哉此通ニ存候殿
上人故名朝臣ト存候

冷泉黄門公　　忠能受

一右大將來狀改元号被見出仕ニ付被内談數条今明日之内可有來問由之

令德　天靜　文寛　政化　大應　元治　寧治　以上今度伏議七号云々

年號事

大寧　切庭　貞觀政要曰誠信天下大寧絶域君長皆來朝貢

政化　切無形　孔子家語曰相魯尊君卑臣政化大行

文祥　切無形　毛詩曰大明章文定厥祥

治延　切無形　貞觀政要曰仁義朕看古來帝王以仁義爲治者國祚延長

萬化　切無形　文選曰辨命論蕩乎大乎萬寶以之化

正心誠意上

保和 切波 周易曰 乾卦 乾道變化各正性命保合大和乃利貞

和平 切無形 周易曰 咸卦 聖人感人心而天下和平

正三位　菅原爲政

年號事

●政化 切無形 貞觀政要曰 公平 今聖慮所尚誠足以極政教之源盡至公之要囊

括區宇化成天下

順治 切時 御注孝經曰 應感 昔者明王事父孝故事天明事母孝故事地察長幼

順故上下治

明教 切無形 礼記曰 中庸 自誠明謂之性自明誠謂之教

政至 切至 貞觀政要曰 規諫太子 明章濟々倶達時政咸通經礼極至情於敬愛

寧延 切筵 尚書曰 君奭 我道惟寧王德延

天悠 切無形 禮記曰 中庸 高明配天悠久無疆

明治 切無形 周易曰 説卦 聖人南面而聽天下嚮明而治

式部大輔　菅原在光

年号事

明政（メイセイ）　切正　後漢書曰　光武帝記　能明慎政體、總攬權綱。

建功（ケンコウ）　切公　史記曰　始皇本記　創大業建萬世之功。

政德（セイトク）　切則　尙書曰　大禹謨　政乃乂、黎民敏德。

●文寬（ブンクワン）　切曼　貞觀政要曰　任賢　明達吏事、飾以文學、審定法令、意在寬平。

●寧治（ネイヂ）　切無形　貞觀―――　愼終　內外康寧、遂臻至治。

●令德（レイトク）　切勅　毛詩曰　假樂章　假樂君子、顯々令德、宜民宜人、受祿于天。

天建（テンケン）　切無形　後漢書曰　通天然明、建大聖之本、改元正曆、垂萬世則。

文章博士　菅原修長

年号事

●天靜（テンセイ）　切無形　後漢書曰　和帝記　至德要道、天下淸靜、庶事咸寧。

●元治（ゲンヂ）　切疑昵　周易曰　乾卦　乾元用九、天下治也　三國志曰　魏志高柔傳　天以四時成。

●大應（ダイオウ）切瞪　史記曰夏本記輔テレ徳天下大ニ應ス
　功元首ハ以テ輔弼ヲ興シ治ス

文――――　　菅原爲榮

十八日庚申　晴陰不定殘雪冱寒倍日來

一今日大樹參　内云々虚說云々

一元勸修寺濟範自今被稱山階宮候旨被仰出候事

右一列へも可申傳旨加勢新源中納言被申渡候仍申入候也

正月十八日　　　　有長

一右大將入來改元之義惣而被尋問考彼家先例書付遣之

革令當否之事勘奏雖不一依康保以來之嘉例被改元号自余任外記勘例可

被擇行乎

年号之事大應所引之文殊勝且疊字候旁可被採用候

天静天之字在上号吉凶雖相交聊有所存之間可被用他号歟
一同卿内咶云去十六日粉熟了入御之右府陣已後早出ニ付同卿續内辨職事來尋猶供御膳哉之處可被止仰之了然而昨日參　内之處於職事有沙汰若一獻後可被止歟云々見書記之處然仍可申御理哉内談奉行之處既入御後之義内辨一身之失不可及沙汰由仍不申御理元來不勘之上白馬入御了直被止之事見及輕卒覺悟甚後悔之旨被示失籍勿論之卿第一納言之如此義違乱不當之已後可被熟考申遣又云白馬内府内辨御酒勅使了　入御勅使了御帰簀子欲入南庇之時内辨左大將稱蹕然處内侍未執劒璽尤未動御座給御渡職事已下惣詰各有母屋御渡一同當惑云々又召内侍臨檻内府未着兀子頗經程云々此両事ニ付内府被申御理兩日内辨散々之旨被示之公事之衰微可長歎之

十九日辛酉　天晴

一舞　御覽之有召依歡樂不參以使申長橋局議奏　如昨春三番云々

一専惣寺へ舊冬早春等返狀遣了
一遣狀於董朝臣　〇十七日島津三郎任叙四位少將彌參　內候由御對面
天盃賜置鞍馬候由何等之賞ニ候哉攘夷一件ニテモ慥御受申候哉不審ニ
存候　承候如御書拜領候由昨年於國元戰爭打異船賞ト申コニ候併彼節
ハ彼ヨリ發炮候ニ付無據戰爭候義奉勅攘夷之譯トハ不承候薩摩少將も
同上馬一疋判金拾枚拜領之由ニ候此上異船襲來候節所々戰爭賞被下候
ハヽ阿芻獻馬十疋位ニテハ不足扨々難義ノコト存候　〇同日藤堂父カ子カ
參　內御對面計是和州蜂起一件此藩加憐愍候風聞不叶思召故ト風聞候
實ニ候哉　承候藤堂參　內不承候一橋春嶽伊達伊豫守島津少將四人ト
承リ候何カ不都合之事有之候由風聞ニ候　〇右及入夜御對面ト承候何
故ニ候哉　承候何カ御前御評議數剋例之小田原ニテ終及入夜候由　〇
昨日大樹參　內ト風聞候實事候哉攘夷一件弥何ト言上ニ相成候哉全体
此度上京色々ト風聞候何ソ急度所存有之候樣子ニ候哉又別段是ト申程

ノ力モナク唯應召上京候哉　承候未參　內ハ無之由ニ候全体ノ說憷成
義未承候御扱ハ先昨年同樣但舞樂等ハ別段被見候樣ニ候憷成說未承候
一今日大樹并諸大名モ拜見參　內候哉　承候今日ハ武家ハ止ト承候今度
ハ大樹上京ニ付舞樂も被爲在候由大名ハ各其節ト承候――
一來廿二日巳刻別雷社片岡社貴布禰社等正遷宮日時定自廿一日晩到陣議
訖御神事候仍申入候之
正月十九日　　定功
雅典

○口上覺
大樹樣明後廿一日御參　內候且以後每度御參　內可有之候昨年之節御
車寄前諸家樣方供待侍下部等甚混雜無禮之義有之候何分大臣之義ニ候
間攝家方大臣樣御同樣ニ心得候樣御家來末々迄御示置可被成候此段可
申入旨両傳被申付候以上
正心誠意上

正心誠意上

正月十九日

廿日壬戌陰小雨午後甚雨

一中書王へ御會始詠草入進覽卽被返初ノ方但玉たれの次すの（こすの可然欤）方被
入切帋此事万葉二十有之次す宜由之不被知欤此上ハ可用小字之

一正觀院帰叡岳旅坊明德院了　○橋本黄門叙從二位由吹聽以使祝申遣了

廿一日癸亥陰雨　申前属晴　先考御忌日广山寺代參彈正

一從桃花今日未剋頃迄可參入來狀已前欲行向處再狀唯今自前關白來書俄
可參　內被示越ニ付可參　朝明午頃迄可入來云々

一今日大樹上京後初參　內云々未半頃參　內退出云々

廿二日甲子　雨　深更小雪寒

一賀茂社之義陣御神事如先日廻文

一向桃花家亞相內談國事御用掛昨年蒙御沙汰之處夏已來一切无參集示合
等事然處八月十八日已來被止國事參政御用掛寄人等被止旨傳聞吾へハ

未承實否如何ノヿ又妹君細川庶流（山城寺）へ縁組之事內々所望細川聞之
直縁頗過分恐入ニ付細川へ申給爲細川子縁組願度旨（殿下へ被內談處三家三卿直庶之外无例ニ付先）
（可被見合由答命之旨）於亞相ㄊ姉妹未他へ不被嫁（一人越前一向宗へ被嫁爲醍醐家實子）之間妹二人之內一
人ハ必爲表向妹被爲嫁由ノヿ家司難波家相繼人之事等之　○昨日中務
卿宮亞相等俄自殿下可參　朝申來參　內之處大樹參　內ニ付於便所面
會之殿下三公中川宮近衞前殿等專周旋御對面等ニも可被出頭時議之中
務宮亞相等ハ於便所面會計勝手可退出由申半頃早出云々　○昨朝大樹
右大臣轉任之旨實欤云々予申不知之由是何之賞哉攘夷事決之候上ハ可
有聖慮事之元來攘夷拾置違勅之臣被登用之条實言語同斷之世之中川三
公ハ不及論正三已下役々唯任時宜專私欲諂諛之佞臣實難堪世態之不明
之甚長歎之至之　○昨日雅典卿不參俊克卿爲代頻出頭云々稱所勞願退
役再度出頭所存一圓難分徒之
一被羞一盞又備前燒小皿蚫等惠投　○忠愛申來（和劦一揆再起之風聞義弘太刀一件）

底本板輿拜領
○又ハ車寄ゝ
昨日ニ乘込候
堅付ノ十八字
由　ス今原本
チ脱リ補フ
ニ據校訂者識

一實麗卿へ遣状有申合過日此卿へも内談之旨亞相有命之故ニ
一平戸大坂留守居園田和平初來進菓子鰯今日不得面會明日可來申合
一酒井雅樂頭依上京以使送干鯛一莒（マヽ）代銀一枚大樹隨從上京之旨ニ　○董
へ遣状返状云　拜見――抑大樹彌昨日參　内相濟一昨日御内意ニテ昨
日右府轉任宣下候如御命何ノ賞ニ候哉　○一橋も自車寄昇降之旨追々
朝威落地歎被入候事共ニ候又々昵近も再興ニテ車寄迄迎送ト承候昨年
違　勅奔帰之御調も無之右樣實に〳〵賞罰不明之至ニ候　○備前上京
周旋ト承候處御命之通ニてハ家老伊岐長門申止候由困入候ヿト存候此
間因州ゟ長御引立之方宜由建白候由ニ候今両三人大物ゟ言上候ハバ又
々黒白も可分候身ニ引受周旋之藩無之此上如何可成行候哉存候　○薩
春會淀四人如御命參豫トカ申名目日々豫政事參　内之由ニ承候是ハ得
ト申合倘可申上候ヶ樣之御事何レモ朝威滅亡之期ニ候　○山階宮も御
命之通リ何ノ藥ニ用候ヿカ不分ヿ共ニ候――　○此頃殿下始五人各別

々之由ニ候一昨殿下尹口論有之昨日尹不參ト承候殿ハ次ヨリ押上ラレテ計居由ニ候――

廿三日乙丑晴　殘雪沍寒倍頃日時々降雪

一實麗卿へ遣狀今日可有入來被示依來人尚後日可行向申遣

一坊城大納言大樹上洛中傳奏再役被仰付旨有回文乱世長歎了

一平戸家來大坂留守居園田和平來面會夫人同上

一爲理卿ゟ來狀過日借遣改元實曆記被返事

廿四日丙寅　晴寒

一御會始懷帋附奉行長順卿依歡樂不克豫參旨添切帋

かくもした梅乃尓本ひハ玉多禮の小須の垂簾もへたてさりき梨

一實麗卿へ遣狀明日入來之旨有返答

一家信卿へ遣狀文久改元諸卿申詞難陳等借受明日返却了

廿五日丁卯晴　寒冷殊甚

一實麗卿入來過日桃花へ内咶一件尙及示談了　○大樹上洛御世話坊城大
納言被仰出又參　内（去十七日於議奏役所被申渡）實麗卿大樹參　内世話可勤被仰下廿一
日大樹參　内柳原六條廣橋等車寄迄迎送ニ付從之迎送（昵近各同上）於麝香間
休息於此度ハ本番所殿上人勤陪膳先殿下尹宮前殿右内両府於同所面會
次中務卿宮一条亞相等同面會（中務宮一條殿等直退出云々）次於小御所御對面參拜了二
条近衛等上段昇進大樹同之一橋召上段際長々有　勅語又被見下御書付
了退入殿下於休息所面會之處一橋交語寔以難有蒙　勅語深畏入之旨及
相挨更於常御殿如攝家宮方賜二獻了更召御座邊重有　勅語退入之由之
又將軍　宣下之節輦車　宣下有之ニ付於此度ハ如殿下車寄前迄乘板輿
往返云々昨春上京御扱雲泥凡似大臣納言差別云々又廿日（十九日被招）夜實麗
卿其外昵近小倉伏原等被招二條城大樹面會有饗應頗盡山海大樹一橋會
津等出席羞酒被取酌云々又僕從至下部饗應丁寧之上每軒白銀十枚宛送

之家來大慶之由之　○和宮御上京之説專有之但表向一切不聞若於幕之沙汰欤云々　○今朝參北野次向瑞龍寺室處宮面會（妹爲上臈仍每々參）山階宮一件寔以仰天（之姉弟）被尋子細以不知之旨申入候處於濟範免許も先伏見宮可被免理之實不分明之政事之由有內話云々（濟範當時住居一乘院里坊云々）　○酒井若劦二条屋敷建物凡撤却有之處一橋旅亭ニ相成建物六七日之間造立余程ノ大造（六七日ノ間速出來日夜人夫入込凡二万三千人計云々）又此比高家二人旅宿同急普請中之由大樹君若長在京故欤云々　○両三日前愛宕家へ打込於銃炮（會津足輕爲打鳥玉屋上ニ當候由）其者糺問之處於六門外ハ發炮不苦主人ゟ申渡有之由申述不服仍取上於炮其者ヲ返候處足輕首等度々理來候へとも不容易儀故武傳へ届掛合中之由

一明巳刻爲大樹使今川刑部大輔入來之旨有傳奏雜掌觸示

一相馬大膳亮上京（大樹隨從）ニ付干鯛一折代一枚送之

　廿六日戊辰晴寒　先帝御正忌實日之遙拜　尊顏在眼前追悼難忘者之

一幕使ノ義ニ付武傳有聞合之旨今日使申置可帰由之　○土井能登守大樹

上京隨從ニ付送干鯛代一枚

一巳半刻大樹使高家今川刑部大輔入來家來面會大樹上洛ニ付目六之通被爲送由申演白銀三十枚眞綿二十把以上　忠愛銀拾枚之旨之今朝野宮聞合相違ニ付以家來同人大口大和守之御目六之通拜受忝仕合御禮宜ト申述可令面謁處少々所勞不克其儀旨申述了　○董返狀拜見――內々御咄御聞之旨御箇条書拜見畏入候返上御落手希上候叓々仰天歎敷事共ニ候此御樣子ニテハとても〳〵正邪不相立此上ハ有志ハ有志之所置ニ可有之時節と存候寔皇國之御大事恐入候事共ニ候　○一橋越前春嶽土州容堂他行候へとも參內ハ未仕候　伊達伊豫守島津少將會津等彌參豫ト申名目是ハ全ク公武君臣一和之道相談相手ト申事ニ候　○坊城武傳再役三傳ニ相成不思議千万ニ候同卿モ直ニ御受之旨扨々奇怪之事共ニ候　○和宮御上京專世上風聞實事之樣ニ承候　○水府士蜂起其後何とも不承候　○和州一揆再起之由是も頓ト不承ヿニ候　○專想正五日便有之候へとも何も不申來由不審之事ニ候

○野宮大講武家加入頼事慥ニハ不承候ヘ共此節右様之事實事ニ候ハヽ不相濟心得難分歎入事候惣而事理不分明之事共此上　朝廷如何相成候事哉實ニ可悲事ニ候明日再參　內之由追々威勢增長之由ニ候去ル廿日二条ヘ即家父も招有之候此方ニハ不存候ヘとも家康由緒トカ申事ニ候併兩役ハ先理不行向由ニ候又々其內ニ招ト大風ニ申居候由ニ候――

一春日祭來ル一日ニ付從廿八日晚到二日朝御神㕝之旨有傳奏回文

廿七日己巳晴啓蟄二月節

一今日大樹再參　內云々或云藤木將監今日舞樂拜見在京大名各參上於大樹ハ臨期更可賜御酒宴御前之義之一兩日省中經營殊甚云々又右府拜賀彌可有之凡二月五日奏慶之旨世評有之旨之

一正觀院歸山　明德院賴父母共還曆賀詠歌所望明石之人云々松竹ニ寄て還曆の賀氵よみ侍きる前大納言忠能　ことしより尙や契らむ幾千世氵まつと

竹の[と脱カ]緣くらへて

一松平大和守使同昨日土井能登守

一大樹上洛昨年ゟ去御模樣替惣而大臣之御取扱勿論被聽牛車候叓故車寄ニ而下乘有之旨正親町大納言申渡由勤番之輩へ廻文有之

　廿八日庚午天氣和平

一夫人康子松丸等詣鴨社上御靈社等

一正三へ遣狀明朝返狀來是或云昨日大樹參　內舞樂固辭且有異事欤諸大名五六人ツヽ寄合內談之樣子大樹退出子過之由之予攘夷一件兼々无忘之間苦心不堪閉口遣狀之其後ハ御踈遠存候彌御安｜抑過日大樹使高家上京ニ付卅骨廿把被送候由存外之義忝段申答候是ハ諸家一同之樣ニ承候間申受置候心得ニ候扨內々伺候先年已來種々君臣盡心候攘夷之義ハ今度上洛ニ而彌斷然　勅諚遵奉急度筋も相立候間大樹昇進以下益以御

親眤御丁寧之御取扱ニ相成候事ニ候哉惣体御秘吏多端之御様子故他吏ハ不伺候へとも攘夷之一件ハ有命之限決而捨置候心ニ不相成　神州御國体ニ拘候義當御代計之御事ニテハ無之万代之義ニ候へハ甚々苦心仕候最早御掛合　朝命遵奉否も此度限ト存候　神國之浮沈　皇威之立不立も此上洛中ト存候此處ニ而御寛宥ニ相成候而ハ實　神明御先代へ被對段々御祈請も全御虚僞ニ相成万民拜聽之處も寔以歎敷ヿ被存候程能攘夷之御應對ニ　相成有之候ハヾ重疊千萬恐悦之至ニ候へとも万一其義御因循先當時被閣候御事ニ候ハヽ乍恐拋命今一應建白可仕哉存候不外貴君之義先打明内々御様子相伺候尤尊公ニも戊午度々御建白御互御連名建言も仕候已來専被盡國忠候御事ニ候へハ何卒至此場今一段格別御厚慮御誠忠ヲ万代ニ被盡候様希入候如小子何体存候共如當時ハ唯奉建白候外無致方候先内々伺度如是候也

正月廿八日　固

正心誠意上

正心誠意上

成大公

極内々

追申退隱之身越樽之罪難遁候へとも實ニ攘夷之一件此度宥滯之御事ニてハ　皇國危難目前ニ候間不能閉口候何卒々々格別御精勤御盡力希入候也

一井伊掃部頭使大樹參　内隨從畏之旨送干鯛代二枚

一實麗卿へ遣使過日入來之節内問有之候　勅授帶劍後着陣否事於予ハ叙位後着陣之時初帶劍於　勅授後ハ不拜賀幷着陣旨山槐御記治承[ ]之旨申答了

一准后里殿御下未刻二日巳刻本殿御帰參之旨有傳奏家來回文

廿九日辛未晴

一昨日御細書之處參番中昨夜退出拜見仕候其後御遠々敷存候彌御揃御安全恐悦存候然者國事御心配之趣縷々被仰聞候御趣意敬承御閉居何事も

委細御承知も無之御苦心御尤存候世上形勢も大ニ變易御時宜合も總而
御模樣も替リ候事ニ候乍去攘夷　思召ハ御變リ不被爲在哉と相伺候既
廿七日大樹列藩へも　宸翰被爲見下　思召被仰聞候事ニ候御寫未能拜
寫寫候ハヽ可入御覽候御趣意被示候条々御尤ニ候へ共一体一昨年比ト
ハ上下世風も變リ御時宜も又當時ハ當時之義有之一徹申張候へハ一身
隱退之外無之候愚案ニも色々心配候へとも此御時宜ニ成候へハ又此御
時宜ニ應し盡力御奉公申上候方哉と令勘考居候事ニ候迚も心事筆ょ難
盡候全体參拜と存候へとも日々多忙未能參上候其內見合可遂拜談候一
々御請ニ不能先荒々申上候萬々期拜面候也

正廿九　叟

固大公

內答

右返狀不得其意之大樹攘夷決否ヲ糺問之處其儀無一筆既幕策ニ陷リ賄

路之財寶ニ迷欤可悲歎々々

一學習院漢御會二月九日開講爾後九之日和御會毎月廿六日等被仰出旨勤番ノ輩ヘ學院傳奏八條中納言學頭桑原等廻文有之

二月小建丁卯

一日壬申晴時々微雪嵐

春日祭之上　八條中納言辨　奉　俊政

一巳上刻詣吉田春日社同若宮等春來懈怠令祭兼諳可恐ヿ之

一小松川信念東六條元水藩來云々　○松浦肥州豐州等ゟ春祝書狀來

○川鰭ゟ使近衞使被仰下旨吹聽國事御用掛之人之遁反掌之災此朝臣一人之厚顏々々

二日癸酉天象如昨日　嵐

一園一同勘ヶ由小路一同藪新太夫等入來初春祝盞之妹被逗留

一森澤山城介來主人重服中賀茂祭參勤被仰出之間勤否內問之於輕服ハ尤

有例重服之義不知例尙社傳へ可內問申答以狀尋實德卿

一去□日東本願寺參　內之日於御前賜一万石（年々欤可尋）傳奏下御書付云々

凡於御前賜物不聞近例ㄱ之又依何等之賞賜之欤寔無法千万之世之佞（佞カ）臣

滿朝專私榮進止偏有賄賂可悲々々後聞虛說云々

三日甲戌晴陰不定時々雪寒嵐增昨日

巳刻頃火事二條千本以西云々暫鎭

一基祥朝臣入來昨日禮且息藤丸元服彌中旬伺濟爲加冠可行向旨被招請承

知了又濟範去月廿八日元服（生髮二寸計付髮未曾有頭云々）於閑院家有此事加冠內府（忠房公）

參會俊克卿定功卿理髮又豐房朝臣以手如形作法見人含咲云々（何故於伏見宮不被著服哉不審）又着袍（四位袍）云々先年被止　光格天皇御養子又被止親王位記了然去

無品可爲黄袍之無位無品着四位袍凡朝政如滅亡役臣不申一言不忠不義

之奸曲佞（マヽ）臣可惡々々名曰晃云々後聞當今御養子被仰出由之被對先帝甚

如何

一別雷社迂宮延引ハ社司之中有相論（争カ）之故云々
一日晃□元服以前招勸修寺家一門之人々坊城已下各行向有饗應盡美云々元爲勸門之故云々此事誠以無其謂義之勸門再住等之義ニ於ハ彼一門有由緒之間有往返可然之勸門依破戒之罪退隱殊此度還俗之上ハ於彼一族可忌憚道理之各追従諂諛實難堪對先祖有可申述之詞哉如何々々凡貴賤違理之義共實天魔横行之時之
一廿一日賢所御法樂詠進被觸短冊秋花奉行重胤卿
一松浦肥州へ年甫來狀返答遣之松浦豐州へ同斷且寒中見舞返狀并去冬十月両度（在京中世話礼八月十八日御褒美礼）十一月（家來白石歸國遣物等礼）返狀一帋ヲ以申遣了
一裏辻侍從又被加近臣云々此人奸曲無双之佞（マヽ）人之去年被除近臣今又反掌實黑白不分世之唯々退隱窺世之形勢可盡力之外無才覺可長大歎代之誰口入欤可怪事共之（去冬被免差扣之光愛卿周旋云々若同人欤小人出頭可恐事共之）

四日乙亥晴

一實德卿へ一昨日返答及催促之處未分尚明日可有返答由之去冬申望於山城介已前此卿へ及內問之處不苦可申望有差圖云々凡朝政滅亡之秋之可悲々々

一今日武家十六人參　內云々賜天盃又被見下御書取由之長刕一件有被仰付趣由風聞或云不然過日大樹隨從參　內之輩不賜天盃仍今日參　內幷歸國御暇之輩且此比上京之輩三人等參　內之旨之

一裏辻拾遺被加非常御前旨有長卿回文有之　○葉室左大辨宰相議奏加勢依所勞理正月廿七日再被仰出二月一日等同廻文有之

五日丙子陰微雨

一來狀

彌御揃御安全奉恐悅候抑新宰相殿御所勞彌追々御快候哉今度三條西三條等長ゟ家來一人宛使者上京傳奏へ書狀被差登候趣意ハ未承候尤表向登京ト相分候ハ、可申上候扨此蟹折節持來候間獻上候於御笑味も深畏入存候――

二月五日　　董

右自是遣狀入達候

一遣狀於慶子伺親王御方御風氣追々御快氣両三日中御床可被撤御樣子云々安心々々恐悅々々大樹上京獻上物親王へ太刀馬代銀五百枚眞綿五百把內々紅厚総五掛唐金釣香爐筆立等獻上廿七日參　內小棚机等獻上上﨟已下送物一昨年春之通リ云々

一董返狀――　一三條西三條自長劢家來一人ツヽ差登武傳へ上書尤表向ニ差出由

一殿下已下唯幕威相立義而已周旋攘夷之事ハ寔表向形計ノ事ニテ廿七日大樹始被見下候　宸筆も或方ニて承候攘夷度々被仰出候へとも今ニ實行不相立候併是ハ全ク御不徳ゟヶ樣ニ相成候義ト思召候間今更何とも不被仰出此後ハ各國盡力候樣との御書附之由右樣何年相立候ても同し

様之事計被仰出候てハ又例之通と申様成物ニ相成迚も　勅諚立候事ハ
有之間敷と申大歎息仕居候

一正三御答書内々拝見如御示最早少も歎息之文面も意も無之當時到當之
御所置と申様之文意實以憤怒此事ニ候外之人とも迚是迄之趣意口も有
之處右様心中ニ相成扨々仰天之至ニ候

一朝彦晃相論(争カ)之事慥ニ不承候併シ全体甚不和之由ニ候晃之方當時ハ有志
も近寄候由今大路大藏卿正義者ニて度々時勢之事抔晃へ申入候由唯今
之處ハ晃も憤發と承候全体両宮等ハ別て爲國家捨身命盡力無之てハ人
ニ合面ㇷも不出來筈ニ候

一両役追々口ヲ閉候由万一十ニ一申試候ても何分思召トテ打消ニ相成迚
も退役ゟ外無之由家父も度々被申居候極因循唯日々大名ノ交替ノ談計
之由

一英船四艘横濱ニ來居夫ヲ友トシテ幕奸長州ヲ爲打候由尤風聞紛々候併

夫程之工も無之哉トモ申候

一投書一冊送給拜承候

一脱走人ニ從候官人共自武傳糺之由雖爲諸大夫侍被止官階候位ノコカト存候凡手ヲ合者ハ存外嚴罰權勢之向ハ不知良扨々恐入役人之所置も氣毒千万之世ニ候――大蟹一疋被恵投壚蒸美味之

一典侍殿泉山御代香之由夕景石藥師寺町亭ヘ御下宿可訪處痔痛不快ニ付以大和守尋申安靜進一井籠

一董朝臣ヘ送酒肴謝過刻音物又年玉送了夫人同上

○

六日丁丑雨午後晴

一先帝御正忌日之遙拜如例春　一實德卿去二日返狀來過日ハ御書之處不能即答恐入候彌――抑御示一条殿諸大夫山城使ノ事敬承候殿下ヘ伺候處子細無之旨被命候間伺定候事ニ候例ハ鷹司家ニ有

之由猶巨細書取一両日之中可入御覧候――二月六日

○

七日戊寅陰

一今朝大樹泉山參拜云々傳奏早天參會之由之

一園羽林來息藤丸來十六日元服今日伺定彌爲加冠可行向被招請述於承諾參會右兵衛督基政六角三位能通理髪石山少將等云々基政卿所勞若難扶節ハ石野三位參會之由之又所役當家諸大夫一人被語合度旨依有先例領掌了　○本願寺使島田左兵衛尉孫門主大僧正之事舊年來厚配忝由反物生肴等被送之　○董朝臣被謝一昨夕送物被送饅飯一重又因州建白寫一閉内々被見諸藩瓦解之形勢水藩尙有志不屈云々

一庭田重胤卿來狀改元四辻理ニ付替被仰下九日右府亭申合ニ付申詞已下數ヶ條被尋直書付返答了被送鶴一切遣海老二尾

一國政日參之人々此比二ヶ日休ニテ參勤之由之懈怠事決了歎息々々奸臣

出頭實悲哉　○秋元但馬守使隨從參內干鯛代一枚送之

○

八日己卯晴陰不定時々小雨

一親王御方へ獻一大鉢鯛素麵四五日少々御風氣御側へ差出旨申進上了自
同御方生肴蒸菓子等自御所今日御尋御拜領之旨之

一園へ過日被頼元服次第擅帋四折一通添狀遣了

一爲理卿ゟ寧治陳申候樣申合ニ相成候此号醍醐加難寧治之号所唱呼之音
響不優美不庶幾候ト被申候間被難申趣雖不分在之年号も不寄音響事歟宜在
群議　ヶ樣之事ニ而も如何候哉宜御加筆奉願上候　○答被難申趣雖非
無理可云小嫌歟宜在群議此方御宜哉子細も寛延度御先代被難云寛延之
号連續ノ音響可有如何哉猶有群議ト有之候間もつと被陳候方御宜存候

一年号被用何字哉之事文章博士爲榮朝臣勘申天爵文章博士修長朝臣勘
中寧治宜候此通ニて宜候哉　○答寶曆御准據ニ候て此通ニて御宜存候

但修長朝臣上首故次第ニ可被仰哉ニ存候

一右大將御當坐御人數被加旨吹聽

九日庚辰晴寒

一東大寺八幡神主上司安藝守春賀來獻墨

一先日自長炤言上自英夷（自長崎申越）二月六日以十二艘軍艦可戰爭由送戰書直言上之處一切無御返事若長炤爲蠻滅亡ても是幸之朝議欤云々唯如夢事共之三才之小兒尙不忍爲之コ之事實ても天下滅却之時之

一自藏人辨如例諸大夫侍交名（二月一日改）可差出過日被示今日注進
中山家諸大夫大口從六位下藤原常善修理大進加賀守五十二才大口從六位下藤原守善出雲守廿九才大口從六位下藤原祀善大和守十七才以上注進於侍ても田中近江介死去後未相繼之　○出雲守舊冬大和守初官位　宣下之日臨期不參ニ付咎置今日免許

一董へ遣狀返狀云　拜見――○因炤建白御返慥カニ落手仕候御返答去

月下旬如何候哉内々尋候處未其儘ニて何とも御沙汰無之との事ニ候其後何トカ御返事有之候哉可承合候　○三條両人上書子細未承候尚承候ハヽ可申上候　○東本願寺一万石於御前拜受事英夷ゟ長刕へ送戰書二月六日比押寄哉事未承候尚承合可申上候――――

一増山對馬守使隨從參　内干鯛代一枚送之　○芝釆女依所勞暇遣

十日辛巳　晴

一廿五日聖廟御法樂窻前梅御短冊詠進事爲□□〔理卿カ〕爲奉行觸示之　○庭田來狀改元過日令德擧文寬難之旨六日尋問之處申合ニ付文寬難相止元治陳可加ニ付申詞等被談夫々返答了　元治　難通祐卿初陳隆祐卿　二陳重胤卿　三陳長順卿凡元治下光〔定カ〕云々

○平戸志自岐來藩士在京之事無主用輩各可引取出舊冬自省中御沙汰之趣ニ付幕府ゟ有觸示之旨依之當家借用両士屆方一件内談之以狀野宮へ内談有返答不心得ニ付爲後日之沙汰　○園ゟ元服ニ付夫人ゟ鐵醤筆可

送所望之領掌又借用物品々申來領掌了　○松平甲斐守隨從參內干鯛代
一枚以使送之
十一日壬午　晴陰不定
一康子松丸向伏見邊
一爲理卿入來過日已來改元一件毎々面倒之義被厚謝又去正月廿日二條城
へ行向ノヿ內咶有之
一明日御當座始云々予御人數相伺處被除由之
一正三今城信刕松本ゟ借用士屆振尋問之處舊贓町奉行ゟ觸示有之京都用
達ゟ町奉行へ屆出有之候由士五人ニテ両家ヲ勤候旨ニ付志自岐へ自大
和守及掛合
一董狀彌――抑一昨日御內書之ヶ条內々探索候東本願寺一万石於御前給
候義ハ一切無之候彼ゟ去秋一万金獻上（八月十八日參集大名へ分賜候金ニ候）御滿足之書付今
當參　內之節於御前傳奏被渡候由ニ候　○因州正月十日日付建白又々

いまゝ其儘之由實長歎候然處一昨日トカ言上ニハ形勢不堪苦心乍病中上京候二月七日發足之届有之候由ニ候何卒彼建白通何方迄も立派ニ建言周旋之程祈入候　○長ヘ英夷ゟ送戰書候事內々家父尋候へとも不被覺由ニ候併一昨日トカ議中ニ長も此比之御時宜ナカラ同シ神劦內ノヿ故今ニモ戰爭始候ハヽ隣國ヘ加勢ハ不被仰付候てハ名分不立ト申論有之候左スレハ何ソ届有之哉トノ事尙調類置候分候ハヽ申上候　○両三條使上京以書中傳奏ニ申入候義凡之趣意ハ攘夷之義兼々被仰出天下ヘ布告有之候事此比大樹上京此度社屹度　叡慮貫徹候樣御所置有之度且長劦ゟ澤義又々脫走之始末言上乍蒙御勘又々脫走之理且去年八月十八日前殿計不都合も有之候ハヽ幾重ニも御理申上度旨當時之身分ヱて言上恐入候へとも攘夷之義ハ傍觀仕兼候間無據言上との大意之由三西河村能登守ゟ家來へ傳言仕候尤傳奏へ面會段々申込候へとも不相成由一族中ヘ口上之趣ハ可聞取被仰付候旨書付御落手ニ相成両使ハ早々長

爲へ可下向被仰付候との義傳奏ニて被申渡候趣是ハ風聞ニ承候――

十二日癸未晴

一巳半計冷泉黄門消息來今日可有當坐御會可令參給之旨被仰下候也恐惶謹言

二月十二日　爲理

追執啓刻限唯今可令參給候也

〆　爲理

中山前大納言殿

今日可有當坐御會可令參仕被　仰下候旨謹奉候也恐々謹言

二月十二日　忠能

追執達刻限唯今可令參上由令存知候也

〆　忠能

午頭參　内御座未始但予尤遲參之体不出座之午半過　出御々座了於中

沙汰之席探題　嶺月

打向ふ高ねの松れ數迄もくまなく照す秋のよの月

飛雁の鳴てと渡る空ミれハ遠の高ねよ出る月影

中書王在朝即覽詠草一之方可然被示仍清書附奉行卿退出未刻過之　○

正三面會

○大樹初參　內之日被下御書付非廿七日參　內大樹已下參　內列藩へ被見下御書付寫片かな交內々被見各其日上ゟ被出但御文面非御作若前殿尹邊ゟ公誠卿作欤ト云々

○十七日比大樹ゟ御返答申上候由

○因刕建白無御返答處七日發足ニ而上京之旨言上云々

○過日於二條城島津少將三郎之與越前春嶽有口論春嶽憤怒可及絕好申切由又說可歸國由申云々子細ハ島津論ハ此場ニ至てハ先横濱よても眞實鎖

港不致候てハ人心不居合由申之處春嶽不同心ゟ異論ニ及由之又土佐容堂（未参内）不日可帰國申旨之此論ハ凡同越前欤之由

○會津不日辭職欤其譯ハ自幕參議拜任頻ニ願中八月十八日取締ヲ被賞可被任說出來夫ニテハ不限彼一人儀出仕各可有賞由申立夫ハ止ニテ一昨年來君臣之分別相立候義專周旋之賞治定是等退職之基哉ト云々

○長劦ニテ今春又々薩船（本朝形）打崩事實事之由

○俊克卿帥兼任

○山階宮還俗一條元來去秋ゟ薩劦大ニ口入陽明へ申入有之被抑留之處薩怒親族ハ私之義人品撰擧ハ天下之儀ニ付彌御採用無之ハ已來絶親旨申依之陽明ゟも擧奏表向一橋會津抔ゟ建言依人才選擧之由之依之爲花族之列還俗可然申立之處尹宮同心於一橋等も同心之處二條陽明両家不同心遂ニ如過日親王家御取建當今御養子親王　宣下之由之

○三條西三條ゟ書狀差登是ハ攘夷御掛合無御緩願度由之十八日前心得違

有之候ハヽ幾重ニも御理且澤心得違子細言上之樣子ト云々又使面武傳度候申立之處不面一族可面會由ニテ武者小路□□面會之處當時長刕も二ニ相成有之益田專烈然併不服も多ニ付出行も三百人計召具ト申樣之次第扨六人之衆も先因之樣成物ニて一向不自由暮方抔も長ゟ世話一向不行屆皆々困之由何卒自　朝廷被召返候樣內願之由之存外之事之

○全体長刕も暴激之輩可取調被仰出處皆々忠誠故取調咎等可申付樣無之由而已申張君臣之別不相立如何之由此体ニてハいつ迄モ　勅勘不濟何卒事ヲ分テ御理ニても不申候てハ難濟由因州ニても上京何ソ可周旋哉秋元但馬守ハ長門守實兄ニ付中へ入周旋致度段申請御返答未定大方可被仰付欤トノ由候

○久留米ゟ以書取伺出蠻夷ゟ長刕ヲ可襲ニ付同家持場炮臺ゟ長ヲ可加勢哉可捨置哉伺出之處其儘可返却評議夫モ如何トノ説出來幕へ可尋返答一定云々可歎々々

一故左府公遺物淺黄指貫一腰亞相給之

一有馬中務大輔時候尋壚鶴一羽到來

十三日甲申雨　　春分二月中

一中書王へ御法樂詠草入覽即被返各第一之方

廿一日
賢所秋花

咲て散千種乃花乃錦犾もたち殘しゐるそのゝ八重きく

よのうさもやまハきてミん秋の野の花摺衣袖犾つらねて

廿五日
聖廟窓前梅

そのかミの學の窓に薫よし梅の色かは今もかハらじ

窓の外の立枝の花よふをつらむ吹入風も匂ふ梅がゝ

一傳奏雜掌觸四通來　○一、攝家宮方已下堂上家來幷地下官人家來關所通

行之節印鑑ノ﹁一　○本丸炎上今度西丸普請手輕ニ造立本丸ハ追ゐ之

沙汰之一　○硝石會所且買賣之法一　○上洛中關所之通行百姓町人人

足土地往反鑑札幷書付ノ事一等之

一自實德卿來狀御安全奉賀候抑山城使事別紙准例ヲ以テ殿下へ伺定無子細由被命候事ニ候宜希入候也

二月十三日

九條家諸大夫大舍人頭重國朝臣重服助廣幡家諸大夫業壽主家重服中候得共文化八年助康民主家德大寺家重服中申合參勤之例ヲ以伺定業壽參勤安政四年新嘗奉行胤保朝臣尤神叓入ゟ主家へ不往反由ニ候

右去六日被示旨ハ鷹司家的例有之由被示相違如何々々

一御月次和歌可詠進奉行日野大納言觸示（去年國叓御混雜被止月次御會今年被復常了御安心欤如何々々）

山鹿　絕戀

十四日乙酉雨

一森澤へ自大和守以狀正親町返答之旨申遣

一本願寺へ使去七日挨拶申遣𤏐鶴一羽蒸菓子百一箱等遣了

一董へ遣狀返狀來　御書拜見仕候彌――御內命之通今日ハ御當座御月次
抔モ被復本段々大平之御所置扨々驚歎仕候　○大樹已下被見下候御書
付御內見之由惣而反掌之旨扨々悲歎拜見も不仕候得とも御趣意ハ大体
昨秋被仰出之樣と承居候處御命之趣ょてハ追々正義勤王之輩も願切候
次第ょて只仰天之外無之候正三抔每々御前も有之由尤御書取も御相談
と存候處御書之旨ょてハ不被知被申立候旨阿野一人作文ト被疑候との
由甚不審之事ニ候尤尹抔ゟ下知トハ存候
一島津少將三郎越前春嶽於二條城口論事他ゟも承候實意頓と不分候土佐
容堂凡越前同樣と御聞之由あらふ小子承候處ょてハ少々論も違候哉ニ
承候何分如御命先日ゟ頻ニ歸國願候由何之爲上京致候欤惣而不審之至
ニ候
一會之事早昨日親族ょて別紙之吹聽申越候此上御命之通三木ト存候
一長ょて薩和船打候義專風聞御命之通ょてハ實叓ニ存候何レよりも屆無

之旨如何ノ事ニ候哉

一両三條上京使一族へ申演候口上御示之通存外之口上候併何ッ子細有之右之邊ニ申候哉とも存候へとも不解候尚委細ハ拜上万々可伺候

一正三御内咕中長も唯家來等ヲかもひ國家之忠誠志（士カ）故咎も調も不出來由計申立候てハ君臣之義不立御沙汰有之可取調義ハ取調申立候事ハ申立候へハ宜ニ付小五郎留守居へも其旨被申候との義尤ニも候へとも何分朝廷之御處置少も筋不立候間自然と彼々も不都合之叓出來實ニ國家之大不幸ニ候且長も不一致益田一同ハ彌激烈不服も有之ニ付出行等二三百人ツヽ召連候との事一向不承候此間長藩上京之者有之候へとも何とも不申居候彌一致憤發武備嚴重ニ相成取鎮ニ心配と申居候秋元但馬守親族ニ付取扱事御命之通被仰付候ハヽ宜候當時之工合まてハ少々無覺束と存候

一両三條已下武傳へ狀寫　會津吹聽寫　長藩中へ主人所存觸示寫　京師

張紙之寫内々入御覽

一有馬伺寫同上ヶ樣之伺書御落手之儘ニて幕へ御任せ相成候テハ最早攘夷思召無之事と泣血悲歎之至ニ候

一昨日御評議中三西始六人上京可致長へ被仰遣速上京ニ取計候上御評議ニて長父子も上京被仰付テモ可宜哉長家來伏見へ被召仰ト申ヿノ由是ハ一橋申立ト承候元來七人脫走ハ長父子所存ニテ下向ノ義ニテ一切無之處右六人之進退ニより上京免否ニ相成候ハ如何ノヿ哉不分候長も京都此体之處へ六人上京爲致候ヿ哉如何之論決ニ相成候哉不分候

一今日大樹參　内ハ鎖港談判之次第言上ト承候定而最早勝手次第ニ十分申成候ヿと第一長々歎息仕候

右等内々――

二月十四日

一一橋　春嶽　等參　内之由之戌比各分散

正心誠意上

十五日丙戌陰辰半属晴

一實德卿へ内狀遣　彌――抑極密相伺候昨日大樹參　内右ニ鎖港之次第言上と承候凡近年天下之騒乱偏蠻夷一条ニ而戊午來數度建白苦心も全く攘夷之叓而已ニ候彌右一件言上之義ニ候ハヽ何様ノ言上ニ候哉極内々御示命希入候口上ニ候哉書取ニ候哉委細御命希入候且大樹初參　内幷廿七日參　内之節ハ諸大名へも被差下候由　叡旨御書取御寫も内々拜見希入候或藩士申候ニハ両度之御書取ニて去秋已來御趣意ハ勿論元來叡慮も凡相分リ候由内話候處爲近臣當時之思召ヲ不覺悟ニてハ余之不都合燈臺元暗之俗言歎入候間内々相願候尤堅固極々密々不令他見候仍希入候之

二月十五日

○返狀云

御書中拜見候彌――抑御示之趣敬承候大樹へ廿一日廿七日參　内之節

勅書寫之事承候未拜寫候間尙拜寫內々可入高覽候昨日參　內鎖港之言
上書取差上候へとも未両役不被見下候明日ハ拜見と存候御苦心御尤存
候小子も日々參勤ハ仕候へとも何とも難申上次第日々苦心仕候色々申
上度義候間明日明後日之內參上可申述候賀茂之遷宮一件も大混乱ニ相
成大ニ心配仕候今日ハ賀茂へ參向被仰付行向候去八月十八日比とハ又
々形勢も變候苦心千万ニ候極密万々申上候間拜面迄御待希入候之

二月十五日

一參桃花故左府公遺物幷昨日被返朽葉女房袴之節御謝物葉子給之叓謝申即
向園家息男明日元服之爲加冠被招請有習禮入夜帰宅家諸大夫大口大和守祀善爲役送被詰合ニ

付行向

十六日丁亥晴未半計村雨又申後如夕立暫止

一辰刻向園家直衣白單着薄色指貫檜扇基祥朝臣息男基資元服之加冠予參會六角三位石
野三位理髮石山少將扶持兼等之

次第一紙依所望遣之予進退理髮之人入巾子退之後懷扇進自座上着理髮
之圓座置扇於右方以右手令下冠者之左手以左手取冠（在冠者之左者直以右手取之）移右手
以左手持拔巾子之本以右手加冠於頂以右手取冠者之左手令抑冠額以右
手取髮搔渡於左鬢次渡右鬢各一度（各用右手）了置髮搔於本所懷扇復座（或理髮左方之）
（時令冠者右手抑冠礒右方之時令左手抑冠礒兩説之）祝宴數巡亥刻比帰宅送烏帽一筥眞綿二把肴（代二百疋）等
爲加冠謝入來被送太刀干鯛馬（代一枚）等

一有長卿へ遣狀改元組合獻上人体相尋之處即被示之　○實德卿へ今日ハ
他出尙一兩日中自是可行向申遣

一桃花坊典侍殿一番文匣新宰相二番文匣各羽二重一疋ツヽ入爲故左府公
遺物被送可傳達以鶴岡狀老女へ申來即傳達

一廿日改元當日僧尼重服者可憚參　內由武傳觸示之

十七日戊子晴　早朝北西方燒失（薩州屋舗之內云々）

一夕依招向園後宴之夫人康子松丸同上

十八日己丑晴曖夕小雨　右府申行条叓定云々

一一條故左府号後大勝寺百ヶ日之寺門東福寺備葩又以狀進菓子一宮訪申亞相殿　○作劦天磐座太神宮御札多田〔葉カ〕粉等到來

一董書　彌御揃——去十四日大樹參　内談判之次第一紙差上候由ニ候へとも今ニ両役へも不被爲見趣扨々歎息之至ニ候元來被惱　叡慮候モ攘夷之外ハ無之と申事數十度被仰出國内之者一人として不拜承者無之處去年來之御所置と申別而此度上洛も寔御大事之御場所と存上居候處右樣之御次第ニ相成實ニ益人望を失し再　朝威可立時節有之間敷恐入候事ニ相成候両役人ニも玄らぬ良ニテ日々打過候義余リ氣ノヨキ事と存候自上不被見とて此一大叓ヲ捨置候義何共不得其意何と心得被居候叓哉一切難解候右書付大意ニても御聞被爲在候ハヽ何卒伺度候　○越春守護職ニ相成候但人數上京迄ハ是迄通會津勤之由　○會津來月中旬頃帰國とも又ハ長劦へ紀劦會津秋元三人下向とも風聞候如何候哉　○因州七日發足届有之

候處延引之旨ニ候如何ノ叓哉不審候　○右等申上度且外ニ御聞取之義
何卒相伺度候仍――
右攘夷一件も兼々苦心ニ付十五日實德卿ヘ內問候處右書付十四日ニハ
不被見一両日中可被見ニ付入來可被內咶返答有之未入來之旨申答兩役
閉口不忠不義國家之奸賊可彈指又和宮御上京風聞頻有之候由申遣又越
前ハ開港說之彌以拒絕無覺束爲之如何　○實德卿來狀　彌御安全奉賀
候抑昨日參上と存候處何可遲候不能其義恐入候明日又々當番明後改元
早ク相濟候ハヽ可令參上候延引之段御理申入置度如之候也
二月十八日　實德
中山殿
一定國朝臣入來日光幣使參向被仰出由吹聽以使悅申遣榊筒中將被仰下有
之候處欠マヽ
十九日庚寅晴

一園羽林來謝先日已來度々行向且送物等　○龍松院使稲垣藤左衛門有示越之旨

二十日辛卯晴　改文久四年爲元治元年

一改元也甲子上卿右大臣公純已下參仕各注改元記畧玆　○禁中親王准后等予可參賀處痔疾不快仍名代園羽林ヲ以申上又干肴鯣一折ニ連近習小番御免一同組合獻上予因順番催獻（マヽ）一如例　○自親王御方改元恐悅上合之由鮮鯛一尾賜之以返狀申畏了　○森澤山城介來國祭出仕否一件之

○龍松院家來稲垣藤左衛門來内願之旨有之　○董狀

昨日ハ御書畏入候彌――内々拜見三紙畏返上候

一此内ニ有之候二月十四日申渡カノ阿波因刕薩刕備前細川藝刕松平出羽守脇坂淡路守阿部主計頭小笠原大膳大夫等長州糺問之筋有之承伏無之節ハ可征伐ニ付討手可申付候間可致用意内意之事ハ両三日以前一橋ゟ殿ヘ申候ハ長も當時ノ儘捨置候事も成間敷幸秋元親族故此者ヘ申含悔

悟之道ヲ開候様盡力申付度何分一橋宜周旋致度由万一長不服よて彼ゟ致暴發候節ハ其用意無之而ハ不叶義と申居候由故定而内意申付候叓欤と存候併申付候との届ハ未無之由内々家父ゟ承候　○會津參議固辞是非被仰付義ニ候ハヽ先代正之ハ格別誠忠之聞も有之候故何卒贈位よても被下候ハヽ本人御推任より一入畏入之由申立評議中之由五万石總裁も達而理申候趣　○長追罸之一件ハ實ニ國家之大叓と存候悔悟と申も何々ノヶ条ヲ申諭候ヿ哉不存申候へとも条理不立ヿハ承服も致間敷左スレハ征伐ト申ニモ唯恐テ計居候ヿも出來間敷寔難澁之御時節ニ迫候

○明日内侍所御法樂詠進附奉行重胤卿　○實德卿へ遣狀明朝返事來云

一過日御約申入候寫上候何卒今夕御返希入候極密ニ希上候右宸筆寫昨日追々諸臣へ被見下候定而小番御免第一ゟ被申入候叓と存候大樹御受寫二其後被仰下寫二ニ候　宸筆寫ハ參　内ニテ拜見之様申渡御座候

○長州征之叓　朝廷ニテハ御存無之内幕ゟ内意申渡候上ニ而一橋ゟ言上候尤唯今征罸ト申ニハ無之候分家家老之内大坂邊迄被召寄尋問之義有之若不承服之時ハと申手當之由ニ候夫ニ付　朝廷よも御心配専御勘考中ニ候拜上萬々可申上候　○万一光來給候ハヽ今朝ハ在宅仕候—

—

一御色帋奉行十体濃躰一枚可染筆觸示明日中云々明朝書付返上了

二十一日壬辰晴

一家君御忌日盧山寺へ代參

一向正三　○秋元但馬守長州息長門守實兄實父も長刕ニ存命旁方今之長刕不可捨置家臣之内岡屋忠吾同志二十人計有之依　朝命下向惡キ義ハ悔悟候樣周旋致双方無異ニ致度願叓公武粗同心但一橋幕命ニテ可下向申立殿下同心尹已下　朝命之方庶幾本人尤　朝命之方申立居由　○一橋土容堂ハ此場ニテ横濱鎖港衆人耳目ヲ一新致度所存參豫越薩宇和島

等不同心兵備之上一緒ニ拒絕トノヿ　○小笠原圖書頭昨年不法之所行有之候へとも矢張在役之中ニテハ一番人口(マヽ)之由有志輩も申由上京之說も有之候へとも江戶無人未及其義由　○長父子へ尋問之義有之若不承引之節ハ追討之義諸大名へ申渡之事實叓之十二日申渡山十四日一橋申出由但長刕寄集之暴士爲令聞驚專大惣ニ申張之由之右大名之內ニモ先条叓破之上ハ因刕備前抔ハ必可寄長刕由之　○尋問ハ去年幕使於長刕旅亭闇殺一件大目付薩船へ砲發一件於京都暴激家臣不取締堂上七人自國へ誘引一件抔云々　○以秋元內緒之上長父子召大坂以勅使御尋問御理ハ〻〻周旋ハ〻〻ト明白ニ相立候樣ニ可成樣子之由或家老召寄同上之由若不聞說得不悔悟ハ征罸(伐カ)聞時ハ夫切トノ叓　○上賀茂正遷宮延引ハ先年來一社金銀一件ニテ社家十八差扣之者共ゟ殿下西村ヲ以テ色々神主已下社役共之事申訴遷宮新調之御品三四品違先例由ヲ五人連名ニテ內訴ニ及依之十人被召差扣殿下ニテ一社と對論等有之傳奉行向實見

等も有之全く十人之輩虚説是等ニテ延引之由
一向正親町　○昨夕勅書長ヲ召トノ御沙汰（但大坂へ召事カ）　○先日正三後日野宮
廣橋ニテ御前之義ヲ漏由御糺之叓不快一件　○見飼馬二疋（羅）　○山階
宮去口（マヽ）日勸修寺へ行向襠高袴紫羽織陣笠乘馬著用後日有沙汰殿下へ理
有之由之
○董　和劦蜂起召捕之輩會津守護職中ハ先助命（両奉行も同心）　有之處十九日越
前春嶽示命ヲ加於獄屋十六人斬之有志之輩歎息以手筋雖請首級不渡由
之可悲歎　○有家粟津有志一橋邊内咕有之會正義之方ニ向掛ル由　○
長劦ニテ求之由鐵鍔一口（長州豐幸作鳳桐浮彫）被送之相拶　○舊臘廿三日有志輩尹
宮打入欲殺害有宥止之義先止云々
○大樹初參（董内咕）　内日賜　宸筆御文面中開港ニ似候義有之一橋不審探索之
處薩州高崎左太郎作文自尹宮申付之由聞出二条ヶ會春一同伴ニテ尹へ
押掛尋問之處不被吐實由之　宸筆極秘之　叡慮出自凡俗之手實可悲可

歎世之

廿二日癸巳晴

一桃花來書十八日進呈菓子被謝示越前產雲丹被惠進返書謝申

一正親町へ遣狀昨日借用書付類返却且行向世話相拶申遣

一會津總裁並加增再三辭退候參議同上之旨風聞　○薩劢長追罸(討カ)內意固辭之由同上　○秋月右京亮逘干鯛代一枚大樹隨從參　內之

中山忠能日記 一

日本史籍協會叢書 155

大正五年五月二十五日發行
昭和四十八年三月十日覆刻

編者　日本史籍協會
代表者　森谷秀亮
東京都三鷹市大澤二丁目十五番十六號

發行者　財團法人　東京大學出版會
代表者　福武　直
一一三　東京都文京區本郷七丁目三番一號
振替東京五九九六四電話(八一一)八八一四

印刷・株式會社　平文社
本文用紙・北越製紙株式會社
クロス・日本クロス工業株式會社
製函・株式會社　光陽紙器製作所
製本・有限會社　新榮社

日本史籍協会叢書 155
中山忠能日記 一（オンデマンド版）

2015年1月15日　発行

編　者　　日本史籍協会

発行所　　一般財団法人　東京大学出版会
代表者　渡辺　浩
〒153-0041　東京都目黒区駒場4-5-29
TEL　03-6407-1069　FAX　03-6407-1991
URL　http://www.utp.or.jp

印刷・製本　　株式会社 デジタルパブリッシングサービス
TEL　03-5225-6061
URL　http://www.d-pub.co.jp/

AJ054

ISBN978-4-13-009455-9　　Printed in Japan